U0541353

·2022年度云南省哲学社会科学规划项目"云南农业农村生产方式数字化推动共同富裕机理与路径研究"（QN202203）

·云南大学人文社科项目"共同富裕目标下推进乡村振兴的理论逻辑与实现路径研究"（2022YNUGSP11）

·2024年度国家社科基金青年项目"新型农村集体经济组织推进农民共同富裕的现实路径研究"（24CKS091）

中国国土空间格局优化研究

郑丽楠 ○ 著

中国社会科学出版社

图书在版编目（CIP）数据

中国国土空间格局优化研究／郑丽楠著 . －－北京：中国社会科学出版社，2024.10
ISBN 978－7－5227－3638－9

Ⅰ.①中… Ⅱ.①郑… Ⅲ.①国土规划—研究—中国 Ⅳ.①F129.9

中国国家版本馆 CIP 数据核字（2024）第 110705 号

出 版 人	赵剑英
责任编辑	刘　艳
责任校对	陈　晨
责任印制	郝美娜

出　　版	中国社会科学出版社
社　　址	北京鼓楼西大街甲 158 号
邮　　编	100720
网　　址	http://www.csspw.cn
发 行 部	010－84083685
门 市 部	010－84029450
经　　销	新华书店及其他书店

印　　刷	北京君升印刷有限公司
装　　订	廊坊市广阳区广增装订厂
版　　次	2024 年 10 月第 1 版
印　　次	2024 年 10 月第 1 次印刷

开　　本	710×1000　1/16
印　　张	15.25
字　　数	201 千字
定　　价	88.00 元

凡购买中国社会科学出版社图书，如有质量问题请与本社营销中心联系调换
电话：010－84083683
版权所有　侵权必究

前　言

　　合理开发国土空间，构建国土空间开发保护新格局，是实现可持续发展、提高人民生活水平的重大战略问题，也是需要长期研究探索的问题。改革开放以来，我国经济高速增长，满足了人民对物质文化的需要。从我国经济社会发展历程和未来发展方向可以看出，我国将同步推进经济、社会、生态、文化等方面的发展，而不是仅仅追求国内生产总值的增速。经济社会的发展，特别是经济和生态环境的协调发展以国土空间为载体。随着我国国土空间治理体系的不断完善，逐步实现了全域、全要素的以"三区三线"为核心的空间用途管制制度。在我国社会主义市场经济中，市场对资源的配置起决定性作用。城镇空间经济发展迅速，人均收入水平相对较高，对土地要素、自然资源的需求量大，废弃物的排放量也大。农业空间以农业生产生活为主，生产农产品的收益低，居民收入水平低，耕地面积不断减少，部分农产品仍依赖进口。生态空间以提供生态产品和服务为主，长期以来经济的高速增长依靠对资源的攫取，高污染的生产方式导致生态环境承载力下降。我国国土空间上的经济活动存在的矛盾现状，市场和政府双失灵是其重要原因，只有正确处理好政府与市场之间的关系，才能进一步推动国土空间新格局的形成。

　　长期以来，在生态文明建设和主体功能区战略的引导下，不断优化人类生产生活活动与自然地理空间之间的作用格局一直都是政府和学界关注的重点内容。但是，如何以相对一致的理论框架针对性地分析国土空间格局演化的理论基础和优化趋势，形成具有较强解释力的政治经济学理论著作，在国内学术界则较为罕见。本书的探索性工作在很大程度上力图弥补这方面的遗憾。

本书站在政府与市场关系的角度，探析国土空间上经济活动中的经济关系，揭示国土空间上的生产关系或资源配置情况，在把握社会主义市场经济制度下经济运行规律的基础上，厘清国土空间上经济活动的本质联系；从市场和政府失灵的角度探讨国土空间上经济活动的矛盾现状；以城镇空间、农业空间、生态空间上经济活动的各项统计指标为基础，测算国土空间格局的优化度，总结提炼其时空演变特征；考察在不完全竞争市场结构下，生产者考虑交易成本，消费者实现效用最大化时我国三类国土空间的区位关系、国土空间上经济活动的协调以及国土空间格局优化中的市场机制；基于市场对资源配置起决定性作用的理论模型得出国土空间格局优化的方式，同时构建更好发挥政府作用的理论机制；通过实证检验，研究理论模型中推导出的城镇空间集聚效率、农地生产率、生态服务价值对国土空间格局优化的作用；实证检验研究结论的普遍适用性；实证检验政府政策支持、制度安排及市场对资源的配置对国土空间格局优化的作用，以及在经济社会环境异质性的情况下不同区域存在的差异；以正确处理政府与市场的关系为起点，以尊重微观主体经济活动的规律为基础，指出我国国土空间格局优化的理论启示。

通过本书的研究，尝试回答国土空间治理体系现代化中的几个问题，我国国土空间上经济活动的矛盾现状既反映出在人与自然界发生联系的生产过程中生产关系的发展和变化，又反映出配置资源中的市场失灵和政府失灵现象。其经济活动协调程度也受到城镇空间集聚经

前　言

济和人口的效率、农地生产率、生态空间价值实现等多方面的影响。相应的政策含义是：正确处理政府和市场的关系，通过引导人口向城镇空间转移，政策倾向农产品生产，代表社会补偿生态服务成本，有效纠正市场失灵，配合市场机制优化资源配置，推进生产关系朝着生产力的要求不断发展、变革，推动国土空间经济活动相协调，优化国土空间开发保护格局。

目 录

第一章 导论 …………………………………………………… （1）

  第一节 研究背景与意义 ……………………………………（1）

    一 研究背景 ……………………………………………（1）

    二 问题提出 ……………………………………………（5）

    三 概念界定与研究范围 ………………………………（6）

    四 研究目的及意义 ……………………………………（14）

  第二节 研究思路与方法 ……………………………………（17）

    一 研究思路 ……………………………………………（17）

    二 研究方法 ……………………………………………（19）

  第三节 创新与不足 …………………………………………（20）

    一 主要创新点 …………………………………………（20）

    二 研究不足 ……………………………………………（20）

第二章 国土空间格局优化的研究进展与理论基础 …………（22）

  第一节 国内外研究进展 ……………………………………（23）

    一 正确处理政府与市场的关系 ………………………（23）

    二 国土空间治理体系和治理能力现代化 ……………（24）

    三 国土空间格局优化 …………………………………（27）

四　文献评述 …………………………………………… (38)

　第二节　相关理论基础及渊源 ……………………………… (40)

　　一　资源优化配置中的政府与市场关系理论 ………… (40)

　　二　公平与效率理论 …………………………………… (43)

　　三　协调发展理论 ……………………………………… (45)

　　四　人与自然和谐共生理论 …………………………… (49)

　第三节　本书的理论逻辑 …………………………………… (51)

　第四节　本章小结 …………………………………………… (52)

第三章　国土空间经济活动的矛盾现状与格局演变 ………… (54)

　第一节　政府与市场行为下的国土空间经济活动
　　　　　现状 ………………………………………………… (55)

　　一　市场失灵下的国土空间经济活动现状 …………… (55)

　　二　政府失灵下的国土空间经济活动现状 …………… (65)

　　三　政府与市场行为下国土空间经济活动的矛盾
　　　　特征 ………………………………………………… (78)

　第二节　国土空间经济活动的格局演变 …………………… (79)

　　一　评价标准与数据说明 ……………………………… (79)

　　二　国土空间经济活动格局评价模型 ………………… (84)

　　三　国土空间经济活动格局的演变 …………………… (86)

　　四　国土空间经济活动格局演变的特征 ……………… (102)

　第三节　本章小结 …………………………………………… (103)

第四章　国土空间格局优化的理论机制 ……………………… (105)

　第一节　市场配置资源下国土空间格局优化的一般均衡 …… (105)

　　一　国土空间区位维持和锁定 ………………………… (105)

二　消费者和生产者行为 …………………………………（113）
　　三　微观主体经济活动的短期均衡 ……………………（118）
　　四　微观主体经济活动的长期均衡 ……………………（122）
第二节　基于政府与市场关系的国土空间格局优化机制 …（124）
　　一　提升城镇空间集聚效率的理论机制 ………………（125）
　　二　提高农地生产率的理论机制 ………………………（130）
　　三　实现生态服务价值的理论机制 ……………………（133）
第三节　本章小结 ……………………………………………（141）

第五章　国土空间格局优化的支撑条件与优化路径 ………（143）
第一节　国土空间格局优化的影响因素 ……………………（144）
　　一　模型设定与数据说明 ………………………………（144）
　　二　国土空间格局优化的关键因素 ……………………（147）
第二节　城镇空间集聚效率对国土空间格局优化的
　　　　影响 …………………………………………………（150）
　　一　模型设定与数据说明 ………………………………（150）
　　二　城镇空间集聚效率对国土空间格局优化的
　　　　影响效应 ……………………………………………（152）
第三节　农地生产率对国土空间格局优化的影响 …………（161）
　　一　模型设定与数据说明 ………………………………（162）
　　二　农地生产率对国土空间格局优化的影响效应 ……（163）
第四节　生态服务价值对国土空间格局优化的影响 ………（172）
　　一　模型设定与数据说明 ………………………………（172）
　　二　生态服务价值对国土空间格局优化的影响效应 …（174）
第五节　国土空间格局的优化路径 …………………………（182）
　　一　完善基础设施网络，形成国土空间经济联系的
　　　　通道 …………………………………………………（182）

二　降低制度性交易成本，加快国土空间人口自由
　　　　流动 …………………………………………………… (183)
　　三　严格管控国土空间开发边界，提高农业生产的技术
　　　　水平 …………………………………………………… (183)
　　四　构建公平市场交易机制，弥补生态空间市场失灵 …… (184)
　第六节　本章小结 ………………………………………………… (184)

第六章　结论与启示 …………………………………………………… (187)
　第一节　主要结论 ………………………………………………… (187)
　第二节　国土空间格局优化的启示 ……………………………… (190)
　　一　引导人口和产业向城镇空间集聚，集约利用
　　　　土地要素 ……………………………………………… (190)
　　二　推进农业规模化经营与新技术应用，提高产出
　　　　效率 …………………………………………………… (191)
　　三　培育和建设自然资源市场体系，实现生态产品
　　　　（服务）价值 ………………………………………… (193)
　第三节　研究展望 ………………………………………………… (195)

参考文献 ………………………………………………………………… (197)

附　录 …………………………………………………………………… (210)

后　记 …………………………………………………………………… (234)

第一章　导论

改革开放以来，我国经济高速增长，满足了人民对物质文化的需要。从我国经济社会发展历程和未来发展方向可以看出，我国将同步推进经济、社会、生态、文化等方面的发展，而不是仅仅追求国内生产总值的增速。经济社会的发展，特别是经济和生态环境的协调发展是以国土空间为载体，随着我国国土空间治理体系的不断完善，逐步实现了全域、全要素的以"三区三线"为核心的空间用途管制制度。从正确处理政府与市场的关系出发，探索如何实现我国国土空间格局优化，推进国土空间治理体系现代化是本书的价值所在。

第一节　研究背景与意义

一　研究背景

（一）人口资源环境相均衡，经济社会生态效益相统一的发展需求

中国特色社会主义市场经济发展的四十多年来，在物质生产体系、文体精神体系和医疗教育等方面取得长足进步，但伴随而来的社会问题也日渐凸显，城市的扩张严重挤占了农业用地和生态用地，粮

食质量、安全和产量无法保障，生态破坏，灾害频发，人民的正常生活受到威胁，长远利益受到损害。同时资源枯竭导致工业发展难以为继，地方经济发展遇到瓶颈。党的十九届五中全会提到，我国在经济社会的发展上仍然存在发展不平衡和不充分的现实，表现为城乡居民之间的收入差距依然较大，农业生产基础仍然不稳定，生态环保任重道远，社会治理还有弱项。"十四五"时期要实现全面建设社会主义现代化国家的任务，保障国家粮食安全，生态环境持续改善。党的十九大报告表明，我们要建设现代化国家，既要满足人们对物质文化生活的需要，又要满足人们的美好生活环境需要，这就要求国内能够创造出更多的物质产品、精神产品和优质的生态产品。这是解决现阶段我国主要矛盾的战略方向，也是新时代经济社会发展需要一以贯之的重要理念。面对经济社会发展的基本国情，继续推动生产力发展，同时稳固农业基础，改善生态环境，实现经济、社会、资源、环境协调发展成为了必然。

（二）深化经济体制改革与推进治理体系和治理能力现代化的内在要求

国土空间是社会经济活动的载体，全球城市化的发展使工商业发展利用的土地不断扩张，进而对全球气候、生物等因素产生各种影响。城市化是人类生产生活过程中的必经阶段，高程度的城市化是各国的不断追求，在此过程中必然面临城市人口增多的现实情况，然而城市用地规模不断扩张的问题以发展中国家最为突出。我国正在经历着高速的城镇化过程，常住人口城镇化率从新中国成立初期的10%左右增长至2021年的63.89%，且此时因各种建设而使用的土地规模也在不断增长。EPS数据库显示，截至2019年，我国城市建设面积已达到58130.89平方千米，比1981年增长了7.65倍，年均增长1352.91平方千米。尤其是2001年以来，城市建设用地面积经历了三次增长失控。① 随着城市建设用地面积增长，直接影响了耕地、林地等重要资源的储备，耕地的大量减少与城市化进程密切相关，以京津冀地区为例，在20世纪八九十年代，该地区约四分之三的城市建设用地均来源于耕地。② 此外，也引发了土地承载力下降③、覆被退化④、空气污染、生物多样性锐减⑤、水资源短缺⑥、生态服务系统紊乱⑦等一系列生态环境问题。

党的十八届三中全会提出深化经济体制改革，改革过程中需要紧紧围绕市场在资源配置中的决定性作用，不断完善和发展中国特色社会主义制度。党的十九届四中全会表明，中国特色社会主义制度及其执行能力集中体现为国家治理能力的强弱和治理体系的健全与否。必须健全国土空间开发、资源节约利用、生态环境保护的体制机制，推动建设人与自然和谐共生的现代化。国土空间治理是深化经济体制改革和优化国家治理体系的重要方面，通过对附着于国土空间上的自然资源与社会经济资源的最优配置，来解决各种要素在空间上的分布与排列。目前，我国经济正在进行全面深入的改革，推动实现国土空间

---

① 陆大道：《我国的城镇化进程与空间扩张》，《中国城市经济》2007年第10期。

② Tan M., Li X., Xie H., Lu C., "Urban Land Expansion and Arable Land Loss in China—a Case Study of Beijing—tianjin—hebei Region", *Land Use Policy*, Vol. 22, No. 3, May 2005, p. 187.

③ 吴永娇、马海州、董锁成、仝彩蓉：《城市化进程中生态环境响应模型研究——以西安为例》，《地理科学》2009年第1期。

④ 裴凤松、黎夏、刘小平、夏庚瑞：《城市扩张驱动下植被净第一性生产力动态模拟研究——以广东省为例》，《地球信息科学学报》2015年第4期。

⑤ Galicia L., Garciaromero A., "Land Use and Land Cover Change in Highland Temperate Forests in the lzta-popo National Park, Central Mexicop", *Mountain Research Development*, Vol. 27, No. 1, February 2007, p. 48.

⑥ Wakode H. B., Baier K., Jha R., et al., "Impact of Urbanization on Groundwater Recharge and Urban Water Balance for the City of Hyderabad, India", *International Soil Water Conservation Research*, Vol. 6, No. 1, March 2018, p. 51.

⑦ 孙泽祥、刘志锋、何春阳、邬建国：《中国北方干燥地城市扩展过程对生态系统服务的影响——以呼和浩特—包头—鄂尔多斯城市群地区为例》，《自然资源学报》2017年第10期。

经济活动的协调发展，实现国土空间格局优化体现出深化经济体制改革与推进治理体系和治理能力现代化的一致要求。

（三）"集聚开发，均衡发展"的国土空间开发保护格局逐步明确

党的十九届五中全会指出，要立足资源环境承载能力，发挥各地比较优势，支持城市化地区高效集聚经济和人口、保护基本农田和生态空间，支持农产品主产区增强农业生产能力，支持生态功能区把发展重点放到保护生态环境、提供生态产品上，形成主体功能明显、优势互补、高质量发展的国土空间开发保护新格局。2017年国务院印发的《全国国土规划纲要（2016—2030）》中就已经明确提出要科学划定城镇空间、农业空间、生态空间，引导人口和产业向资源环境承载力较强的城镇空间集聚，最大限度地发挥要素集聚效益，提高对周边农业空间和生态空间的辐射带动作用，实现"集聚开发，均衡发展"，推动国土空间开发新格局的形成。由此，在城镇空间，要集中人口和产业，推进新型工业化建设，促进农村劳动力和生态移民向城市集聚，充分发挥要素集聚对经济增长的贡献。在农业空间，要保障粮食生产，维护国家粮食安全和社会稳定，确保耕地红线不被突破。在生态空间，要恢复并保护生态环境，极大地提升生态产品和服务的价值。实现三类国土空间分类发展与均衡发展。由此可见，我国以"三区三线"为核心的"集聚开发，均衡发展"的国土空间开发格局顶层设计已经完成。

（四）政府和市场行为下我国国土空间经济活动矛盾突出

党的十九届六中全会提出，要统筹推进"五位一体"总体布局，坚持人与自然和谐共生，协同推进人民富裕、国家强盛、中国美丽。其中强调的发展理念和发展方向都来源于我国发展的实际，都针对于经济社会发展的重大问题。具体来讲，近年来我国城市居民消费结构

不断升级，面对城市居民对农产品消费需求结构的调整，农业供给能力明显不足，且市场需求旺盛的发展型农产品进口依存度高。2018年，糖类、油菜籽自给率仅为60%左右，橡胶、大豆自给率仅为15%左右，均为进口依赖型农产品；随着居民生活水平的提高和生态文明建设的不断推进，城乡居民对生态服务的需求越来越高，但生态服务潜在的供给不足和结构性区域失衡，造成供需矛盾突出。目前，我国生态环境整体上处于恶化状态，部分区域处于改善状态，生态环境恢复能力远远低于破坏速度；在城市建设用地不断增多的背景下，农业用地与生态用地规模不断下降。因此，确保城镇空间、农业空间和生态空间分工明确，增强相互之间经济互补，实现人与自然和谐共生的现代化，对于推动国土空间格局优化具有重要意义。

二 问题提出

在我国社会主义市场经济中，市场对资源的配置起决定性作用，城镇空间经济发展迅速，人均收入水平相对较高，对土地要素、自然资源的需求量大，废弃物的排放量也大。农业空间以农业生产生活为主，生产农产品的收益低，居民收入水平低，耕地面积不断减少，大部分农产品依赖进口。生态空间以提供生态产品和服务为主，长期以来经济的高速增长依靠对资源的攫取，高污染的生产方式导致生态环境承载力下降。我国国土空间上经济活动存在的矛盾现状，市场和政府双失灵是其重要原因，只有正确处理好政府与市场之间的关系，才能进一步推动国土空间新格局的形成。因此，有必要研究在市场和政府"双失灵"背景下，我国国土空间上的经济活动现状及其呈现出的格局，这也是本书首先需要回答的关键问题。国土空间包含城镇空间、农业空间、生态空间，如何实现三者在经济活动中的协调，以优化国土空间格局是值得从理论上探究的内容。在回答了如何做的问题后，进一步揭示政府和市场如何分工，在各自的领域推动国土空间格局优化是本书的落脚点。

基于此，本书将重点研究我国国土空间上微观主体经济活动的协调以推进国土空间格局优化的问题，试图在考察目前我国国土空间经济活动现状的基础上，从市场对资源配置起决定性作用的角度，针对国土空间经济活动均衡价值量构建一般均衡模型，探讨国土空间格局优化的内在规律，进而从有效市场和有为政府相配合的角度，揭示国土空间格局优化的实现途径。

三 概念界定与研究范围

（一）空间

空间的概念随着经济社会的进步和人类认知的不断拓展而不断发展。先验唯心主义哲学创始人康德就认为空间只是一个主观的表现形式，是以某种形式存在的直觉。[①] 而随着人类社会的不断分工，工业和商业的出现，空间演化成了商业的空间、工业的空间、生态的空间以及社会的空间等。空间作为一种抽象化的概念，是一种理解世界的工具和媒介。但空间更是一种实体性的存在，是由各种二维要素所组成的复杂结构。人类生产生活所选择的场地，本质上都是基于所处的地理物理空间结构，从这一角度看，空间的物质属性是空间的最本质属性。[②] 但是在现代社会，仅仅将空间理解为物理地理层面的物质空间已经无法完全解释现实的经济社会空间演变，因为随着时间的推移，人们生产生活的发展，物质经济、精神文化、社会偏好等方面的活动已经对物质空间进行了深刻调整，现代空间已经成为了一个多层

[①] 徐娜：《康德关于空间、时间的先验观念性证明》，《郑州航空工业管理学院学报》（社会科学版）2010年第2期。

[②] 吴次芳、叶艳妹、吴宇哲、岳文泽：《国土空间规划》，地质出版社2019年版。

次结构并存的复合体。

(二) 国土空间

国土空间包含的范围十分广泛，包括土地资源、水资源、海洋资源、生态资源、社会经济资源等不同客体。国土空间涉及国土自然环境、社会经济环境和心理文化环境，它包含以下四个基本层次：(1) 物理地理空间。这是一种真实可以看到和触摸的空间，物质属性是物理地理空间的本质属性，也是空间存在性、伸张性、广延性的本原和自然规律，包括生态规律决定物理地理空间的结构功能和演变。(2) 社会经济空间。这是人类各种社会活动、生产活动和经济活动所形成的空间形态，人类的各种生产生活活动是塑造社会经济空间的最重要因素。(3) 心理文化空间。随着社会、人口、文化等要素之间矛盾的产生，会使人的心理产生震动，出现文化不适的现象，直接影响国土空间的变迁并成为内生变量。(4) 网络数据空间。当代网络和大数据正在从根本上将传统的"地方空间"改变成为全新的"流动空间"，国土空间事实上已经演化成了一个虚拟与实体结合，"流动空间"与"地方空间"混合的"融合空间"。按照《全国主体功能区规划》以及国土用途管制分类，国土空间可以分为以下三类：

城镇空间是以城镇居民生产生活为主体功能的国土空间，包括城镇建设空间和工矿建设空间，以及部分乡级政府驻地的开发建设空间。

农业空间是以农业生产和农村居民生活为主体功能，承担农产品生产和农村生活功能的国土空间，主要包括永久基本农田、一般农田等农业生产用地，以及村庄等农村生活用地。

生态空间是具有自然属性、以提供生态服务或生态产品为主体功能的国土空间，包括森林、草原、湿地、河流、湖泊、滩涂、荒地、荒漠等。

国土空间用途管制通常情况下以国土空间规划为前提，通过行政备案、审批、许可证管理等方式确保拥有国土空间各类资源经营权、使用权的主体严格遵守国土空间规划来达到合理利用国土空间的目的。[①] 我国国土空间用途管制的管制者就是国家和地方政府，其中国家（中央政府）既是国土资源的所有者，又是国土资源的使用者，这种双重身份使得国家既要保护国土资源，又要追求国土资源价值收益的最大化。地方政府则要在国家的要求下保护国土资源，但又追求财政收入的最大化。对于国土资源的使用者或者经营者来说，其主要目的是追求经济利益最大化，只有在受益最大的前提下，才会有动力承担资源保护的责任。[②] 然而，利益主体之间存在诉求差异甚至冲突，应从国土空间治理效益的角度出发，在不损害国土资源的情况下提高资源配置效率，推进三类国土空间相互协调发展。对国土空间进行管制，仅仅划分"三区三线"是远远不够的，由于存在土地利用的外部性，应在确保国土空间管制效益，充分发挥城镇空间、农业空间、生态空间主体功能的前提下，提高三类国土空间的资源配置效率，促进国土空间格局优化，避免国土空间管制下的新一轮区域不平衡发生。

随着城市经济和工业的快速发展，国土资源成为社会各界的竞争目标，为了协调经济、社会、生态之间的关系，解决长期发展问题，国家从土地用途管制开始，逐步丰富国土资源管制的内容，治理范围不断扩大，治理手段也不断强化，全域全要素的国土空间用途管制制度逐步形成。具体来看，我国国土空间用途管制制度主要分为以下几个阶段：

土地用途管制阶段。改革开放以后，我国城市建设与扩张速度不

---

① 林坚、武婷、张叶笑、赵晔：《统一国土空间用途管制制度的思考》，《自然资源学报》2019年第10期。
② 田双清、陈磊、姜海：《从土地用途管制到国土空间用途管制：演进历程、轨迹特征与政策启示》，《经济体制改革》2020年第4期。

第一章 导论

断加快,需要的建设用地数量不断增长,随即便出现了农用地无序转用、闲置浪费等诸多问题。耕地面积不断减少、人口数量却不断增加,人地矛盾日益突出。[①] 为了保障粮食安全,国家开始对土地用途实施管制,不断提高农地转为建设用地的标准。为强化土地用途管制,2009 年国家规定了允许建设区、有条件建设区、限制建设区和禁止建设区四类主体功能区,为增强用途管制的弹性,国家大力支持城乡建设用地增减挂钩试点。土地用途管制实现了行政与经济手段共用,数量与空间管制并行。

生态要素用途管制阶段。耕地被严格控制后,地方政府通过占补平衡的方式增加建设用地,占用了大量的生态用地,生态环境遭到严重破坏。为了解决林地、草地等乱占乱用的问题,国家先后出台《森林法》等各类保护生态产品的相关法律法规,对于破坏生态行为提出严厉的惩罚措施。在此基础上,这一阶段,依托各部门职责,按要素分门别类实行的用途管制制度开始形成。

自然生态空间用途管制阶段。以要素为基础的用途管制可以做到重点突出,但是割裂了各要素之间的联系。发展改革部门通过负面清单等制度推进生态空间保护,住建部门、国土部门通过各种方式强化农业空间用途管制。然而,随着"山水林田湖草命运共同体"理念的提出,要求国土空间管制要立足整体和全局对国土资源进行规划与管控。在这样的背景下,2017 年我国开始在不同省市开展生态空间用途管制试点工作。由于规划是管制的前提和依据,而此次试点省市同步推进规划与管制,空间规划并没有成为用途管制的依据。

国土空间用途管制阶段。2017 年 11 月,党的十九大明确提出要

---

① 黄征学、蒋仁开、吴九兴:《国土空间用途管制的演进历程、发展趋势与政策创新》,《中国土地科学》2019 年第 6 期。

9

对国土空间实施用途管制，为了实现统一行使管制职权，中央政府从体制改革开始做起，成立不久的自然资源部负责全面落实国土空间管制。2019年，自然资源部提出强化"三区三线"管控，推进"多规合一"，这实际上确立了国土空间管制的核心内容。"三区三线"是指我国国土用途管制制度中提出的"三区"和"三线"，其中"三区"就是国土空间划分方法中的三种类型，即城镇空间、农业空间和生态空间；"三线"是依据"三区"划定的更为严格的国土空间控制线，分别是城镇开发边界、永久基本农田和生态保护红线。2014年，国家发展改革委等部门共同制定了国土空间管制的"三条控制线+三类管制分区"制度框架。2016年底，中共中央与国务院重新确定了生态、农业与城镇开发的"三区三线"边界，并于2019年11月出台了《关于在国土空间规划中统筹划定落实三条控制线的指导意见》，至此，"三区三线"政策的顶层设计基本完成。

（三）空间格局

空间格局即地理要素的空间分布与配置，是人类生产生活活动促使空间上的物质要素或非物质要素相互作用并最终反映在空间上所形成的形态，[①]是经济发展关系在空间上的表现。空间格局研究主要基于空间相互作用的角度，包括空间集聚和扩散的过程与模式、规模的演化和结构特征、经济要素相互作用的机制、空间形态及其演变的方向、所形成的规律等内容。[②]学者在研究中常常以空间结构来表示空间格局，与经典区位论有着紧密的联系，比如早期的农业区位论、工业区位论、中心—外围理论等都对某种经济活动的空间结构进行了深入研究。韦伯认为空间结构是包含从形式到过程的系统，形式是指各

[①] 朱邦耀：《吉林省中部城市群经济空间格局演化研究》，经济管理出版社2018年版。
[②] 陈红霞、李国平、张丹：《京津冀区域空间格局及其优化整合分析》，《城市发展研究》2011年第11期。

种要素在空间中表现出的形态或者分布状态，过程是指各要素之间相互作用，他把空间结构看作在行动中的动态系统。①

根据空间格局的相关研究，本书定义空间格局是附着在物理地理空间中的经济社会要素通过相互作用而形成的一种空间结构，并随着人口、经济、资源、环境等要素的变化而不断演变，是一个密切关联、动态平衡的复合型空间系统。

(四) 国土空间格局

人类在现有的自然地理环境中进行生产和建设，在长期以来的人类活动和地理环境相互作用之下便形成了一种具有地域特色的综合体，即为国土空间格局。② 国土空间格局以各类国土空间内部活动的空间结构和空间内容要素为对象，能够反映出各种物质要素在空间上的排列顺序及其变化的特征、程度和呈现出的不同阶段，是国土空间布局、形式和规模的宏观反映，更多地用于表现土地利用过程及其空间形态的变化。同时物质又都是永恒运动的，国土空间格局也是随着时间发展而不断演变的。通常，整体上的国土空间格局演变有较长的时期，也具有局部到整体、量变到质变的过程特征，这是由生产和建设的耗时性决定的。这也体现了国土空间格局自其诞生，其发展过程就伴随着优化完善的过程。③ 从经济学角度来讲，关于国土空间格局的研究是基于空间上人类生产生活活动相互作用的角度，对不同类型国土空间集聚和扩散的过程与模式、规模的演化和结构特征、经济相互作用的条件与机制以及空间分布及其演化规律等进行的研究。

---

① 王力国：《生态和谐的山地城市空间格局规划研究——以重庆主城区为例》，人民日报出版社2019年版。
② 肖金成、欧阳慧：《优化国土空间开发格局研究》，《经济学动态》2012年第5期。
③ 王力国：《生态和谐的山地城市空间格局规划研究——以重庆主城区为例》，人民日报出版社2019年版。

国土空间格局优化的前提是功能空间的识别与确认，是谋求在较长的时间段、更大空间尺度中的综合效益较优的方案，是作为自然与人文因素共同作用、社会与环境复合系统综合优化的调整方案。① 发达国家通过优化国土空间格局以规范经济主体的活动范围，解决市场失灵导致的土地利用无序和国土空间结构失衡，以实现区域协调发展和经济社会的可持续发展。② 一般认为国土空间格局优化以法治、效率、协调为重要标准，具有"实体性、层次性、均衡性"的特征。③"实体性"是指所有的经济活动都要落在具体的地理范围上，随着时间推移呈现出不同的特征和发展趋势，本书所研究的国土空间上的经济活动分为城镇空间上的经济活动、农业空间上的经济活动和生态空间上的经济活动，都以具体的地理空间为基础开展研究。"层次性"是指所有经济活动在不同的行政单元上的体现，如国家层面、省级层面、市县级和乡镇级层面等，本书站在国家宏观层面，从理论经济学研究范式出发，研究政府和市场在国土空间格局优化中的作用。"均衡性"是指在国土空间上有序有效配置经济要素，实现人与自然和谐共生，这是本书关于国土空间格局优化的定义与落脚点。基于生态空间的脆弱性、城镇空间的竞争性以及农业空间的地域性特点，生态空间、农业空间、城镇空间上经济活动的协调不仅是国土空间优化的重要内容，也是平衡效率与公平、短期发展与长期繁荣的关键。目前，我国国土空间格局优化以生命共同体理念为基本原则，以推动人类经济活动与自然资源匹配为目的，以立体资源与要素协同开发保护为手

---

① 黄金川、林浩曦、漆潇潇：《面向国土空间优化的三生空间研究进展》，《地理科学进展》2017年第3期。
② 余亮亮、蔡银莺：《国土空间规划对重点开发区域的经济增长效应研究——武汉城市圈规划的经验证据》，《中国人口·资源与环境》2016年第9期。
③ 黄征学、王丽：《国土空间治理体系和治理能力现代化的内涵及重点》，《中国土地》2020年第8期。

段,以人与自然和谐共生为根本追求。① 新时代的国土空间格局优化具有新的价值追求、基准理念和优化方式,具有显著的新时代特征。②

(五) 协调发展

《现代汉语大词典》对"协调"一词的解释是"和谐"与"配合"。学者根据不同研究对象,从不同研究视角对协调发展的含义有不同的认识,但基本理念趋于一致。从区域经济协调发展的角度,Brookfield认为不同区域之间在产业结构、经济交易、市场份额和要素方面相互支撑、相互依赖就是经济协调发展。③ 国内学者认为协调发展的含义随着经济社会不断发展而变化,不同的发展阶段具体内容不同。④ 正确处理区域之间的关系是实现协调发展的关键,区域协调发展是区域之间相互依赖、相互促进,从而实现共同进步。⑤ 在这些学者认识的基础之上,协调发展的内涵进一步具体化,认为协调发展是区域经济之间相互发展、相互促进的一种状态。⑥ 除此之外,诸多学者认识到区域协调发展不仅是经济的协调发展,还需要兼顾到效率与平衡。⑦ 部分学者注意到坚持效率与公平是区域协调发展的基本点。⑧ 从城乡协调发展角度,即城乡发展转型过程中要素、结构、功能等方面的配合。⑨ 从经济发展与生态环境保护相协调的角度,协调发展不

---

① 张衍毓、张晓玲、邓红蒂:《新时代国土空间治理科技创新体系研究》,《中国土地科学》2021年第4期。
② 庄少勤:《新时代的空间规划逻辑》,《中国土地》2019年第1期。
③ Brookfield H., *Interdependent Development*, London: University of Pittsburgh Press, 1975.
④ 杨开忠:《我国区域经济协调发展的总体部署》,《管理世界》1993年第1期。
⑤ 蒋清海:《区域经济协调发展的若干理论问题》,《财经问题研究》1995年第6期。
⑥ 覃成林、张华、毛超:《区域经济协调发展:概念辨析、判断标准与评价方法》,《经济体制改革》2011年第4期。
⑦ 蒋清海:《论区域经济协调发展》,《开发研究》1993年第1期。
⑧ 高志刚:《新疆区域经济协调发展若干问题探讨》,《经济师》2003年第2期。
⑨ 王艳飞、刘彦随、严镔、李裕瑞:《中国城乡协调发展格局特征及影响因素》,《地理科学》2016年第1期。

是经济增速的单纯提升，而是经济效率、经济效益与防止环境污染、保护生态相结合，此时协调水平较高。[①]

（六）本书的研究内容

本书中的国土空间包含城镇空间、农业空间、生态空间，研究对象是国土空间上微观主体的经济活动，而不是物理空间本身。具体来讲，本书的研究内容涉及城镇空间上的经济发展活动以及城镇居民收入状况；涉及农业空间上的农业生产生活活动，包含农作物生产活动和农村居民收入状况；涉及生态空间产品和服务的提供活动。在理论模型中，为简化研究对象，依据城镇空间的主体功能，主要研究其工业制成品的生产活动。根据生态空间的主体功能以及包含的主要自然资源，本书主要研究生态产品（垦殖放牧、采伐、取水、渔猎）和生态服务（防风固沙、水源涵养、洪水调蓄、生态防护、气候调节、景观绿化）的提供活动。

在此基础之上，本书提出的国土空间格局优化是依据国土空间格局的定义、国土空间格局优化中"法治、效率、协调"的重要标准以及"实体性、层次性、均衡性"的特征予以确定，即本书从国家层面进行论述，各类国土空间上的经济活动相互兼顾，形成一种自发协作、合力推进、正向促进的发展机制，以实现国土资源的优化配置。这一定义符合国土空间格局优化的标准、特征以及协调发展的内涵，因此后文使用国土空间经济活动协调度表征国土空间格局的优化程度。

四 研究目的及意义

（一）研究目的

目前，在国土空间治理体系和治理能力现代化，人与自然和谐共

[①] 马骏、孙茂洋、关一凡：《江苏省经济与环境协调发展实证分析》，《生态经济》2016年第2期。

生等方面的研究越来越多，已有研究逐步将协调发展的视角放在国土空间开发保护之上，但多数研究仅限于分析优化国土空间的制度设计，部分研究以主体功能区为对象来展开。现有研究并没有深入分析三类国土空间之间的关系、未来发展方向以及如何落实各类空间主体功能等相关问题，使得国家在制定优化国土空间开发保护格局、推进生态文明建设以及促进全面协调发展的政策上缺乏理论指导和依据，导致国土空间格局优化进程缓慢且成效甚微。因此，关于国土空间格局优化的基础理论研究对实现我国国土空间治理体系和治理能力现代化，以及促进经济、社会、生态文明协调发展具有重要意义。本书主要目的有三点：第一，为国土空间开发与保护新格局的构建与建设人与自然和谐共生的现代化奠定理论基础。第二，构建我国国土空间格局优化的理论框架，探索三类国土空间实现协调发展的新思路。第三，从正确处理政府与市场关系的角度探讨我国国土空间格局优化，为相关研究提供一个新的思路与框架，方便作者与相关研究领域的学者开展更深层次的后续研究。

（二）理论意义

构建科学的国土空间治理体系，实现高效的治理能力，离不开完整国土空间治理理论的指导和支撑。与国土空间治理相关的理论，如新经济地理理论、空间经济学理论、规划理论等，都在各自领域成为成熟的理论体系，同时存在学科交叉的现状。此外，我国现有的国土空间治理理论大多来自西方发达国家，与我国国情并不完全相符。因此，亟须学者从不同的研究领域，以科学的研究方法，基于指导实践的目的强化国土空间治理的基础理论研究。目前的用途管制，避免了过去过度强调耕地保护而忽视生态环境保护，以及过度强调生态环境而忽视农业生产两种片面的国土空间管制，而是将城市发展、农业农村发展、生态环境与生态产品生产并列为三大要素，实现城镇空间、农业空间和生态空间的系统协调。本书的理论意义体现在以下三方面：第一，利用城市系统的空间模型研究国土空间的区位关系，是对城市、农村区位模型的进一步拓展，也是随着经济社会发展矛盾的变化，对传统区位理论的丰富。第二，基于微观主体最优化行为研究经济活动协调以及国土空间格局优化的实现机制和支撑条件，提出国土空间格局的优化路径，为国土空间治理体系和治理能力现代化提供基础理论支撑。第三，对国土空间格局优化的支撑条件进行实证检验，对国土空间管制制度的实施成果进行量化研究，通过数据验证得到关于推进国土空间经济活动相协调，实现国土空间格局优化的可行路径。

（三）现实意义

建设人与自然和谐共生的现代化是我国经济社会重要的发展方向，是解决现阶段我国社会主要矛盾的重要方式。近年来，我国正在追求经济转型发展，并取得了骄人的成果。不同类型国土空间仅注重自身而忽略其他国土空间的发展方式很难实现可持续的发展，那么相互带动与支撑就势在必行。因此，基于微观主体的经济活动探讨我国国土空间格局优化的现实意义在于：第一，通过分析国土空间上经济活动的矛盾现状和格局演变，指出协同推进城市、农村发展与生态环境保护的严峻现实，为经济社会可持续发展的相关研究提供了现实依据。第二，对国土空间上经济活动相协调的研究是优化国土空间治理体系的重要内容，国土空间管制作为国家空间发展的指南也要有相应的理论依据。目前，全国各地都在积极开展着国土空间治理工作，但一直处于理论滞后于实际工作的状态，基于经济联系的国土空间格局优化研究，为国土空间科学治理体系的形成以及治理能力的提升具有重要借鉴意义。第三，顺应了我国国土空间用途管制中的管制分区设置，本书提出的以经济联系为基础的国土空间区位关系为乡镇、县域国土空间的划分提供指导。

第二节 研究思路与方法

一 研究思路

本书遵循如下研究思路：

第一，对空间、国土空间、空间格局、国土空间格局等相关概念进行阐述，确定本书的研究对象、研究内容与研究范围。

第二，从正确处理政府与市场的关系、国土空间治理体系和治理能力现代化以及国土空间格局优化的现有基础研究出发，对相关研究现状进行梳理与评述，奠定本书的研究基础；以资源优化配置理论、公平与效率理论、协调发展理论、人与自然和谐共生理论等为基础提出本书的理论基础。

第三，从市场失灵和政府失灵的角度分析我国国土空间上经济活动的矛盾现状以及随着时间推移所呈现的国土空间格局的演化，揭示国土空间经济活动有矛盾、不协调的特征事实。

第四，从市场对资源配置起决定性作用的角度寻找国土空间格局优化的内在规律。构建考虑交易成本的简单线性经济模型，探讨城镇空间、农业空间、生态空间之间的区位关系。建立一个三区域、三部门、单要素的迪克西特—斯蒂格利茨扩展模型，从价值量层面分析国土空间格局优化的内在机理。从政府与市场关系角度分析国土空间格局优化的理论机制。

第五，根据国土空间微观主体经济活动呈现出的特征和理论模型中得出的推论，对模型推论进行实证检验，提出我国国土空间格局优化的可行路径。具体的研究路线如图 1-1 所示。

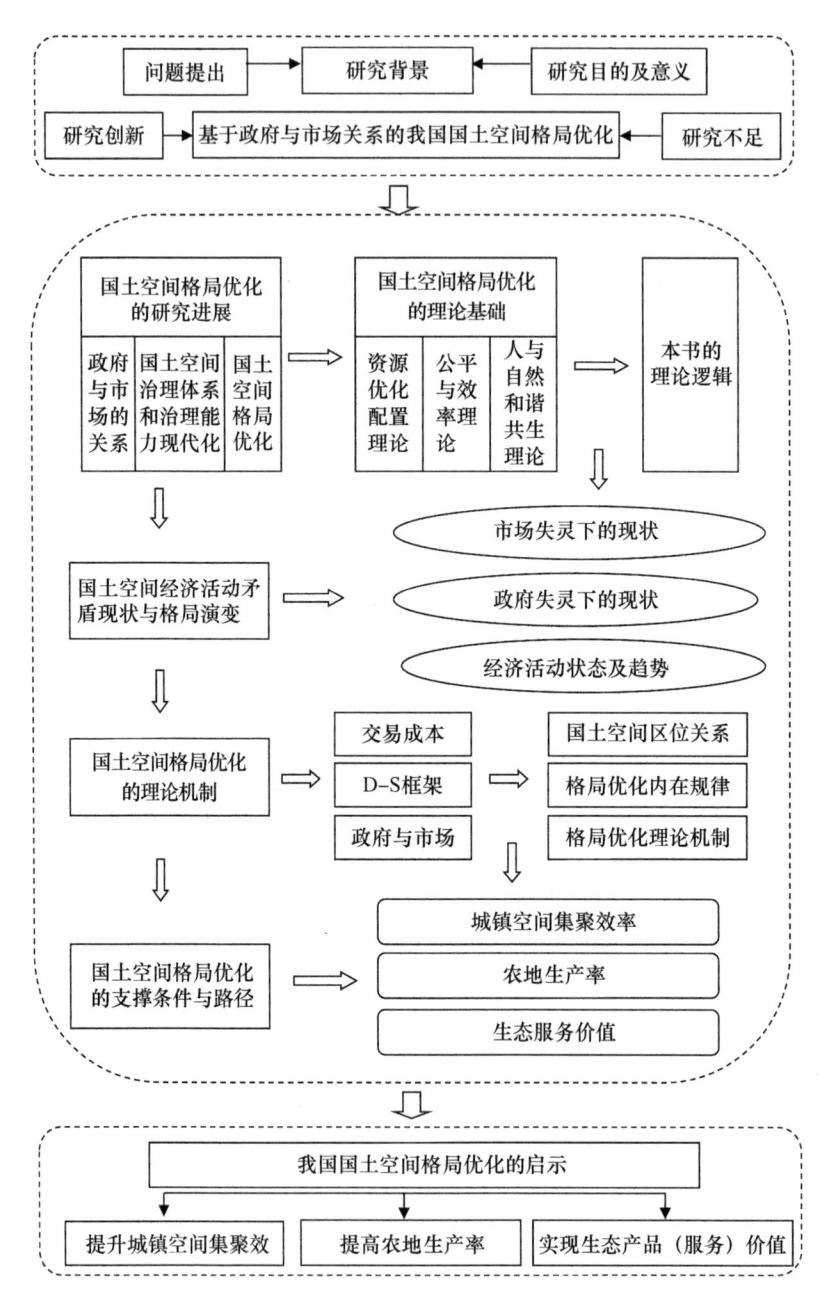

图 1-1 本书的研究路线

二 研究方法

（一）文献研究法

运用文献研究法对正确处理政府与市场的关系、国土空间治理体系和治理能力现代化以及我国三类国土空间中两两之间协调发展以及三者之间协调发展必然性等研究成果进行详细梳理，进而对现有研究进行评述，奠定本书的研究基础。

（二）归纳演绎法

运用归纳演绎法对资源配置中的政府与市场关系理论、公平与效率理论、协调发展理论以及人与自然和谐共生理论进行总结，论述本书研究内容深厚的理论基础，为本书数理模型推导提供理论支撑。

（三）数理模型分析

采用数理模型分析方法构建我国国土空间区位关系、均衡价值量以及格局优化实现机理的理论模型。主要的建模思路与工作为：构建考虑交易成本的简单线性经济模型，探讨国土空间的区位关系。建立一个三区域、三部门、单要素的迪克西特—斯蒂格利茨扩展模型，从价值量层面分析国土空间格局优化的内在机理。从正确处理政府与市场关系出发分析国土空间格局优化的理论机制。

（四）经验分析法

运用经验分析法验证模型推论。根据理论模型得出的推论，分别验证提升城镇空间集聚效率、提高农地生产率和实现生态服务价值对我国国土空间格局优化的影响，基于实证检验结果提出国土空间格局的优化路径。

第三节 创新与不足

一 主要创新点

本书通过研究，试图在以下方面有所创新：首先，本书将研究内容放在政府与市场在国土空间格局优化的作用上，对以往仅探讨城市与农村、农业与生态、经济与生态两者之间关系的研究进行拓展，利用政府与市场在资源配置上的分工，研究国土空间经济活动的协调问题，拓展了研究思路；其次，将国土空间以及国土空间格局优化进行经济学定义，从经济社会层面探究城镇空间、农业空间、生态空间之间的区位关系，分析国土空间上经济活动在短期均衡和长期均衡中价值量的关系，从微观角度完善了国土空间治理的理论体系；最后，已有研究中依托"三区三线"分析生态文明建设与区域协调发展的成果仅对阶段划分、性质描述和制度建设进行阐述，实证检验的研究鲜见，本书基于模型推论，选取地级及以上城市相关数据，进一步做实证检验，揭示我国国土空间格局的优化路径，这是对现有研究的重要补充。

二 研究不足

本书存在如下不足：首先，在理论模型的构建中，本书仅考虑劳动一种要素，而在经济理论中，要素还包含资本、土地等，仅将劳动要素包含在模型中过于简化，并且本书在模型中将研究放在短期，假定要素不流动，而要素流动是区域经济联系的关键，这是后续研究需要进一步拓展的方面。其次，在阐述国土空间经济活动的矛盾现状时从对市场和政府行为划分的视角来开展，但多数经济行为后果兼有市场失灵和政府失灵的行为，对于此，本书按照市场和政府责任的程度详细分析对国土空间格局影响较大的几点内容,这是本书的另一不足。最后,在度量国土空间经济活动协调度时,仅依据现有统计数据,而现有资料与数据无法得到涵盖城镇空间、农业空间、生态空间主体功能发挥的所有指标,不能精确衡量国土空间各种经济活动的开展程度,这是本书研究的一点不足。以上研究不足是国土空间格局优化研究的重点与难点,也是后续研究要解决的关键问题。

第二章　国土空间格局优化的研究进展与理论基础

在我国社会主义市场经济制度下，自然资源权属归全民所有，与西方国家存在本质差异，这就意味着传统西方经济理论无法完全准确地解释我国的国土空间格局优化方向。因此，研究我国国土空间格局优化应基于我国经济社会的发展实践，以科学理论为指导，展开深层次的研究。基于此，本部分首先归纳总结国内外研究现状，再提出本书的理论基础及其来源，最后根据本书的研究对象，结合研究现状和理论基础，提出本书的理论逻辑。具体内容为：首先，以正确处理政府与市场关系研究为起点，结合我国关于五个统筹、新发展理念、生态文明、治理体系和治理能力现代化等相关研究，引出国土空间格局优化的研究成果，以层层递进的方式对相关研究成果进行梳理并评论，突出本书的研究基础与拓展空间。其次，以资源优化配置中的政府与市场关系理论、公平与效率理论、协调发展理论以及人与自然和谐共生理论为基础，论述本书深厚的理论基础。最后，结合学界现有研究和相关理论基础，提出本书的理论逻辑。

第一节 国内外研究进展

一 正确处理政府与市场的关系

在正确处理政府与市场的关系中，最为重要的部分，也是最体现"中国特色"的就是将中国共产党的领导置于更高的层次，政府和市场仅作为配置资源的两种方式。[1] 我国社会主义市场经济制度下，需要有效市场和有为政府相结合。[2] 然而推进法治政府建设是正确处理政府和市场边界的首要问题，从法律上约束政府行为，更明确地界定政府和市场的作用。[3]

市场在资源配置中起决定性作用是对长久以来中国经济发展的基本状况及存在的问题进行科学分析后做出的总体判断。[4] 它是资源配置中最有效的方式，也是发展市场经济的本质。[5] 市场对资源配置的决定性作用主要体现在市场对生产资料与劳动力在各部门的分配。[6] 这种决定性作用仅限于在微观领域中进行。市场决定资源配置归纳起来就是市场是经济活动的动力，决定着经济活动的全部过程。[7] 市场机制的有效性是通过市场决定资源配置来实现的，具体来说，包括价

---

[1] 郭冠清：《新中国70年政府与市场关系演进的政治经济学分析》，《扬州大学学报》（人文社会科学版）2020年第3期。

[2] 逄锦聚：《破解政府和市场关系的世界性难题》，《红旗文稿》2019年第18期。

[3] 李义平、王梅梅：《新形势下如何更好处理政府和市场的关系》，《中国党政干部论坛》2020年第6期。

[4] 邱海平：《使市场在资源配置中起决定性作用和更好发挥政府作用——中国特色社会主义经济学的新发展》，《理论学刊》2015年第9期。

[5] 顾钰民：《习近平对社会主义市场经济的理论贡献》，《思想理论教育导刊》2020年第5期。

[6] 卫兴华、昝盼：《论宏观资源配置与微观资源配置的不同性质——兼论市场"决定性作用"的含义和范围》，《政治经济学评论》2014年第4期。

[7] 王萍：《市场在资源配置中起决定性作用的逻辑内涵与实现条件》，《齐鲁学刊》2015年第4期。

格形成机制市场化、健全市场体系、市场规则、要素流动机制以及市场环境等方面。①

对于市场解决不了的问题，政府必须发挥优势帮助市场解决。②在改革方向、改革长短期目标的规划、改革中市场体系作用发挥等方面，政府要行使相应的调节职能。③政府要及时纠正市场失灵行为，同时通过政策、法律法规、制度供给为市场主体创造公平、有活力的发展环境。④打赢经济发展保卫战需要"有为政府"从旁协助，进行宏观调控。⑤

二 国土空间治理体系和治理能力现代化

党的十六届三中全会中首次提出国内发展和对外开放的"五个统筹"，要正确处理五者之间关系，实现经济社会良性运行和循环。⑥后来，习近平总书记和党中央对我国经济阶处阶段的发展特点、优势和短板等方面进行了准确的判断，在此基础之上，提出了"创新、协调、绿色、开放、共享"的新发展理念，这五个理念是针对现实中存在的不平衡、不协调问题提出的重要发展理念，是全面推进现代化发展的内在要求。⑦目前我国所处的阶段，要求把机会的空间平衡和能

---

① 刘儒、郭荔:《社会主义市场经济条件下政府和市场的互补关系及特征》，《东南学术》2021年第1期。
② 彭俞超、张雷声:《正确认识和处理政府与市场关系的创新与发展》，《山东社会科学》2014年第1期。
③ 张开:《更好发挥政府作用的两层含义》，《经济研究参考》2014年第37期。
④ 冒佩华、王朝科:《"使市场在资源配置中起决定性作用和更好发挥政府作用"的内在逻辑》，《毛泽东邓小平理论研究》2014年第2期。
⑤ 韩保江:《打赢我国财政经济发展保卫战需"更好发挥政府作用"》，《中国财政》2020年第10期。
⑥ 郝孚逸:《论"五个统筹"的整体性哲学内涵》，《江汉论坛》2006年第1期。
⑦ 邱海平:《新发展理念的重大理论和实践价值——习近平新时代中国特色社会主义经济思想研究》，《政治经济学评论》2019年第6期。

力的空间平衡作为协调发展的政策目标,① 更加重视发展的均衡性和规划的统筹性。② 绿色是永续发展的必要条件和人民对美好生活追求的重要体现。③ 党的十九大报告把社会主义现代化明确为人与自然和谐共生的现代化,同样要求走绿色发展道路。追求绿色发展,构建绿色、和谐、安全、可持续的美丽国土,④ 让广大人民群众能呼吸上新鲜的空气、喝上干净的水、吃上放心的食物,努力实现经济、生态和人的价值协调发展。⑤ 新发展理念的落实需要政府和市场共同发力,为减轻政府失灵与市场失灵带来的不利影响,人们开始不断探索理论范式。关于治理,不同经济体、不同地域文化对其有不同的理解,但都认识到治理是通过沟通与谈判的形式对公共问题进行处理。⑥ 一个国家的制度建设能力决定了制度水平,而与国家发展相适应的制度水平有利于国家治理能力的提升。⑦

一个国家的国土空间治理具有重要意义。国土空间承载了生态文明的物质建设,国土空间管制又对附着于国土空间上的自然资源与社会经济资源进行配置,是政府干预生产生活的重要手段,而单纯的国土空间管制不免滞后于多样化的自然资源动态变化与社会经济的演进发展,亟须一个集数据治理、产权治理为一体,包含政策和机制治理

---

① 孙志燕、侯永志:《对我国区域不平衡发展的多视角观察和政策应对》,《管理世界》2019 年第 8 期。
② 周文:《新时代高质量区域协调发展的政治经济学研究》,《政治经济学评论》2020 年第 3 期。
③ 邱海平:《新发展理念的重大理论和实践价值——习近平新时代中国特色社会主义经济思想研究》,《政治经济学评论》2019 年第 6 期。
④ 常新、张杨、宋家宁:《从自然资源部的组建看国土空间规划新时代》,《中国土地》2018 年第 5 期。
⑤ 叶琪、李建平:《人与自然和谐共生的社会主义现代化的理论探究》,《政治经济学评论》2019 年第 1 期。
⑥ 王刚、宋锴业:《治理理论的本质及其实现逻辑》,《求实》2017 年第 3 期。
⑦ 张贤明:《制度建设协同化:国家治理现代化的有效路径》,《行政论坛》2020 年第 5 期。

的综合一体的现代化国土空间治理体系,该体系区别于"画图式"的治理,它将作为国土空间开发格局优化的体制机制保障,进一步促进国土资源的最优配置与空间均衡的形成。[1]

首先,国土空间治理的理论框架应以弥补市场缺陷为切入点,形成复合型的治理框架。把强政府和强市场结合起来,在土地领域健全市场规则,通过法治手段提升市场治理能力。[2] 基于政府、市场主体和社会主体的密切关联与互动,科学高效对国土空间实施规划,敦促国土空间管制向着能够将优化的制度结构、高效的资源利用、跨时空范围和治理绩效融合在一起的共同体方向组建。

其次,在复合型的国土空间治理理论框架下,形成现代化的国土空间治理约束力。现代化的国土空间治理能力要对我国日益被城镇空间挤占的农业空间、生态空间进行规制与安排,协调好人口、经济与自然资源环境的关系。[3] 运用资源环境承载力,约束城镇空间、农业空间的扩张;以开发适宜性、价值评估界定划分农业空间与生态空间,进一步确定二者的长期价值,并进行最优配置;通过产权体系的实现形式,实现政府管理与自然资源资产所有权人相互独立,协调发展,[4] 避免"公地悲剧"发生,形成对国土空间上附着的自然资源资产的有效保护。

最后,以现代化的国土空间治理体系实现空间均衡。改革开放以后,我国社会主义市场经济体系开始逐渐形成并取得快速发展,此时国土空间开发的非均衡观点逐渐成为主流,[5] 重点开发战略的实施为

---

[1] 沈悦、孟旭光:《城乡资源流动视角下的国土空间规划思考》,《中国国土资源经济》2020年第3期。
[2] 任保平:《建设高质量的社会主义市场经济体制》,《政治经济学评论》2020年第1期。
[3] 黄征学、王丽:《国土空间治理体系和治理能力现代化的内涵及重点》,《中国土地》2020年第8期。
[4] 董祚继:《自然资源资产管理与国土空间规划》,《景观设计学》2019年第1期。
[5] 陆大道:《关于"点—轴"空间结构系统的形成机理分析》,《地理科学》2002年第1期。

我国经济发展带来增长极的同时，加剧了区域不协调，影响了最优国土空间功能的发挥。逐渐增加的生态财富伴随着物质财富的增加产生边际递减效应，[①] 成为国土空间资源配置需要解决的重要问题。国土空间治理要保证城镇国土空间、农业国土空间、生态国土空间自身内部的局部均衡。城镇国土空间治理要关注产业空间布局区、人口过稠密或过稀疏区、萧条产业区、矿区、城市内部贫困区等核心要素。以现代化前瞻性的视野探索不同发展阶段、不同发展时期城市人口、城市产业的布局。农业国土空间治理的核心在于保障推进永久基本农田的落地实施与严格遵守。生态空间治理要兼顾底线管理和精明增长，底线管理不可避免要实施行政约束，精明增长则要求明晰生态空间与农业空间、城镇空间的协同均衡。[②] 现代化国土空间治理还要保障三类国土空间上经济活动的一般均衡。空间的非分隔性自然要求空间用途管制的整体协调性。在后工业化时期或者新时代生态文明的背景下，人类的生产生活空间不再是单一目标的，而是信息高度发达下农业生产空间、城市空间与生态空间的融合。

三 国土空间格局优化

在生态文明建设和主体功能区战略的引导下，不断优化人类生产生活活动与自然地理空间之间的作用格局一直都是政府和学界关注的重点内容。美国、英国等西方国家通常通过开发与保护并行的方式优化国土空间格局，以此应对城市化过程中产生的环境污染和发展困境。随着"三区三线"在我国的提出以及逐步形成城市化地区、农产品主产区和生态功能区的规划的提出，近年来我国学界基于城镇空间、农业空间、

[①] 邓文英、邓玲：《生态文明建设背景下优化国土空间开发研究——基于空间均衡模型》，《经济问题探索》2015 年第 10 期。

[②] 沈悦、刘天科、周璞：《自然生态空间用途管制理论分析及管制策略研究》，《中国土地科学》2017 年第 12 期。

生态空间的相关研究大量涌现出来。新时代的国土空间格局优化具有新的价值追求、基准理念和优化方式，具有显著的新时代特征。[①]

(一) 生态安全与生态保护红线

生态安全与生态红线保护是国土空间开发中需要解决的一个重要问题。生态环境一旦恶化，将会影响到整个社会的可持续发展。[②] 生态安全格局与生态环境保护密切相关，开展生态安全格局研究对于国土空间资源合理开发具有重要意义。[③] 保障生态空间安全是有序治理国土空间、完善国家安全体系的重要内容，[④] 新时代构建安全的生态空间格局对于解决工业化和城市化进程中的困境和实现空间均衡十分重要。

目前，国际上关于生态安全和保护的空间布局和规划开展较早，如美国、英国、德国、意大利，以及亚洲的日本、新加坡等国家的绿色廊道体系建设。国内对于生态安全研究主要站在生态安全格局角度展开，许多学者对景观格局优化、土地利用结构优化、生态系统敏感性、生态系统服务价值、土地资源可持续利用进行了深入研究，并通过实证方法对河西走廊、城市区域、农牧交错带、湿地及其他敏感地区等进行了大量研究。后来，我国学者结合自身特征对国土空间治理的尺度进行了科学划分。[⑤] 实际上，生态保护具有清晰的地理边界，将生态保护的成果进行量化是保障生态安全的一种有效思路。[⑥] 此外，

---

① 庄少勤：《新时代的空间规划逻辑》，《中国土地》2019年第1期。
② 刘晶晶、王静、戴建旺、翟天林、李泽慧：《黄河流域县域尺度生态系统服务供给和需求核算及时空变异》，《自然资源学报》2021年第1期。
③ 叶鑫、邹长新、刘国华、林乃峰、徐梦佳：《生态安全格局研究的主要内容与进展》，《生态学报》2018年第10期。
④ 王开泳、陈田：《行政区划研究的地理学支撑与展望》，《地理学报》2018年第4期。
⑤ 贾良清、欧阳志云、赵同谦、王效科、肖燚、肖荣波、郑华：《安徽省生态功能区划研究》，《生态学报》2005年第2期。
⑥ 徐德琳、邹长新、徐梦佳、游广永、吴丹：《基于生态保护红线的生态安全格局构建》，《生物多样性》2015年第6期。

还有一些学者从生态安全整体格局角度梳理了保护生态的基础理论、设计原则与方法，希望从宏观经济社会发展上实现生产生活活动与生态安全的平衡。也有学者认为通过生态安全核心空间对生态安全进行测度，便于识别和评价区域核心生态空间的范围，有利于生态空间的保护与主体功能发挥，有利于生态红线的划定。[1]

(二) 农业空间保障与空间布局

在新型城镇化与城乡统筹发展的背景下，保障农业用地安全面临严峻挑战。[2]纵观我国农业空间的布局变化，我国经历了由放任对生态破坏来保障农产品供给的总数量，到农业集聚专业化发展，再到农业生产地域的专业化变化，农业空间布局呈现出产业带和块状布局的集聚特征，[3] 农业空间布局与优化成为人们关注的重要问题。近年来，随着农业形势的根本性变化和"五位一体"总体布局的提出，如何在保障农业空间最适宜开发限度的情况下，促进不同功能空间的协调运作，实现国土开发保护格局的最优，成为我国解决区域协调、城乡矛盾、生态平衡，并进一步促进高质量发展的核心问题。

粮食安全是全球关注的重要议题。永久基本农田作为农业空间的核心部分，[4] 是保障全国上下粮食生产途径的重要因素，是粮食安全治理的基本载体。[5] 保证科学合理的耕地资源，有利于实现藏粮于地，稳定粮食生产能力。[6] 还可以对城镇周边极易被侵占的农业用地进行

---

[1] 许尔琪、张红旗：《中国核心生态空间的现状、变化及其保护研究》，《资源科学》2015年第7期。
[2] 高延雷、王志刚：《城镇化是否带来了耕地压力的增加？——来自中国的经验证据》，《中国农村经济》2020年第9期。
[3] 肖卫东：《农业空间布局研究的多维视角及引申》，《理论学刊》2015年第8期。
[4] 刘冬荣、麻战洪：《"三区三线"关系及其空间管控》，《中国土地》2019年第7期。
[5] 罗万纯：《中国粮食安全治理：发展趋势、挑战及改进》，《中国农村经济》2020年第12期。
[6] 赵丹丹、周宏、高富雄：《农户分化、技术约束与耕地保护技术选择差异——基于不同约束条件下的农户技术采纳理论分析框架》，《自然资源学报》2020年第12期。

有效保护,促进整个国土资源的集约利用,倒逼城市放弃"摊大饼"式发展模式。

目前,有关农业空间的研究主要是讨论农业空间的功能与布局、农业空间的评价指标体系、农业空间边界划定、影响农业空间布局的因素、农业空间与农业产业结构的关系、农业空间产权问题、农业空间与其他空间的协调等方面的问题。首先,随着社会经济的发展,更多复杂和多元的因素对农业空间格局产生了深远影响,以集中、差异化为主的第二自然力因素作用更加明显,与第一自然因素形成一种空间合力。[①] 第一自然因素与第二自然因素的合力作用一方面迫使农业集聚区扩大,另一方面又促使种植作物的经济性凸显。这势必导致以依靠市场价格信号为引导的农业产业空间结构与在很大程度上依靠政府行政调控的农业空间结构形成矛盾。[②] 其次,在现代工业文明的背景下,以经济发展为重心的国土开发理论既秉持分工与协作的特点,又受自然地理、生态环境、生产资料、科学技术、产业链分布的约束。在不同地区开展同一经济活动会带来截然不同的经济效益和生态效益,这就凸显出国土空间规划与优化的必要性。由此,作为国土开发的重要组成部分,农业空间开发与利用务必要处理好农业空间与城镇空间布局、农业空间与生态空间协调之间的关系。

(三)城镇空间用途管制与土地集约利用

1. 城镇空间用途管制

我国城镇化水平近年来得到快速提升,在城镇化快速发展的同时,也带来了较多的发展困境。首先是城市建设中的土地闲置和浪

[①] 肖卫东:《农业空间布局研究的多维视角及引申》,《理论学刊》2015年第8期。
[②] 崔晓黎:《新世纪我国大农业空间格局调整是当务之急》,《中国农村经济》2001年第1期。

费，建筑物空置，土地利用不合理；其次是房地产产业泡沫的逐渐增大威胁国民经济的发展。[1] 除此之外，生态环境恶化、国土空间开发不足、国土空间利用无序等问题也日益凸显。面对这些问题，新型城镇化建设要求合理控制城镇开发边界，提高城市国土空间集聚能力。[2] 目前，在国土空间优化开发战略下我国仍然面临着环境与经济发展持续性较差、人口增长与粮食产量不协调、生态用地不断减少、建设用地不足的矛盾十分突出的问题，这些矛盾不仅在全国统筹范围上体现，在东中部地区尤为明显。[3] 基于对2012年国土资源部百人调研报告的梳理，我国城乡用地还存在规模无序扩张、工业占比高、缺乏科学布局、重复建设等方面的问题。[4]

对城市边界进行开发正在成为提高国土空间治理效率，实现国土空间协调发展的重要路径。[5] 20世纪70年代，美国出现了城市面积不断向外蔓延的问题，为此，美国通过研究"城市空间增长边界"，以行政手段划定城市边界范围来解决城市扩张问题。[6] 回顾已有的城镇开发边界的相关研究，从研究内容来看主要包括内涵认知、模式设计、划界期限、划定思路、划定方法、管控机制、影响因素等几个方面。从研究对象来看，有关城镇开发边界划定及管控的研究主要是以14个城市及28个市县"多规合一"试点为研究对象来积累经验。然而目前我国城镇开发边界仍存在很多问题，如界线严肃性不足、边界

---

[1] 张合林、王亚晨、刘颖：《城乡融合发展与土地资源利用效率》，《财经科学》2020年第10期。
[2] 薛建春、吴彤：《基于三阶段SBM-DEA的内蒙古城市土地利用效率评价》，《生态经济》2020年第10期。
[3] 胡存智：《城镇化中的土地管理问题》，《行政管理改革》2012年第11期。
[4] 黄砺、姚钰洁：《新时代农村集体建设用地入市模式研究：基于交易费用视角》，《南京农业大学学报》（社会科学版）2021年第1期。
[5] 林坚、刘乌兰：《论划定城市开发边界》，《北京规划建设》2014年第6期。
[6] 周祥胜、汤燕良、李禅、江玉麟、史雅娟：《广东省级城镇开发边界的划定思路与方法》，《规划师》2019年第11期。

引导开发作用较弱、边界划定对象存在争议、边界划定内容不一致等。[①] 在边界管控方面，管控的手段、管理过程中的协调性等方面还存在着一些突出的矛盾。[②] 除此之外，城镇开发边界的相关研究仍以城市为核心开展。由于在我国城市级别不同，所涉及的行政职能不同，没有区分城市级别的研究是缺乏对省级、市级和县级政府对应管控事权的研究，最终的指导方案只能停留在理论层面，不能发挥其真正的指导作用。[③]

2. 城镇空间土地集约利用

土地要素是城镇化发展的载体，面对开发空间不足及城乡用地空间布局不合理的现状，如何实现城镇土地要素优化配置，达到城镇国土空间开发格局优化目标，是学术界一直关注的重点问题。[④] 土地集约利用的概念被引入城镇空间用地的研究中，国外学者主要从土地利用结构、土地投入要素、土地利用强度、土地产出水平等方面开展研究，随着生态环境逐渐受到重视，土地利用的生态效益也成为城镇空间集约利用的重要研究方向。由于农用地既是生产资料又是生产对象，而城镇用地仅作为生产资料参与生产发展，城镇空间土地集约利用与农用地集约利用存在较大差异。[⑤] 关于城市土地集约利用的研究则主要集中于紧凑型城市建设、城市精明增长等理念方面。

国内学者主要从新型城镇化与土地要素利用对城镇用地空间布局

---

① 黄征学、滕飞、凌鸿程：《积极推进划定城镇开发边界》，《宏观经济管理》2019年第2期。
② 裴文娟、樊凯、张建生、曾维军、王猛、余建新：《城市开发边界的内涵》，《城市问题》2017年第9期。
③ 周祥胜、汤燕良、李禅、江玉麟、史雅娟：《广东省级城镇开发边界的划定思路与方法》，《规划师》2019年第11期。
④ Hasse J. E., Lathrop R. G., "Land Resource Impact Indicators of Urban Sprawl", *Applied Geography*, Vol. 23, No. 2, August 2003, p. 159.
⑤ Östlund L., Hörnberg G., DeLuca T. H., et al., "Intensive Land Use in the Swedish Mountains between AD 800 and 1200 led to Deforestation and Ecosystem Transformation with Long-lastingEffects", *Ambio*, Vol. 44, No. 6, February 2015, p. 508.

优化方面进行了探讨。土地是城镇化进程中的一个关键要素，特别是在基建、产业结构、人口集聚等方面，[1] 然而土地要素也是中国城镇化的主要制约因素之一。[2] 多数学者从土地集约利用、城镇土地绩效评价两方面对新型城镇化下土地资源的利用展开广泛关注和持续讨论。影响土地集约利用的因素主要有城市化、技术进步、产业结构等。新型城镇化的建设从我国整体角度与区域角度来看，都有利于促进土地的集约化利用。[3] 新型城镇化建设应与土地集约高效利用相协调，[4] 但目前很多省市新型城镇化与土地集约利用的协调度并不高，且城镇发展水平滞后于土地集约利用水平。[5] 应深入推进土地制度改革，进一步提高土地的集约利用程度。城镇土地利用的绩效评价能够有效监督城镇土地资源利用的效果，及时纠正不当的资源配置过程，有利于新型城镇化建设。[6]

（四）国土空间协调发展

1. 城镇空间与生态空间协调发展

工业革命推动城市化快速发展，同时带来一系列生态环境问题。经济发展与生态环境破坏和污染之间呈现出倒 U 型曲线的特征。[7] 当人们收入水平偏低时，更倾向于使用高污染技术，而当人们收入水平

---

[1] 李江涛、熊柴、蔡继明：《开启城乡土地产权同权化和资源配置市场化改革新里程》，《管理世界》2020 年第 6 期。

[2] 张占仓：《中国新型城镇化的理论困惑与创新方向》，《管理学刊》2014 年第 1 期。

[3] 彭冲、陈乐一、韩峰：《新型城镇化与土地集约利用的时空演变及关系》，《地理研究》2014 年第 11 期。

[4] 符海月、王昭雅：《区域产业结构调整与土地利用效率关系——基于城镇化水平视阈的考察》，《中国土地科学》2020 年第 10 期。

[5] 张祚、周敏、金贵、刘艳中、罗翔：《湖北"两圈两带"格局下的新型城镇化与土地集约利用协调度分析》，《世界地理研究》2018 年第 2 期。

[6] 曾濰嘉：《新型城镇化与土地集约利用的时空演变及关系》，《中国农业资源与区划》2020 年第 10 期。

[7] Grossman G. M., Krueger A. B., "Economic Growth and the Environment", *Quarterly Journal of Economics*, Vol. 110, No. 2, May 1995, p. 360.

较高时，高污染技术将被清洁技术所代替。城市化进程中环境问题的重要影响因素是经济发展水平，[①] 随着城市经济的快速发展，产生了河流污染、水体重金属超标、空气污染和雾霾天气、城市热岛效应、洪涝灾害以及污染物排放带来的边际环境污染等城市环境污染问题。此外，城市化进程对生态系统产生了多方面影响，主要包括生态系统健康状况[②]、生态风险状况[③]、景观格局的变化[④]等。在对空间进行分类后，就产生了空间经济价值和生态价值的分类，经济价值的扩大既要满足人类基本需求，又要满足财富增长，其生产动力强劲易于实现。[⑤] 这势必就会对以公共产品形式存在的生态价值的生产形成挤压，用于改善生态环境的土地被占用导致环境的调节能力下降，[⑥] 而使生态价值处于价值竞争中的不利地位，生态空间随之减少。然而，城市化离不开生态环境与自然资源的支撑，生态空间对城市人口、经济、社会发展进程有着重要约束作用，特别是水资源、能源、土地消耗对城市化进程的影响。[⑦]

城市经济发展与生态环境之间存在相互适应与反馈机制，可以使用政府管制或经济刺激手段将生态环境的外部性内部化，两者在不断运动中将实现最终均衡。学者多使用耦合协调方法研究城镇空间和生

[①] 王亚菲：《城市化对资源消耗和污染排放的影响分析》，《城市发展研究》2011年第3期。
[②] 李双江、罗晓、胡亚妮：《快速城市化进程中石家庄城市生态系统健康评价》，《水土保持研究》2012年第3期。
[③] 张浩、汤晓敏、王寿兵、郭林、雍怡、王祥荣：《珠江三角洲快速城市化地区生态安全研究——以佛山市为例》，《自然资源学报》2006年第4期。
[④] 孙翔、朱晓东、李杨帆：《港湾快速城市化地区景观生态安全评价——以厦门市为例》，《生态学报》2008年第8期。
[⑤] 管青春、郝晋珉、石雪洁、高阳、王宏亮、李牧：《中国生态用地及生态系统服务价值变化研究》，《自然资源学报》2018年第2期。
[⑥] 于莉、李贝、崔海宁、周智、张蓬涛：《区域关键性生态用地空间划定研究——以河北省青龙满族自治县为例》，《江苏农业科学》2017年第23期。
[⑦] 陈晓红、吴广斌、万鲁河：《基于BP的城市化与生态环境耦合脆弱性与协调性动态模拟研究——以黑龙江省东部煤电化基地为例》，《地理科学》2014年第11期。

态空间协调发展程度,从经验研究的角度研究发现,城市化与生态环境相互作用、相互制约,从低级向高级协调发展。① 通过对环境库兹涅茨曲线进行拟合,可以发现城市化与生态发展之间的关系并不是单调的,它们之间可以实现协调发展。② 然而,我国目前所处的经济社会发展水平决定快速的城市化不利于环境与生态的改善。③ 推进城镇空间和农业空间协调发展,要走可持续城市化的道路,④ 重建"近自然型"的城市生态系统,保护城市自然生态环境,⑤ 发展"健康城市"。

2. 城镇空间与农业空间协调发展

在处理城镇空间与农业空间的关系时,核心是处理好"人"的关系。农业依托人的需求的变化而发展,城镇依托人的流动的变化而发展,"人"是城镇化进程的主体,同时也是城镇化与农业的服务对象,因而"人"的全面发展是衔接最优农业空间与最适城镇空间布局的桥梁。"全面"体现出国土开发格局的整体优化。以土地更加集约化利用,确保城镇工业园区、居民区及农业园区的平衡。基于协同论的分析,我国现代农业化的发展还没有追上城镇化建设的步伐,新型城镇化与农业现代化没有实现协调发展,而且地区发展差异较大,实现二者协调发展,减小地域发展差异,需要在人口逐渐增加并转向城市进行生产生活的基础上,继续提高人们的生活水平,通过保障国家粮食安全,实现农业空间与城镇空间的协调布局。⑥

---

① 乔标、方创琳:《城市化与生态环境协调发展的动态耦合模型及其在干旱区的应用》,《生态学报》2005年第11期。
② 黄金川、方创琳:《城市化与生态环境交互耦合机制与规律性分析》,《地理研究》2003年第2期。
③ 杨福霞、聂华林、杨冕:《中国经济发展的环境效应分析——基于广义脉冲响应函数的实证检验》,《财经研究》2010年第5期。
④ 刘耀彬、李仁东、宋学锋:《城市化与城市生态环境关系研究综述与评价》,《中国人口·资源与环境》2005年第3期。
⑤ 达良俊、田志慧、陈晓双:《生态城市发展与建设模式》,《现代城市研究》2009年第7期。
⑥ 韩国明、张恒铭:《我国新型城镇化与农业现代化协调发展空间分布差异研究》,《吉林大学社会科学学报》2015年第5期。

城镇空间和农业空间协调受到诸多因素的影响。农业空间人力资本投入不足以及农业机械化程度低,会从技术、劳动力等方面对二者的协调产生负向影响。城市和农村距离越短,城乡之间的通勤费用越低,就越成为促进城镇空间和农业空间协调发展的重要优势。大力推广农业技术的应用,提高农业生产效率,节约农业劳动力,并通过促进农业剩余劳动力流向城市地区从事二三产业,将农业人口转移到城镇空间,将有利于城镇空间和农业空间协调发展。[1] 国内学者认为对城镇空间和农业空间协调发展产生阻碍作用的因素主要有传统的城市、农村发展方式,不科学的城乡发展战略,农村剩余劳动力受教育程度低,严重的环境污染和生态环境破坏,城乡制度的分离、集聚和产业规模效应不突出等。城镇空间经济实力强,在与农业空间的协调发展中处于主导地位,生产要素倾向于流向优势地区,导致城镇空间、农业空间之间资源配置和要素流动处于非均衡状态,城镇空间和农业空间矛盾不断深化。[2] 城镇空间和农业空间协调发展的动力机制分为自下而上模式和自上而下模式,或者称为内部和外部两种机制,其中外部机制是指通过要素流动、经济联系,城镇空间带动农业空间经济社会发展,内部机制是指通过完善农业空间自身制度促进经济社会发展。[3] 加强城镇空间和农业空间之间的经济联动,通过要素相互作用,[4] 重城市化发展质量而轻其速度,[5] 形成明确的体制

---

[1] Halliday F. E., *Iran: Dictatorship and Development*, New York: Penguin Books, 1979, p. 18.

[2] 段学慧:《城镇化进程中的"农村病"——一个值得重视的研究课题》,《经济学动态》2015年第9期。

[3] 王颖、孙平军、李诚固、刘航、周嘉:《2003年以来东北地区城乡协调发展的时空演化》,《经济地理》2018年第7期。

[4] 李智、张小林、陈媛、李红波:《基于城乡相互作用的中国乡村复兴研究》,《经济地理》2017年第6期。

[5] 徐丽杰:《中国经济新常态下推动城乡一体化发展的新策略》,《税务与经济》2016年第1期。

机制[1]是实现城镇空间和农业空间协调发展的重要途径。

3. 农业空间与生态空间协调发展

农业空间与生态空间在地理物理范围上存在重叠，因此相互之间的影响和作用表现得更加明显。最为明显的是生态中资源总量的减少以及污染程度的加深，进而使农业条件更加恶化。[2]农业空间和生态空间上经济活动恶性循环中，人为因素的作用远远大于自然因素。[3]早在20世纪60年代，在一些国家就已经出现了"生态农业"的理念，这一理念反映出农业空间发展相较于其他主体功能区而具有的生态性。国内学者认为推进城镇空间和农业空间协调发展的对策主要包括两个方面，政府制定宏观经济政策以及调整农业生产结构。[4]农业空间保障不是一味强调经济价值，缩减生态空间，也不是仅注重生态价值，而不顾生产与耕地的红线限制，而是通过国土空间整体优化，最大限度发挥农业空间生态性，权衡农业空间和生态空间的合理搭配与过渡，促进经济价值与生态价值复合生产空间的形成。

4. 城镇空间、农业空间、生态空间协调发展

将城镇空间、农业空间、生态空间结合起来的研究主要集中于城乡一体化中城乡生态环境方面的研究。农业空间生态环境得不到有效保护和治理的根本性原因在于城乡二元结构的存在，[5]导致农业空间贫困问题不断，农民为获取生存资料，进行过度的农业生产活动，造成资源过度开发，由此引发"贫困—资源过度开采—环境破坏—贫

---

[1] 蒋永穆、周宇晗：《改革开放40年城乡一体化发展：历史变迁与逻辑主线》，《贵州财经大学学报》2018年第5期。

[2] 贾士靖、刘银仓、邢明军：《基于耦合模型的区域农业生态环境与经济协调发展研究》，《农业现代化研究》2008年第5期。

[3] 卢良恕：《现代农业发展与社会主义新农村建设——（三）现代农业的内涵、特点与发展趋势》，《安徽农学通报》2006年第8期。

[4] 叶军、李健、周慧：《基于生态城市建设的天津市生态农业空间布局》，《乡镇经济》2007年第4期。

[5] 路明：《我国农村环境污染现状与防治对策》，《农业环境与发展》2008年第3期。

困"的恶性循环。① 要做到既能在城市生活中体验原生态的环境，也能在农村享受到完善的基础设施和便利的生活条件，要求城镇空间、农业空间、生态空间协调发展，② 因此需要实现资源优势互补，制定合理的开发政策，③ 统筹规划产业发展、资源配置和环境保护，④ 构建"农业资源循环""工业资源循环""社会资源循环"体系。城镇空间、农业空间与生态空间是三个功能各异但又在区域上有所交叠的国土空间类型，空间的非分隔性自然要求空间用途管制的整体协调性。从人们在国土空间上的生产生活历程来看，国土空间格局发生过十分显著的改变：在农业文明时代，以农业空间的利用为主导，以农业空间开发水平、农业生产总量为主要目标。进入工业文明时代，以城镇空间的开发与利用为主导，旨在提高城市化速率和提升城镇空间质量。在后工业化时期或者新时代生态文明的背景下，生态空间建设提高到了前所未有的高度。⑤ 人类的生产生活空间不再是单一目标的，而是信息高度发达下农业生产空间、城市空间与生态空间的融合发展。

四 文献评述

现有研究可总结为以下几点：正确处理政府与市场的关系一直都是学界关注的重点，在社会主义市场经济制度下，要将中国共产党的领导置于政府和市场的更高层面，以法律划定政府和市场的边界，以

---

① 洪大用、马芳馨：《二元社会结构的再生产——中国农村面源污染的社会学分析》，《社会学研究》2004年第4期。
② 张红梅：《生态文明下的城乡一体化发展的思考——基于苏州市吴中区》，《苏州教育学院学报》2012年第4期。
③ 冯玉强：《城乡生态一体化的思考》，《党政干部论坛》2014年第6期。
④ 黄渊基、匡立波：《城乡一体化与生态文明建设的若干思考》，《湖南科技大学学报》（社会科学版）2017年第5期。
⑤ 张晓玲、吕晓：《国土空间用途管制的改革逻辑及其规划响应路径》，《自然资源学报》2020年第6期。

第二章 国土空间格局优化的研究进展与理论基础

政府协助市场实现对资源的优化配置；学者们较早便开始关注国家治理以及人口、资源和环境问题，认识到了各方面协调发展的重要性，力求通过国土空间治理体系的现代化，最优配置附着在国土空间上的自然资源资产来实现人口、资源和环境的协调；国内学者在生态安全格局的识别和构建方面开展了十分丰富的研究；保证科学合理的耕地资源，实现藏粮于地，稳定粮食生产能力，可以对城镇周边极易被侵占的农业用地进行有效保护，促进整个国土资源的集约利用；面对开发空间不足及城乡用地空间布局不合理的现状，如何实现城镇土地资源优化配置，达到城镇国土空间开发格局优化目标是学术界一直关注的重点问题。目前学界主要对新型城镇化与土地资源利用、城镇开发边界以及城镇用地空间布局优化进行了探讨；人类的生产生活空间不再是单一目标的，而是信息高度发达下农业生产空间、城市空间与生态空间的融合发展，以再生产的持续性作为国土空间布局的要素，将是人类从攫取自然到与自然和谐相处迈出的重要一步。以上研究充分展现了学者对国土空间上生产关系与资源配置的关注与重视，为本书的研究奠定了坚实的理论基础。

基于以上研究，试图作如下补充：首先，现有成果以城镇空间、农业空间、生态空间两两之间关系的研究为主，而上述三类国土空间之间的协调发展也应该是研究关注的重点，所以本书以我国城镇空间、农业空间、生态空间三者之间经济活动的协调为研究对象，以此评价国土空间格局的优化程度。其次，在三条控制线和三类国土空间的区位关系方面，虽然对地理边界划分技术、方法作了阐述，但较多研究是从地理学的角度开展，没有考虑经济因素，因此本书从国土空间上的经济联系角度对国土空间区位关系进行理论上的研究。再次，现有研究成果对于以区域经济联系促进协调发展进行了阐释，但相关理论机制的分析还比较欠缺，本书试图结合微观经济学理论，建立国土空间经济互动模型，为相关研究提供理论支撑。最后，关于依托国土用途管制分区研究协调发展的研究成果多为定性研究，本书对研究推论进行实证检验，探索促进国土空间格局优化的可行路径，为对策建议提供有力支撑。

第二节 相关理论基础及渊源

一 资源优化配置中的政府与市场关系理论

（一）市场在资源配置中起决定性作用与更好发挥政府作用

市场经济是市场通过价格机制、供求机制、市场竞争等手段对稀缺资源进行优化配置的经济，表现为生产什么、怎样生产、为谁生产皆由市场决定。具体来讲：第一，由市场决定生产什么商品。商品生产者只有按照市场需求提供商品，才能够实现合理回报，若不考虑商品销售前景，按照"计划"配置资源，不仅会造成资源浪费，而且会使市场失去有效供给。第二，由市场决定怎样生产商品。市场的竞争机制会促使市场主体采用更加先进的技术和经营管理方式，提高商品质量，降低生产成本，实现更高的市场份额。第三，由市场决定为谁生产。按照市场价格和供求关系分配生产要素、中间产品和最终商品。要让市场在所有能够发挥作用的领域都充分发挥作用，[①] 做到资源优化配置，增加经济效益。市场在资源配置中起决定性作用，是由于市场根据价格、供求和竞争机制按经济规律配置资源。市场具有传递信息更加灵敏的优势，市场供求关系能够通过市场价格直观得反映出来，并以此引导市场主体的经济活动。基于此，我国经济发展正处于转型阶段，对社会主义市场经济制度提出了更高的要求。经济发展动力转换迫切需要市场充分发挥配置资源的作用，从市场主体、市场

---

① 《习近平谈治国理政》第二卷，外文出版社2017年版。

体系和市场机制等方面加以完善，充分激发市场活力。

发展社会主义市场经济，既要发挥好市场作用，也要发挥好政府作用。[①] 市场机制在配置资源的过程中，不是无所不能的，特别是在我国社会主义市场经济体制下，很多问题是市场机制无法解决的，具体表现为：首先是垄断导致的市场竞争失效。市场竞争机制不能阻止部分企业在过度竞争中走向集中和联合，最终形成垄断，垄断会反过来破坏市场竞争环境，无法实现资源的最优配置。其次是公共品的供给失灵。公共品的供给是任何经济制度下无法避开的，但对于市场来说供给公共品是无利可图的，没有逐利的市场主体愿意供给公共品，导致资源浪费、要素闲置，有效需求无法得到满足。最后是无法兼顾公平。市场主体的确是在公平的基础上开展交易，但是市场机制下的优胜劣汰十分严格，各市场主体间收入差异无法避免，这种差异随着经济的发展不断积累，就会造成两极分化，引发社会矛盾，这是市场配置资源与生俱来的，自身无法克服，此时就需要充分发挥政府的作用。然而，在现实经济中，政府作为"看得见的手"缺位、错位和越位等问题依然严重，例如对社会性投资的核准审批、公共品供给不足、过度追求规模扩张预算等。因此需要转变政府职能，激发市场活力，解决市场失灵问题。

对于任何发展市场经济的国家来说，政府和市场的关系问题无法回避，特别是对发展社会主义市场经济的中国来说，正确处理政府和市场的关系就变得十分重要，但难度也很大。将有效的市场和有为的政府有机结合，需要扎实推进社会主义市场经济体制改革，将政府职能与市场职能做好定位。其中划清政府宏观调控和市场微观调节的边界是正确处理两者关系的基础，政府要为市场创造良好的外部环境，同时完成保护环境的职责。为了保证市场决定配置资源以及更好发挥

---

① 《习近平谈治国理政》第二卷，外文出版社2017年版。

政府作用，应以制度安排约束政府和市场行为，形成相互促进、相互监督的良好格局。

(二) 关于政府与市场关系论述的理论渊源

马克思、恩格斯对资本主义社会中市场和政府的作用都给予了充分的肯定。恩格斯认为，当社会自发形成内部分工并成为社会运行的基本形式时，这种分工中就包含了商品形式。[①] 马克思认为商品生产和交换关系的总和即为市场。在对资本循环、周转和社会总资本再生产的论述中，马克思认为商品只有在市场流通、交换中才能实现其价值和使用价值，扩大再生产更离不开市场。资本家只有通过扩大市场份额才能赚取足够利润。马克思、恩格斯更加重视政府在资源配置中的作用，认为资产阶级和广大劳动者之间的矛盾将在资本主义市场经济发展中不断被激化，因此设计出一种完全由政府计划配置资源的经济发展模式。

西方经济学站在资本主义市场经济角度，基于资源的稀缺性研究市场对资源的配置。市场配置资源的理想状态就是市场均衡，一般均衡就是实现帕累托最优，即评价在市场配置资源的情况下社会福利的变化，以此判断效率的高低。古典经济学认为，完全市场结构下市场配置资源能够达到帕累托最优。在实现帕累托最优的过程中，市场结构不可能是完全竞争，市场对资源的配置没有达到最优。随着西方国家经济的发展，到20世纪30年代资本主义社会出现空前的经济危机，西方经济学理论继续发展，出现了凯恩斯的国家干预理论，这一理论指出政府干预才能解决有效需求不足的问题。凯恩斯在大萧条的时代背景下得出结论：市场这一"看不见的手"追逐资本，会增加贫富之间的差距，无法实现将私人利益转化为社会利益，要彻底扭转经济衰退，增加就业只能靠政府调控来实现。

---

① 《马克思恩格斯选集》第3卷，人民出版社2012年版。

二 公平与效率理论

(一) 正确处理公平与效率的关系

我国社会主义市场经济制度始终坚持"人民至上"的理念,以此为价值评判标准来不断丰富公平与效率的内涵。改革开放以来,经历了"效率优先,兼顾公平",再到"兼顾效率与公平"和"更加注重公平"的变化过程。没有抽象地谈效率与公平的关系,而是根据经济社会发展阶段的不同特征,不断丰富对公平与效率关系的认识。当经济发展水平较低时,坚持"效率优先,兼顾公平";当效率有了显著提高,经济社会表现出不公平时,就要调整二者之间的关系,演变为"兼顾效率与公平";当社会存在十分明显的不公平时,再次调整二者之间的关系,演变为"更加注重公平"。在社会主义市场经济制度下,我国始终注意在"做大蛋糕"和"切好蛋糕"之间寻求平衡点。

我国社会主义市场经济制度下公平正义所包含的范围较广,而且所包含的层次也在不断提升。具体表现为:第一,公平所涵盖的领域不断拓展。随着我国经济快速发展,公平不再仅包含经济领域关于收入的公平,还包含在政治、文化、社会、生态文明等方面的公平,也就是要实现"五位一体"的公平。因此,公平的内涵不断得到充实,包含收入、社会保障、教育、医疗、生态文明等各个方面的公平。第二,公平的层次不断提升。由满足人民基本物质文化需要层面的公平转变为满足人民美好生活层面的公平正义。随着我国经济社会的不断发展进步,能够为人们提供丰富多样且品质较高的物质文化产品,然而环境污染等社会问题逐渐影响到人们的日常生活,创造更优美的环境,满足人们的美好生活需要变得十分迫切。

(二) 关于公平与效率关系论述的理论渊源

首先，承认实现公平的前提是提高效率是马克思主义公平效率理论的基础。马克思将生产力与生产关系的矛盾作为最主要矛盾，强调生产关系要适应生产力的需求。人的自由全面的发展以实现共产主义为前提，而共产主义则以物质财富极大丰富为前提。因此，效率是公平的基础。其次，按劳分配是公平的重要表现。马克思将按劳分配作为兼顾效率与公平的分配方式，通过这种方式可以实现消灭剥削和两极分化的目标，同时，通过按劳分配既可以大力发展生产力，又可以提高人民生活水平，是实现社会公平的重要原则。最后，公平不是绝对的。人们对公平这一概念的理解受社会历史环境的影响。恩格斯认为，不论是资产阶级还是无产阶级，人们之间的平等是在一定历史时期中形成的，是历史的产物。公平是一个多维的概念，不仅体现在经济层面，还体现在政治、历史、社会、文化等各个层面。

西方古典自由主义学派倡导效率优先，认为市场机制在资源配置中至关重要，应将效率作为政策选择的首要目标，政府干预收入分配将对经济发展产生极大损害。这种效率优先的观念最初源于西方的"天赋人权"理念，其中蕴含着人的自由发展，然而自由意味着效率优先，完全发挥市场机制作用是效率的重要体现。弗里德曼（2004）指出"自由效率优先是前提，效率优先最终会产生自由"[①]。哈耶克（2012）认为，效率就是一种公平，任何超出法律范围的社会公平目标，都会导致经济衰退。[②] 国家干预学派偏向公平，认为资本主义市场经济的自由放任造成了社会不公平，严重影响了社会稳定。萨缪尔森（2012）认为，在市场经济中，人们财产分配、受教育机会等方面

[①] [美] 米尔顿·弗里德曼:《资本主义与自由》，张瑞玉译，商务印书馆2009年版。
[②] [英] 弗里德里希·奥古斯特·哈耶克:《自由宪章》，杨玉生、冯兴元、陈茅等译，杨玉生、陆衡、伊虹统校，中国社会科学出版社2012年版。

不均等，竞争的起点不同，并且市场经济并非按照人们实际贡献的大小支付报酬。[①] 凯恩斯则从国家整体出发，指出市场本身的缺陷，要求政府干预以实现社会公平。[②] 英国剑桥学派认为公平与效率并重，既要追求效率，又要保障公平。他们的研究对象包含经济效率的增长和收入分配的合理，提出公平对效率具有决定性作用，主张应该对收入实行均等化的分配政策，以此来实现更高的增长。

三 协调发展理论

（一）实现协调发展

新时代我国主要矛盾发生了转变，协调发展也开始面临新的挑战，主要表现为：首先在宏观经济发展方面，四大板块之间受资源禀赋约束，发展差距有扩大的趋势，板块内部各个城市分化加快。同时南北分化明显，呈现南快北慢的发展态势。其次是城乡发展不平衡。这不仅表现为经济上的不平衡，更表现为教育、医疗、就业、社会保障等多方面的不平衡，导致城乡之间各方面的差距不断扩大。最后是生态环境方面的不平衡。生态环境是人们美好生活的重要体现。随着经济的不断发展，生态环境呈现恶化状态，部分地区的人们能够享受到清洁的空气、干净的水源，部分地区的人们饱受雾霾、水污染等问题的困扰，长期的环境不平衡也加剧了城市的畸形发展和经济的不平衡。

基于以上背景，我国的区域协调发展理论进行了多方面的探索和发展，主要包括：集中力量在城市化地区建设成开发轴带和开发集聚区。在资源环境承载能力较强、潜力较大的城市化地区，引导人口、

[①] [美]保罗·萨缪尔森、威廉·诺德豪斯：《微观经济学》，萧琛主译，人民邮电出版社2012年版。

[②] [英]约翰·梅纳德·凯恩斯：《就业、利息和货币通论》（重译本），高鸿业译，商务印书馆1999年版。

产业相对集中布局，积极构建多中心网络型开发格局，提升城市化地区的整体竞争力；选择资源条件好、开发潜力大的区域建设农产品生产的优势区，提高农业生产的现代化水平。在农产品主产区要加强耕地资源保护，建设高标准农田，提高重要农产品和社会需求大的农产品供给能力，建成现代农业空间开发格局，加快乡村振兴；推动经济社会朝着绿色协调方向发展。以资源环境承载力为开发保护基础，结合不同区域的主体功能区划分，适度开发，突出重点资源环境保护，改善人居环境，提高自然生态系统功能，以满足人们对美好生活环境的需求。

（二）关于区域协调发展论述的理论渊源

1. 基于资源禀赋差异的劳动地域分工理论

马克思的劳动地域分工理论对于解决区域经济的空间问题提供了重大启发。所有的产业最终都落在一定的区域空间上，而所需的劳动也会与之相对应。马克思提出根据所处的不同自然环境可以产生不同的生产与生活资料，不同环境下生产与生活资料差异使二者成为商品并进行交换。[①] 马克思认为，最初的地域分工源于自然环境（资源禀赋）的差异，人们受限于自然资源条件，人们的生产、生活方式不同，生产出的产品自然存在差异。随着经济社会的不断发展，自然环境因素对人们的制约越来越小，更加强调社会经济条件对地域分工的影响，这种地域分工理论对城乡之间的分离做出了政治经济学的解释。马克思认为，企业内部分工与社会分工之间是相辅相成的。当社会分工达到一定程度时，工场手工业才会出现分工，在此基础上又出现了社会分工。工场手工业通过与不同部门的相互联系以及自身创造出的新的协作方式增加商品提供数量，最终促使企业规模逐渐扩大，逐渐发展成现代意义上的企业。

---

① 《资本论》第一卷，人民出版社2018年版。

2. 经典区位论与空间经济学

区位论是区域空间结构理论的基础,从空间的角度表述了国土空间的相互关系和相互作用。区位论相关研究有利于认识空间结构形成的基础原理,进而认识区域经济发展差异。经典区位论主要包含以下基础理论:杜能的农业区位论,是研究农业生产活动区位选择的理论,提出土地租金对农业区位选择至关重要,该理论为区位理论的发展奠定了坚实的基础;韦伯的工业区位论,探究的是工业经济活动的空间分布规律,提出运输成本、工人工资和集聚是一般工业区位因子,并对工业区位选择起着决定性作用,将区位理论的研究方法由农业拓展到工业;克里斯泰的中心地理论,研究的是城市的最优区位选择问题,提出受市场规模、交通可达性和行政政策三个主要因素的影响,中心地理空间将形成不同的城市系统,该理论将区位理论由产业发展拓展至城市发展;廖什从市场、区位与产业关系角度得到了市场区位相关理论。[1] 空间经济学发端于20世纪90年代初,著名经济学家保罗·克鲁格曼认为,经济地理现象是现实经济中最显著的特征之一。空间经济学把空间因素纳入一般均衡理论的分析框架中,主要研究经济活动的空间分布规律,通过原因与机制的解释,分析探讨区域经济增长规律与途径。空间经济学为实现统筹区域发展,建立和谐社会找到了解决问题的思路和办法。

3. 集聚是分工和区位选择的空间组织形态

根据空间经济学理论,通过报酬递增,分工可以加速产业在区位上的集聚。而集聚又会通过报酬递增使分工利益快速实现。[2] 通过产业分工与集聚逐渐形成城市与农村。[3] 对高效率和低成本的追逐是产

---

[1] 郭腾云、徐勇、马国霞、王志强:《区域经济空间结构理论与方法的回顾》,《地理科学进展》2009年第1期。
[2] 梁琦:《分工、集聚与增长》,商务印书馆2009年版。
[3] 梁琦、黄利春:《马克思的地域分工理论、产业集聚与城乡协调发展战略》,《经济前沿》2009年第10期。

业集聚形成的内在推动力。在集聚的起始阶段，企业更加看重区位因素，并根据产业指向有优势的区位集聚，在这种效应的推动下，新企业和区外企业逐渐迁入。产业集聚会促使以某种产业为主的城市的形成与发展，然而产业的不断集聚加剧了企业间的竞争，也加强了企业间的合作，企业间形成相互依赖的关系，提升城市的竞争力。

4. 空间均衡理论

空间均衡理论基于区域自然本底的差异，通过分析区域自然环境、经济社会条件，承认区域在发展中存在的优势与不足，进一步根据区域优势将功能与区域基础条件相匹配，选择重点发展方向，实行专门化生产，构建合理的地域空间分区，是实现区域均衡发展的一种空间体现。具体体现为两个方面：一方面表现为区域经济、社会、生态在数量结构上大体相同；另一方面表现为在空间状态上，空间功能子系统之间相互作用、相互联系，各类功能子系统最终能够稳定实现自身发展和功能维持。从后者理解的空间均衡，意味着生产、生活、生态功能虽然集中了人与人、人与地、人与自然的各种复杂关系，却依然能够在空间上实现效益最优。空间均衡的实现以分工和集聚为基础，随着专业化分工进一步深化，具有优势的生产要素就会向一定区域集聚，要素会自由流动并得到不断地优化配置，进而实现国土空间利用的最大效益。空间上广泛存在着城市经济、农业生产、居民生活等各种各样的人类活动，对生态环境产生了或多或少的影响，由此在空间上存在着开发与保护的均衡点。这一均衡由于人们利用空间的目的与约束条件不同以及区域经济社会增长方式不同也存在较大差异。整体来看，空间均衡以区域自然本底和经济社会发展差异为基础，对要素和资源进行重新分配和安排，以此促进各类空间的协调发展。

5. 系统理论

系统理论最早起源于贝塔朗菲的"开放系统理论"，后来经过一系列发展形成了一套相对完整的理论体系。系统理论主要有如下原理：一是整体性原理。强调组成系统的各个部分是一个相互不可分割的整体，任何一个部分是无法独立出来的。二是联系性原理。在整体性原理的基础上，系统内部各个部分还是相互联系的，系统内部各个要素共同发挥作用时，要比每一个部分单独发挥作用的总和所产生的利益要大。同时当系统组成一个整体后，这个整体与非整体部分的环境也是相联系的。三是动态性原理。系统中每一个要素所组成的各部分并不是一个固定静止的状态，而是随着整体部分中各要素的发展以及非整体部分中环境的改变而产生动态变化，因此在研究、认识整体部分的过程中，也要用动态与发展的思维来进行。四是有序性原理。组成系统各部分是有一定规律和次序的，不同的部分所发挥的作用不相同，但为了使整体收益最大化，各部分会以一定的次序和规律来发挥各自的作用，从而达到整体系统收益最大化。五是调控性原理。整体系统在发挥作用的过程中，需要对其进行规划、调节与控制，随时纠正系统在发挥作用过程中存在的各种偏差，在一些情况下，外部环境的变化会使系统内部无法及时进行自动调节，进而降低收益，因此需要调控手段对其进行管理与控制。

四　人与自然和谐共生理论

（一）人与自然和谐共生理念

随着经济的发展，人们对于生活环境的要求不断提高。基于此，政治经济学关于人与自然关系的理论在我国得到进一步发展，具体表现为：第一，"两山理论"的提出。习近平通过分析美好生态环境与财富创造之间的辩证关系，提出了"绿水青山就是金山银山"的重要论断。同时提出"创新、协调、绿色、开放、共享"的新发展理念，向全社会提出贯彻落实绿色发展理念的要求。第二，"坚持山水林田湖草是一个生命共同体"系统理念的提出。要切实做到尊重和保护自然，山水林田湖草之间的能量与物质循环往复，为人们的生产生活提供源源不断的自然条件，要统筹各因素，不能单独强调一种因素的治理，顾此失彼，而要将六种要素统一起来，作为一个整体进行保护。第三，"生态兴则文明兴，生态衰则文明衰"科学论断的提出。以牺牲自然环境为代价的经济发展是不可取的，要持续推进生态文明建设，真正实现生态与文明的融合。第四，"我们要建设的现代化是人与自然和谐共生的现代化"的提出。要求国家站在文明发展的高度来审视生态问题，开创社会主义生态文明新时代。

（二）关于人与自然和谐共生论述的理论渊源

自然是人类社会生产的前提和基础，人、自然和社会是有机统一的。马克思提出自然是人类进行创造一切的基础。[①] 人类是自然界的一分子，如果没有自然界提供的物质资料，社会生产就无从进行，因此自然是人类发展的物质基础。同时，自然对人类的活动有限制作用，即人的一切物质和精神活动都必须依赖于与自然界的物质交换。如若生态环境遭到严重破坏，自然界就无法为社会生产提供足够的劳动对象，社会生产将面临着停滞的风险。马克思认为，人与自然的关系体现为人与人之间的社会关系，特别是利益关系，人类历史与自然历史是统一的，反对将"自然的历史"与"历史的自然"割裂开来。

劳动生产力包括两方面，分别是社会生产力和自然生产力。生产力顾名思义为物质生产能力，社会生产力是需要通过人类生产过程才能获得物质财富的能力，自然生产力是指自然环境和资源中蕴藏的潜在的物质生产能力。同劳动的社会生产力相类似，劳动的自然生产力也主要通过资本的创造表现出来。[②] 自然生产力既包括自然界的自然

[①]《马克思恩格斯文集》第1卷，人民出版社2009年版。
[②]《马克思恩格斯全集》第26卷，人民出版社1972年版。

力，如水、风、地、太阳能以及光、热、水、土、气等自然因素之间的转化力，自然生态的自我维持力等，又包括自然界的生产力，如生物生产力、自然本身所具有的生产环境资源产品的能力。马克思认为，自然资源和劳动共同构成使用价值，即自然力协助人类劳动创造商品的使用价值，强调了自然资源作为社会生产的原始要素在生产过程中的价值。马克思自然生产力概念中蕴含着生态生产力方面，即自然资源和生态环境都是自然生产力的内生变量，体现出一种人与生态和谐共生的关系。与社会生产力相比，自然生产力具有无法替代性。自然生产力生产出来的生态产品（阳光、空气、水、矿产资源等）和它提供的生态服务（涵养水源、防风固沙、生物多样性等）无法使用高新技术进行大规模生产，使自然生产力具有不可替代性。

第三节 本书的理论逻辑

本书的研究对象是国土空间格局的优化，用经济学术语表述为国土空间上经济活动相协调以实现资源的优化配置问题。实现资源的最优配置是个漫长的过程，需要市场和政府的长期努力。我国社会主义市场经济制度不同于西方资本主义制度，资源权属归全民所有，国土空间上经济活动中的市场和政府关系问题始终是面临的关键问题，两者之间关系的处理也不同于西方资本主义社会。目前我国将市场作为资源配置的决定性因素，但城镇空间经济发展动力不足，生态空间、农业空间被挤占，生态环境恶化，人居环境受到破坏的情况普遍存在，正确发挥政府的作用，为国土空间格局优化提供制度保障，对于资源在国土空间上更好的配置至关重要。

本书的研究内容正是以正确处理公平与效率之间关系为基础的。自改革开放以来，我国经济发展的政策是效率优先、兼顾公平，在经济高速发展之后，许多矛盾也逐渐显现，如城乡差距过大，两极分化严重，国家政策适时地转为兼顾效率与公平，改善农村生产生活环境，帮助农民脱贫致富等一系列政策接踵而至。但随着经济社会的发展，生态破坏、环境污染的矛盾突出，社会的主要矛盾发生改变。体现在我国国土空间开发保护中，这种矛盾就是城镇空间不断扩张，对农业空间和生态空间产生了挤压。国家粮食安全因耕地面积的不断减少而受到严峻挑战。资源浪费严重，生态遭到破坏，环境受到污染，已经严重影响到居民的正常生产生活。在此背景下，既不损失效率，又兼顾公平发展的政策将极大地优化国土空间开发格局。

本书将国土空间上经济活动的协调视为国土空间格局优化的最重要表现。我国国土空间由城镇空间、农业空间、生态空间构成，所有国土空间在物理上是一个整体，而各类国土空间上的经济活动在商品和要素的相互流动中又产生了紧密的联系，三类国土空间之间的关系随时间而不断变化，在现阶段的经济社会建设中，更加强调三者之间相互作用、相互促进地协调发展，这是整体追求的有序性和最优性，但这种协调的过程需要市场发挥决定性作用，同时政府进行必要调控，逐渐形成自我调节和控制的能力。

第四节　本章小结

我国社会主义市场经济制度不同于西方资本主义制度，资源权属归全民所有，国土空间上经济活动中的市场和政府关系始终是关键问题，两者之间关系的处理也不同于西方资本主义社会。目前我国将市场作为资源配置的决定性因素，但生态空间、农业空间被挤占，生态环境恶化，人居环境受到破坏的情况普遍存在，要正确发挥市场和政府的作用，优化配置国土空间上的自然资源。

第二章 国土空间格局优化的研究进展与理论基础

本章指出正确处理政府和市场关系，以优化配置附着在国土空间上的自然资源和要素实现更加注重社会公平是研究的出发点。要实现开发与保护相协调的空间格局，国土空间资源的合理配置是优化的归宿。基于政治经济学的资源优化配置理论、公平与效率理论、协调发展理论以及人与自然和谐共生理论是国土空间格局优化的基础理论。通过相关研究回顾，提出未来我国国土空间格局优化相关研究应该以微观主体的经济活动为基础，探讨国土空间格局优化的理论支撑。

第三章 国土空间经济活动的矛盾现状与格局演变

　　城镇空间、农业空间、生态空间各自属于国土空间的一部分，国土空间格局优化要求城镇空间、农业空间、生态空间实现微观主体的良性互动，以此不断提升各自水平，最终实现国土空间上经济活动的协调。因此，通过现有数据分析政府与市场作用下的我国[①]国土空间经济活动的矛盾现状和演变格局。首先，从市场失灵的角度分析市场低效配置资源对国土空间格局造成的影响。其次，从政府失灵的角度分析受经济利益的驱使，城镇空间对农业空间和生态空间用地的挤占。在要素、产品自由流动，国土空间上微观经济主体不断互动的基础上，我国国土空间整体上的经济社会发展呈现怎样的状态和发展趋势？本书测算国土空间上的经济活动带来的经济社会发展指数和协调度指数，分别分析城镇空间、农业空间、生态空间中呈现出的经济社会发展趋势以及国土空间经济活动整体的协调程度。格局优化的前提是各部分都处于有序地发展之中，本部分将从时间趋势和空间演变两个角度进行具体分析，同时该部分也为后续研究奠定基础。

---

　　① 考虑到数据可得性，本部分现状研究仅限于中国大陆地区，不包括台湾、香港和澳门地区。

第一节 政府与市场行为下的国土空间经济活动现状

一 市场失灵下的国土空间经济活动现状

（一）资源承载力下降和环境污染的负外部性

随着居民生活水平的提高和生态文明建设的不断推进，城乡居民对生态服务的需求越来越高，但在市场机制对资源配置起决定性作用的前提下，我国生态环境整体上处于恶化状态，部分区域处于改善状态，生态环境恢复能力远远低于破坏速度。

1. 资源短缺问题突出

我国自然资源普遍存在总量下降、人均不足和多样性逐渐减少的问题。改革开放以来，我国经济取得了长足的发展，这离不开丰富自然资源的支撑。随着工业化和城镇化水平的加快，社会对各种自然资源的需求与索取不断增加，各种工业活动对资源的攫取，居民环保与节约意识较差，浪费现象严重，消耗量与存储量比例不协调导致自然资源短缺问题逐渐突出。其中，我国石油、铜、白银等资源相对于世界平均水平而言极度匮乏，如图3-1所示，我国石油日消费量远远超过国内石油的供给能力，石油资源短缺问题十分突出。同时我国水资源与淡水资源十分匮乏，如图3-2所示，2007—2019年，我国人均水资源量始终低于2500立方米/人，部分年份甚至低于2000立方米/人，2019年，适宜饮用的Ⅲ类以上地表水资源和流域水资源占比分别为74.9%和79.1%[①]，也就是在有限的水资源中，适宜饮用的水资源不足80%，我国虽然水资源总量丰富，但从人均量和水资源质量来看，仍处于缺水状态。我国北方地区受干旱少雨的气候特征影响，

---

① 数据来源：《2019中国生态环境状况公报》。

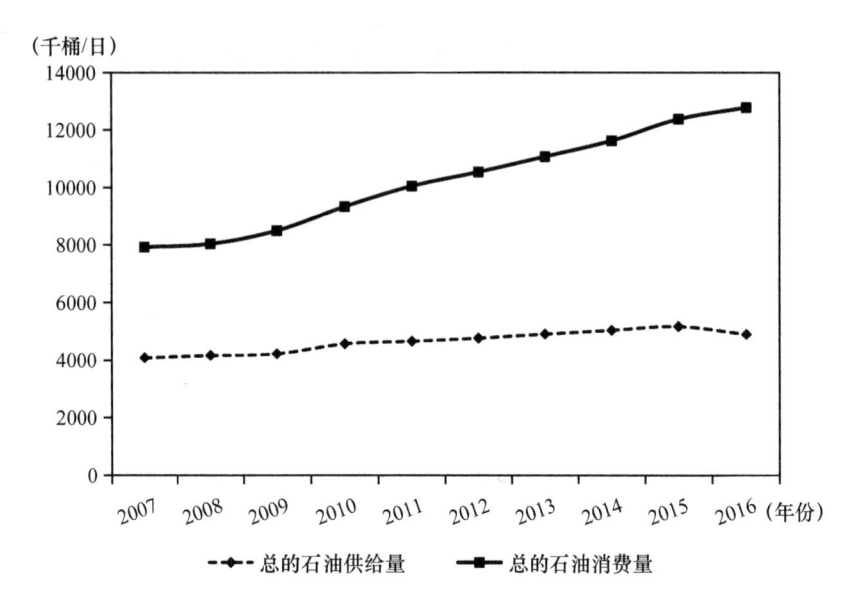

图 3-1 2007—2016 年我国石油供给量和消费量

资料来源：根据 EPS 数据库整理而得。

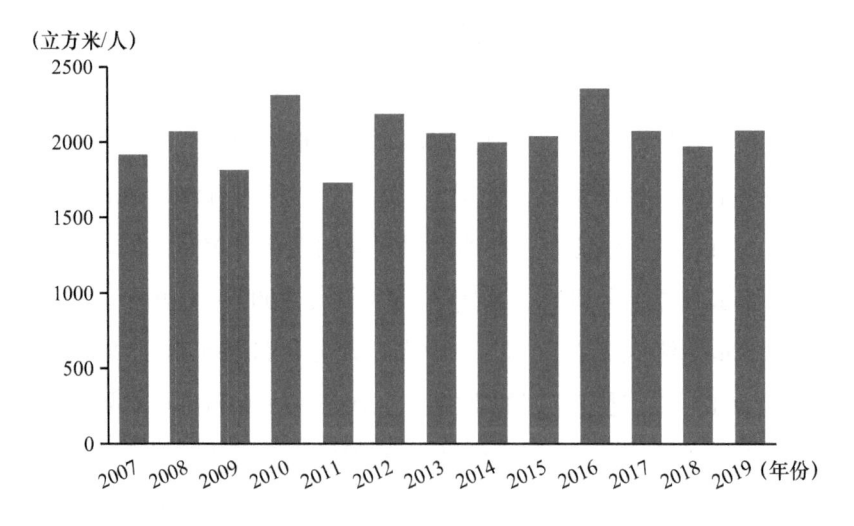

图 3-2 2007—2019 年我国人均水资源量

资料来源：根据 EPS 数据库整理而得。

水资源储备量较少，但人口多，生产生活用水需求高，导致北方缺水现象严重。随着经济社会的发展，水资源需求量越来越大，而储水量的增长却十分缓慢，过度的需求产生了一系列如河流断流、湿地退化等生态问题。

2. 传统的经济发展方式对生态环境造成破坏

改革开放以来，我国经济走的是粗放型发展道路，以资源投入多、生产消耗大、环境污染重为主要特征，导致片面的经济增长和生态环境的恶化。我国草原面积退化严重，每年退化率可以达到2020万公顷，① 牧草产量逐渐下降。森林资源面临更大的生态赤字问题，森林砍伐量远远超过了树木的生长数量，森林资源锐减。生活、工业污染物排放，造成水体污染严重，水生态自身净化周期长，加之治理技术落后，我国部分地区人口饮用着大肠杆菌超标的饮用水。生物多样性也遭到破坏，濒危物种逐渐增多，2019年，我国受威胁的高等植被达3767种、近危等级的2723种②。

农作物生产对生态环境的污染主要表现为短期内增大产量而滥用化学物质。2019年，粮食作物化肥利用率仅为39.2%，农药利用率为39.8%，对水、空气、土壤造成了较大污染，也对整个生态系统产生了较大危害，加之农业空间缺乏污染物处置基本设施和服务，造成严重的"污染状况"。2019年，全国划定永久基本农田15.50亿亩，截至2019年底，全国耕地质量平均等级为4.76等③。长期以来，生态空间受到严重破坏，生态服务供给不足，无法满足人们对美好生活

---

① 温明振：《浅析生态污染及治理技术的创新》，《中国资源综合利用》2019年第2期。
② 数据来源：《2019中国生态环境状况公报》。
③ 耕地质量等级评定依据《耕地质量等级》（GB/T 33469—2016），划分为十个等级，一等地耕地质量最好，十等地耕地质量最差。《2019中国生态环境状况公报》统计显示，2019年，我国一至三等耕地面积为6.32亿亩，占耕地总面积的31.24%；四至六等为9.47亿亩，占46.81%；七至十等为4.44亿亩，占21.95%，我国的耕地质量整体偏低。

的需求。

3. 生态环境保护、修复和治理的技术短缺

如图3-3所示，我国节能环保与资源综合利用技术成交数量占比呈现逐年下降的趋势，企业对环保技术的研发动力不足。目前，我国的环境保护技术主要集中于治理大气污染、水污染、固体废弃物污染等领域，但是技术更新速度相对较慢，由技术创新带来的环境保护设备的更新速度较慢。国内环保设备生产企业只能生产科技含量较低的设备或部件，起到关键作用的高科技部件还需要从国外进口。环保技术创新不足，研发持续性不强，无法保障生态环境破坏的源头预防技术与生态治理技术。工业生产依然维持传统发展模式的企业对生态环境仍然产生着较大的污染，后期对生态环境的治理中，污染治理技术力量薄弱，专业化能力不足，无法满足环境技术服务需求。

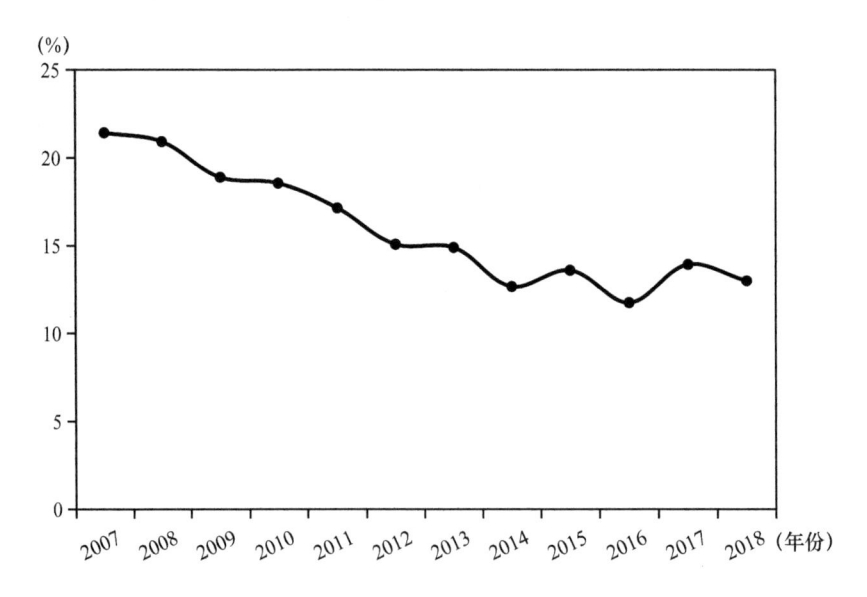

图3-3 2007—2018年我国节能环保与资源综合利用技术成交量占比

资料来源：根据EPS数据库整理而得。

(二) 市场信息不完全导致的农产品市场供求不平衡

农产品生产不能很好地适应市场需求的变化,最突出的表现就是农产品的买卖错配问题,这主要是农产品供给侧方面的问题。其深层次的原因在于信息不完全导致的无法确定农作物的种植种类与面积,造成农产品市场供求不平衡。

1. 农产品供求失衡的总量特征

从粮食类作物自给程度来看,2018年,稻米、小麦自给率均高于100%,但市场需求旺盛的部分农产品进口依存度高;棕榈油自给率不足10%,木薯及产品、大豆自给率不足20%,远洋鱼自给率不足50%。[①] 糖类、橡胶、油菜籽和大豆自给率分别为58%、16%、69%和13%,为进口依赖型农产品。羊肉、奶类、棉花自给率高于85%,属于进口补充型。如图3-4所示,稻谷单产维持在6000公斤/公顷以上,并且有逐渐增加的趋势,是我国自给水平较高的粮食作物;玉米单产低于稻谷,从单产变动的趋势线来看,玉米的单产不稳定,部分年份单产有所下降,虽然玉米单产较高,但仍不能完全满足居民需求,进口依赖度较大;大豆和油料的单产都较低,是我国长期依靠进口满足国内需求的作物,并且从单产变动趋势线可以看出,每年大豆和油料的单产增加很少,需要从技术上进一步突破,我国农业空间粮食、油料作物生产能力存在欠缺。

在粮食基本自给的背景下,进口总量仍然很大(见表3-1)。据海关统计,2019年我国进口粮食11144万吨。小麦和大米是自给程度最高的两类粮食,受城镇化与收入水平不断上升的影响,2019年我国用于居民食用的小麦消费量有所下降,但用于动物饲用和工业投入的消费量明显增加,消费总量较上年增加4.3%,全年进口小麦349万

---

① 汪佳群:《农产品供给侧结构性改革的支持路径创新研究》,《西部经济管理论坛》2018年第6期。

(公斤/公顷)

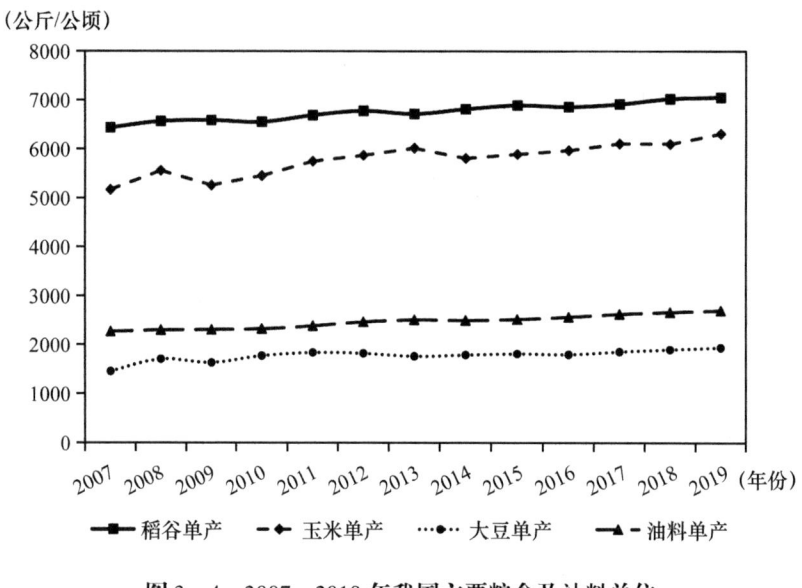

图 3-4 2007—2019 年我国主要粮食及油料单位
面积产量

资料来源：根据 EPS 数据库整理而得。

吨，同比增加 39 万吨，增幅 13%。2019 年我国大米进口减少，出口增加，进口大米 255 万吨，同比减少 51 万吨，减幅 17%，成为净出口粮食品种。大豆和玉米需求有所下降，但满足国内需求仍严重依赖进口，2019 年国家实施大豆振兴计划，大豆播种面积增加，但与国内需求相去甚远。2019 年我国大豆进口量为 8851.1 万吨，同比增加 48 万吨，净进口 8840 万吨，满足国内大豆需求仍然主要靠进口。2016 年以来国内玉米播种面积连续四年下降，由于单产提高，产量依然增加，2019 年饲用玉米需求下降，抵消了工业用玉米的消费增长，国内总需求下降，产销缺口缩小，但玉米进口仍然呈现出增长的趋势，2019 年进口量为 479.3 万吨，较上一年同期增加 127 万吨，净进口量为 477 万吨。除粮食以外，部分农产品进口量呈上升趋势。2019 年我

第三章 国土空间经济活动的矛盾现状与格局演变

国食用油进口增加较多,全年进口量953万吨,比2018年增加324万吨。2019年出口267万吨,比上年减少2.8万吨。国际糖价低位运行刺激食糖进口,进口量大幅增长,据海关数据统计,2019年全国食用糖的进口总量为339万吨,较上一年有21.1%的增长。[1] 我国部分农产品由于产量低,不能满足国内市场需求而进口较多,农业空间尚无法完全满足城市生活和工业生产对于农产品的需求。

表3-1　　　　2007—2018年我国主要粮油产品进口情况　　　　单位：万吨、%

年份	玉米 进口	玉米 同比增长	大豆 进口	大豆 同比增长	豆油 进口	豆油 同比增长	菜籽油 进口	菜籽油 同比增长	棕榈油 进口	棕榈油 同比增长
2007	3.5	-46.15	3081.7	9.14	282.3	82.96	37.5	752.27	438.7	4.78
2008	5	42.86	3743.6	21.48	258.6	-8.40	27	-28.00	464.7	5.93
2009	8.4	68.00	4255.1	13.66	239.1	-7.54	46.8	73.33	511.4	10.05
2010	157.3	1772.62	5479.8	28.78	134.1	-43.91	98.5	110.47	431.4	-15.64
2011	175.4	11.51	5263.7	-3.94	114.3	-14.77	55.1	-44.06	470.1	8.97
2012	520.8	196.92	5838.4	10.92	182.6	59.76	117.6	113.43	523	11.25
2013	326.6	-37.29	6337.5	8.55	115.8	-36.58	152.7	29.85	487.4	-6.81
2014	259.9	-20.42	7139.9	12.66	113.5	-1.99	81	-46.95	396.9	-18.57
2015	473	81.99	8169.2	14.42	81.8	-27.93	81.5	0.62	431.2	8.64
2016	316.8	-33.02	8391.3	2.72	56	-31.54	70	-14.11	315.7	-26.79
2017	282.7	-10.76	9552.6	13.84	65.3	16.61	75.7	8.14	346.5	9.76
2018	352.4	24.66	8803.1	-7.85	54.9	-15.93	129.5	71.07	357.2	3.09
2019	479.3	36.01	8851.1	0.55	82.6	50.46	161.5	24.71	561.2	57.11

资料来源：根据《2020中国粮食和物资储备发展报告》整理而得。

---

[1] 国家粮食和物资储备局主编：《2020中国粮食和物资储备发展报告》，经济管理出版社2020年版。

2. 农产品供求失衡的结构特征

从满足居民多元化农产品的需求角度来看，我国农产品需求呈现多元化发展趋势。我国人口众多，农产品又是生活必需品，但城乡居民不同的年龄结构、消费习惯、收入水平引导着居民形成各种各样的消费行为和消费模式。对于农产品的消费，以淀粉粮食为主的生存型农产品人均消费量逐渐下降，以肉蛋奶、水产为主的高蛋白类，以蔬菜、瓜果为主的维生素类发展型农产品人均消费量持续上升，所消费的农产品种类也在不断增加。然而，在农产品的供给方面，却呈现单一化的趋势，这种单一化的供给无法满足消费者需求，面对城乡居民对农产品消费需求结构的调整，农业供给能力明显不足。

从粮食生产质量的角度看，截至2019年底，粮食质量标准共660项，包括粮食国家标准359项、行业标准301项，基本覆盖了粮食生产、收购、储存、加工、运输、销售等各个环节，但主要粮食品种收获质量仍与发达国家相去甚远。2019年，抽检的早籼稻中，精米率仅为53.6%，一等品占比为42.5%，并较2018年有所下降。中晚籼米整精米率仅57.8%，一等品占比为23.9%，较2018年均降低。粳稻整精米率和一等品占比均低于2018年，分别为67.3%和50.5%。小麦抽检质量结果为正常水平。玉米整体质量低于2018年，一等品占比为79.2%，占比不断下滑。整体来看，大豆质量较2018年虽然有所升高，但高蛋白大豆比例有所下降，符合高蛋白大豆标准的比例仅为52.2%。由于不完善粒含量高，导致部分粮食未达标。随着我国居民多元化、高品质农产品需求的加大，我国农业空间表现出高质量农产品供给能力不足的问题。

3. 农产品市场供给价格高且不稳定

从2019年的总体情况来看，小麦产需平衡有余，稻谷供大于求，口粮市场价格下降；玉米连续4年出现产需缺口，价格上涨；大豆种植面积增加，产量持平略增，受需求增加带动，国内大豆价格上涨。2019年，世界粮食产量丰收，国际粮价保持较低水平。国内粮价却在高位运行，国内外价差保持较高水平，例如，国内外小麦价差虽在缩小，但仍维持500元/吨以上高位。如图3-5所示，我国粮食和油料生产经营的净利润逐年下降，近些年来成为负值，我国粮食和油料价格上涨并没有提高农民的利润。如图3-6所示，我国粮食和油料作物的生产成本不断攀升是其价格一直高于国际市场粮油价格的最主要原因。我国农产品生产成本高，价格高于国际市场，利润较低是农业生产能力不足的重要表现。

4. 农产品生产技术供给不足

为保障粮食安全和农产品产量和质量，农业生产者对农业生产技术需求大。然而，如图3-7所示，从农业技术合同成交数量占比情况来看，从2007年到2019年，均低于6%，直到2017年，农业技术合同的成交数量占比才超过5%，其余年份数量占比更低，企业对农业技术的供给数量较少。具体地，从农业机械化水平来看，目前，我国农业综合机械化率已经超过了60%，但与大多数发达国家相比，我国每公顷土地的平均机械化率仍然很低，仅相当于日本2008年水平的11.4%和6.6%，[1] 企业对农机的供给数量远远低于发达国家水平。同时我国农业机械设备处于较低端水平，中高端农业机械化设备少，从供给角度看，大功率的拖拉机等高科技农业机械化设备供给仍然满足不了需求。[2] 目前，我国农业机械化以运输装备为主，而关于农作物耕种、田间管理和收获方面的配套设施较少。此外，机械化以农作物种植装备为主，但随着农业发展，农机需求更加多元化，而不仅局

---

[1] 谢玲红、吕开宇：《"十四五"时期农村劳动力转移就业的五大问题》，《经济学家》2020年第10期。
[2] 李延军：《内蒙古地区农业机械化发展的问题与供给侧改革措施》，《农业工程技术》2020年第23期。

限于农作物耕种。

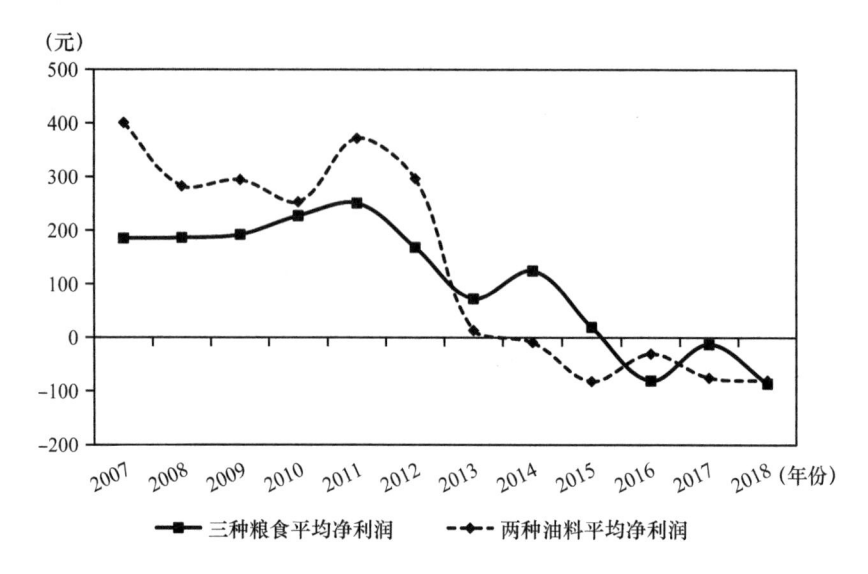

图 3-5　2007—2018 年我国主要粮食及油料净利润
资料来源：根据 EPS 数据库整理而得。

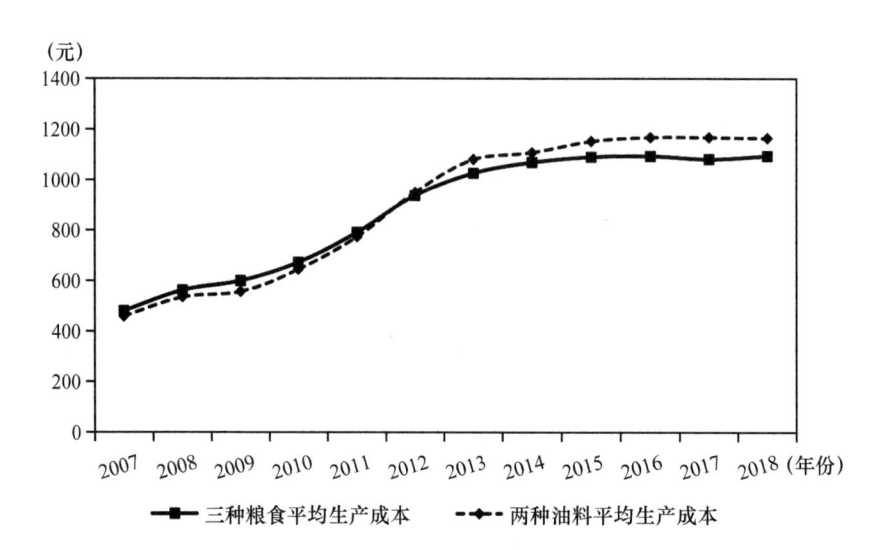

图 3-6　2007—2018 年我国主要粮食及油料平均生产成本
资料来源：根据 EPS 数据库整理而得。

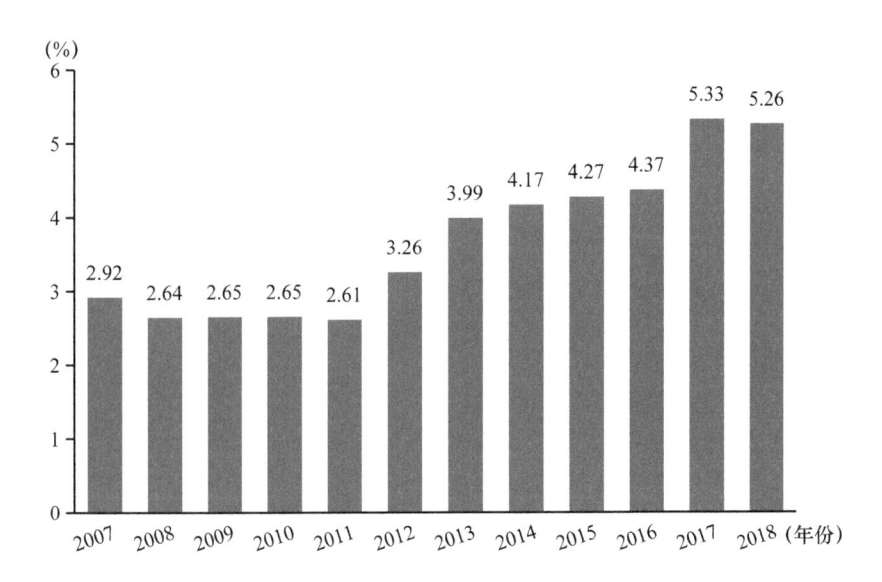

图 3-7　2007—2018 年我国农业技术合同成交数量占比

资料来源：根据 EPS 数据库整理而得。

农业技术进步不仅体现在机械化方面，我国在农业种植技术、农作物种子等方面也存在明显的科技含量不足。如图 3-8 所示，我国企业申请农业植物新品种权数量占比不足 60%，并且 2014 年以前这一占比不断升高，但从 2015 年开始不断下降，表明我国企业对农业新品种的技术支撑较弱，在市场机制配置资源的情况下，企业因逐利而不愿进行农业新品种的研发，导致大部分蛋白质含量高的农作物长期依靠进口满足国内需求，城镇空间的农业技术供给能力明显不足。

二　政府失灵下的国土空间经济活动现状

（一）代替市场配置土地资源导致的城镇空间挤占农业空间和生态空间

1. 我国城镇空间扩张与农业空间和生态空间收缩的特征事实

城镇空间无序扩张。近 13 年来，我国城市建设用地面积呈现出

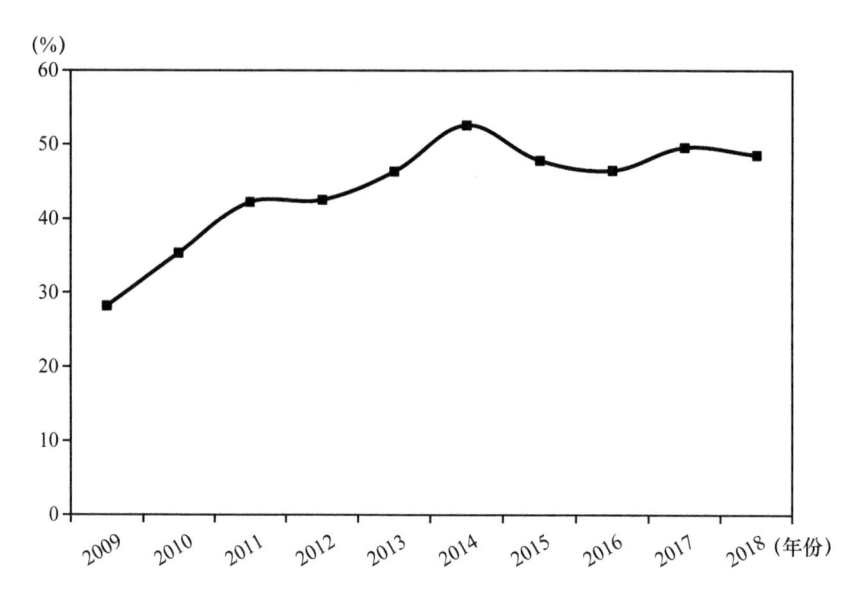

图3-8 2009—2018年我国企业申请农业植物新品种权数量占比

资料来源：根据EPS数据库整理而得。

逐年增长的趋势，2007年，建设用地面积为36351.65平方千米，到2019年，增长至58130.89平方千米，13年来扩张规模将近60%，表明我国城镇空间边界在不断扩张（见图3-9）。从扩张速度来看，我国城镇空间整体的扩张速度均为正数，均值处在4%附近。从2007年以来我国城镇空间用地数量可见，我国城镇空间确实处在不断地扩张之中，但整体的速度有波动下降的趋势。

从城镇空间建设用地扩张与城市人口增长的匹配性来看（见图3-10），研究期内，除2012年、2016年和2018年外，城市建设用地面积扩张速度均快于人口增长速度，其中2008年和2011年，在城市人口负增长的情况下，城市建设用地面积仍在增加。从平均扩张速度来看，研究期内，我国城市建设用地面积平均扩张速度为

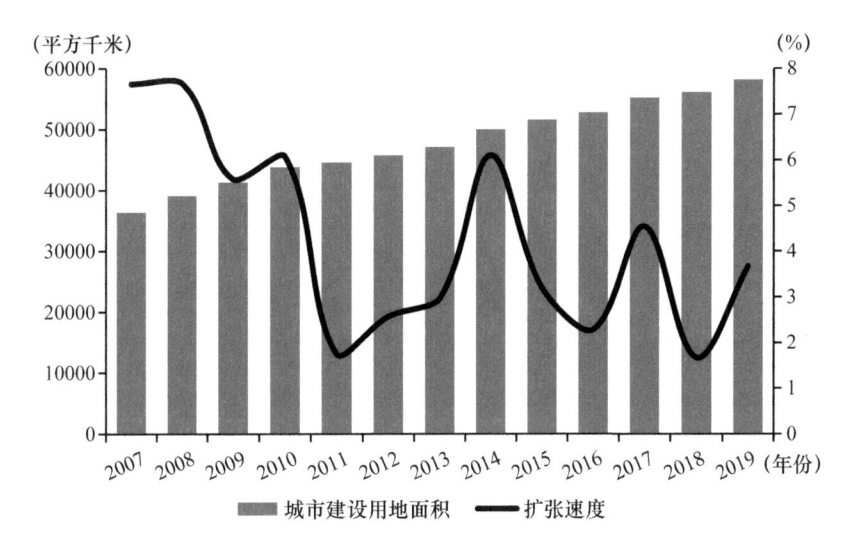

图 3-9　2007—2019 年我国城镇空间土地要素扩张规模和扩张速度情况

资料来源：EPS 数据库《中国城乡建设统计年鉴》（2006—2019 年）。

4.29%，远远高于同时期城市人口平均增长速度 1.65%。可见，城市建设用地面积扩张与人口增长之间并不完全匹配。从城镇空间建设用地面积与城市地区生产总值增长的匹配性来看，从图 3-10 可以看出，2007—2019 年，我国城市地区生产总值增长率总体呈现出下降的趋势，而城镇建设用地面积扩张速度一直在 4% 上下波动。以上分析在一定程度上显示出我国城镇空间土地利用不够合理的事实。

我国农业空间的收缩。从全国总体情况来看（见图 3-11），我国农业空间中耕地是最为重要的资源，其面积总体上较为稳定，但也呈现出逐年减少的趋势。2009—2018 年，耕地面积由 13538.44 万公顷减少为 13499.07 万公顷，净减少 39.37 万公顷。占国土总面积比例由 14.10% 降低为 13.81%，减少率为 0.29%。

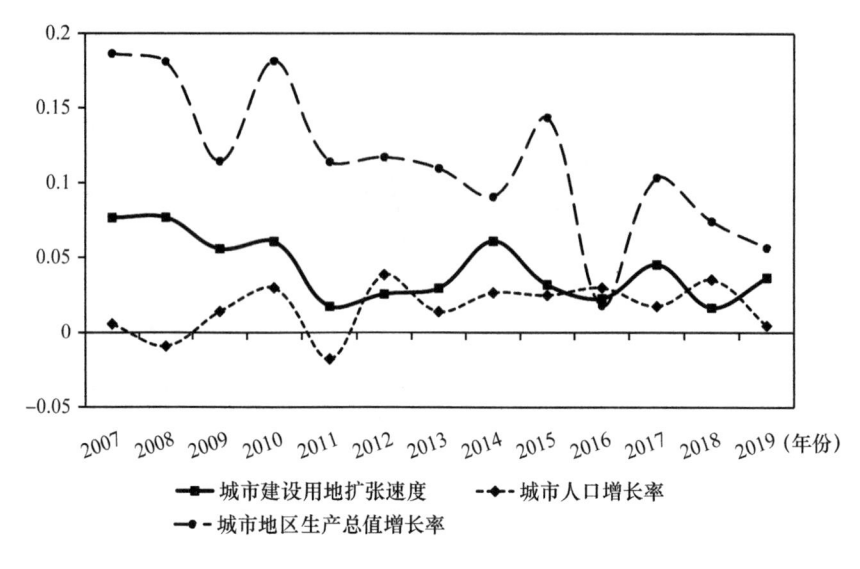

图 3-10　2007—2019 年我国城镇空间土地规模、人口和生产总值变动情况

资料来源：根据 EPS 数据库整理而得。

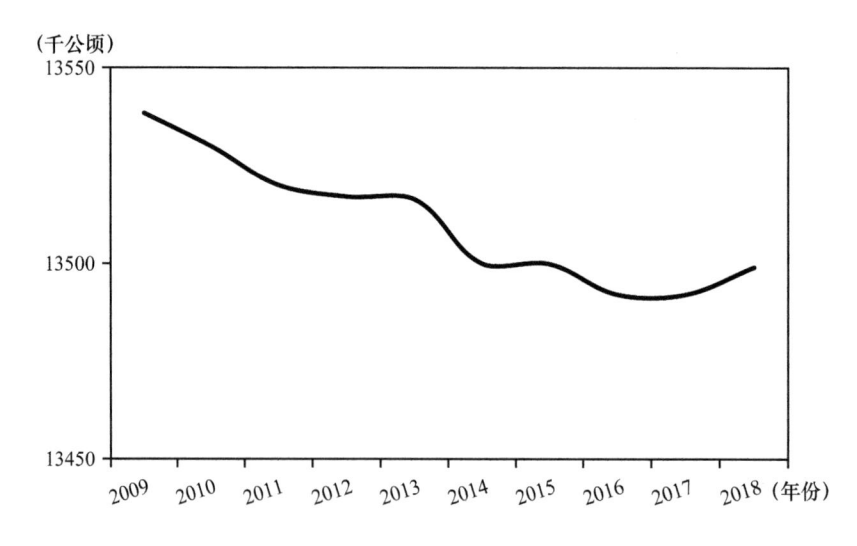

图 3-11　2009—2018 年我国农业空间耕地面积变动情况

资料来源：根据 EPS 数据库整理而得。

第三章 国土空间经济活动的矛盾现状与格局演变

应用 DEM 精度为 30 米的数据以及主要城市中心点位，并将格网数据转换成栅格数据（1 km×1 km）得到各省（区、市）离主要城市中心不同缓冲区内耕地的变动率。为了保持转换前后城市耕地面积保持不变，使用转换前各城市耕地面积占比对转换后城市耕地面积进行修正，计算结果如表 3-2 所示。可以看出，我国大多数地区耕地面积在距离城市中心的 30 千米以内均在减少。距离城市中心 30—40 千米处，大多数地区耕地面积减少，部分地区耕地面积开始增加。距离城市中心 40 千米以外的区域耕地面积逐渐增加。可见，城镇空间边界扩张仍然是耕地面积减少的重要原因。

表 3-2　　　各省（区、市）离主要城市中心不同缓冲区内耕地变动率　　　单位：%

省（区、市）	距主要城市中心距离（千米）								
	0—10	>10—20	>20—30	>30—40	>40—50	>50—60	>60—70	>70—80	>80—90
黑龙江	-25.01	-11.59	-8.93	-2.05	-6.79	-1.84	3.52	3.74	6.20
吉林	-16.44	-28.49	-13.27	-6.09	-2.58	-7.90	-7.28	3.01	8.79
辽宁	-15.62	-33.87	-18.90	-9.11	-7.62	-5.31	-2.19	-1.70	-2.63
北京	-0.29	-14.19	-41.01	-24.79	-9.10	-4.08	-2.03	0.17	3.96
天津	-4.36	-29.18	-26.61	-2.44	12.33	-14.05	0.31	-8.70	-1.85
河北	-20.50	-27.71	-8.30	-6.42	-6.06	0.70	1.63	1.94	8.52
河南	-35.93	-22.49	-2.26	5.58	15.44	3.73	7.50	2.83	1.88
山东	-24.50	-27.31	-14.28	-13.75	-10.10	2.84	-1.37	-1.09	-2.75
上海	-0.17	-11.74	-9.59	31.59	26.62	20.11	0.00	0.00	0.00
江苏	-23.37	-24.84	-5.13	-5.82	11.39	9.14	7.86	8.78	3.00
浙江	-18.90	-22.37	-9.54	4.23	6.74	13.37	8.01	5.38	5.00
安徽	-34.40	-21.25	7.67	15.09	10.24	2.20	1.56	2.56	2.20
江西	-23.10	-20.00	6.02	8.63	11.50	11.94	5.77	5.70	2.18
湖北	-24.44	-23.30	-23.41	-11.71	-7.00	-5.03	2.24	-2.40	0.02

续表

省（区、市）	距主要城市中心距离（千米）								
	0—10	>10—20	>20—30	>30—40	>40—50	>50—60	>60—70	>70—80	>80—90
湖南	-17.60	-8.79	4.13	13.01	17.20	14.86	6.54	8.10	4.39
内蒙古	-12.05	-5.13	0.00	2.19	7.00	5.68	3.77	8.54	11.30
宁夏	-21.98	-4.02	20.64	24.76	3.57	7.73	14.00	1.00	0.47
甘肃	-27.10	-10.07	5.10	-12.34	-18.48	4.60	-4.25	-0.28	-0.80
新疆	-8.41	-4.60	4.71	7.23	4.79	8.21	9.28	7.10	6.46
云南	-32.14	-13.25	-10.10	-14.37	-8.59	-0.80	2.14	8.54	-2.08
贵州	-22.48	-21.18	-18.50	-8.16	3.13	-8.27	0.68	1.60	3.85
广西	-35.38	-33.80	-6.17	-4.10	-3.15	-3.75	-2.74	-2.47	-5.19
四川	-31.69	-4.37	-0.49	4.58	16.47	13.09	12.48	8.19	4.83
重庆	-0.79	-11.75	-22.38	-9.19	-3.80	-5.58	-12.81	-6.75	-3.71
陕西	-22.08	-21.47	-12.38	-1.64	6.28	2.38	6.78	7.25	6.74
山西	-41.30	-15.47	-2.13	-0.99	5.64	13.87	10.45	6.07	0.57
广东	-8.01	0.67	2.52	9.74	17.38	24.78	17.38	9.97	3.47
福建	-13.11	-21.59	-14.49	-4.53	2.22	9.19	11.50	6.45	5.97
海南	-7.72	-12.04	-11.68	-7.42	2.42	1.80	-11.37	6.08	17.20
青海	-0.78	-0.57	-1.46	-0.21	-0.36	0.49	0.56	-0.03	0.67
西藏	-18.19	-12.67	18.28	19.34	0.73	-9.42	2.67	0.19	1.70

注：基础数据来源于地理国情监测云平台。

我国生态空间的收缩。为反映土地资源利用状况以及开展土地问题研究，根据土地用途和利用方式对国土资源进行分类的过程就是土地利用分类。根据我国土地调查和分类工作中使用的土地分类方式，本部分主要研究生态空间中园地、林地、草地和水域面积的变化情况。表3-3中展现的是我国以及四大板块部分生态空间用地面积的减少情况。从2009年到2018年，我国园地、林地、草地和水域面积均下降，其中园地和水域面积下降幅度最大。东部地区四类土地面积减少率均超过全国水平,东部地区园地面积减少程度最大,其次是水域、草地和林地,水域面积大量减少,可能会造成东部地区水资源利用的恶性循环;中部地区园地、草地和水域面积均大幅减少,且减少幅度均高于全国水平,可能与推进城市化进程有关;西部地区园地面积大幅减少,水域面积有所增加,各类土地面积减少率均低于全国水平;东北地区四类土地面积均减少,其中草地面积减少幅度高于全国平均水平。从横向比较分析,我国生态空间四类土地面积减少幅度最大的是东部地区,其次是中部地区,再次是东北地区,最后是西部地区。整体上看,全国和四大板块各区域,园地面积减少幅度最大,可能的原因是,园地以果园为主,与耕地、农村居民点距离近,在城市化建设中,可能会被大面积征用。

表 3-3　　2009—2018 年我国生态空间部分类型土地面积减少率　　　单位:%

土地类型	全国	东部地区	中部地区	西部地区	东北地区
园地	3.68	5.39	3.46	2.08	2.06
林地	0.41	0.95	0.82	0.23	0.13
草地	0.36	3.02	2.38	0.25	2.01
水域	1.18	3.58	2.32	-0.09	0.81

注:基础数据来源于 EPS 数据库,结果保留两位小数。

我国城镇空间、农业空间、生态空间用地的转换。研究期间我国土地利用结构变化显著(见表 3-4)。2009—2018 年,城镇空间中城市建设用地面积增加,在国土空间面积中的占比从 2009 年的 0.49% 增长至 2018 年的 0.66%,增加 147.49 万公顷,增幅达 35.69%。农业空间中,耕地面积减少十分明显,在国土空间面积中的占比从 2009 年的 15.96% 减少为 2018 年的 15.89%,减少 24.61 万公顷。村庄用地范围有所扩大。生态空间中,园、林、草相关用地面积不断缩减,且林地、草地面积减少最为明显，林地从 2009 年的 29.94% 下降为 2018 年的 29.78%，共减少 104.15 万公顷，在研究期内草地减少 103.14 万公顷。园地面积略有下降，从 2009 年的 1.75% 下降为 2018 年的 1.68%，共减少 54.55 万公顷。水域面积也在不断下降，但整体保持平稳，2009—2018 年面积减少 44.38 万公顷。

表 3-4　2009—2018 年我国各土地利用类型面积和比例

单位：万公顷、%

编号	土地利用类型	2009 年 面积	2009 年 比例	2018 年 面积	2018 年 比例
1	耕地	13538.44	15.96	13513.83	15.89
2	园地	1481.18	1.75	1426.63	1.68
3	林地	25394.97	29.94	25290.82	29.78
4	草地	28731.35	33.87	28628.21	33.71
5	水域	3768.85	5.03	3724.47	4.79
6	城市建设用地	413.27	0.49	560.76	0.66
7	村庄	1847.28	2.18	1920.03	2.26

注：基础数据来源于地理国情监测云平台。

利用土地转移矩阵，本书需要对不同土地类型赋予统一代码，由于具体分析 7 种类型土地的转化，则使用 1—7 进行赋值。使用 ArcGIS 进行空间叠加后得到 2009—2018 年我国国土空间中的土地利用转移矩阵，并分别计算每种土地利用类型转为其他土地利用类型的比例，以及各种土地类型转换为一种土地类型的比例。

随着城市化进程的不断加快，各类型土地存在不同程度被占用的现象。从表 3-5 中可以看出，2009—2018 年城市建设用地面积显著增加。2018 年的城市建设用地由其他类型土地转变而来的比例达 45% 以上，其中耕地又是城镇空间边界扩张过程中城市建设用地的主

第三章　国土空间经济活动的矛盾现状与格局演变

表3－5　2009—2018年我国国土空间土地利用转移矩阵

2009年 \ 2018年		耕地		园地		林地		草地		水域		城市建设用地		村庄	
耕地	M	13006.38	96.07%	13.54	0.10%	27.08	0.20%	178.71	1.32%	56.86	0.42%	238.27	1.76%	17.59	0.13%
	N		96.24%		0.95%		0.11%		0.62%		1.53%		42.49%		0.92%
园地	M	50.21	3.39%	1325.51	89.49%	50.51	3.41%	29.33	1.98%	24.74	1.67%	1.33	0.09%	0.74	0.05%
	N		0.37%		92.91%		0.20%		0.10%		0.66%		0.24%		0.04%
林地	M	0	0.00%	0	0.00%	24526.46	96.58%	17.78	0.07%	0	0.00%	2.54	0.01%	203.16	0.80%
	N		0.00%		0.00%		95.98%		0.06%		0.00%		0.45%		10.58%
草地	M	194.18	1.72%	71.83	0.25%	649.33	2.26%	27312.02	95.06%	74.71	0.26%	17.24	0.06%	8.62	0.03%
	N		1.44%		5.03%		2.57%		95.40%		2.01%		3.07%		0.45%
水域	M	31.66	0.84%	3.01	0.08%	0	0.00%	205.40	5.45%	3494.86	92.73%	0	0.00%	0	0.00%
	N		0.23%		0.21%		0.00%		0.72%		93.84%		0.00%		0.00%

73

续表

2009年＼2018年		耕地		园地		林地		草地		水域		城市建设用地		村庄	
城市建设用地		54.80		4.27		4.50		16.90		0.54		320.24		8.72	
	M	13.26%	M	1.03%	M	1.09%	M	4.09%	M	0.13%	M	77.49%	M	2.11%
	N	0.41%	N	0.30%	N	0.01%	N	0.06%	N	0.01%	N	57.11%	N	0.45%
村庄		63.55		6.28		32.88		50.43		10.34		0.37		1681.21	
	M	3.44%	M	0.34%	M	1.78%	M	2.73%	M	0.56%	M	0.02%	M	91.01%
	N	0.47%	N	0.44%	N	0.13%	N	0.18%	N	0.28%	N	0.07%	N	87.56%

注：行表示2009—2018年一种土地利用类型转变为其他土地利用类型面积（单位：万公顷），列表示2009—2018年各种土地利用类型转变为一种土地利用类型的面积（单位：万公顷）。M表示2009年一种土地利用类型转变为2018年其他土地利用类型的面积占2009年该种土地利用类型总面积的比例。N表示2009年各种土地利用类型转变为2018年一种土地利用类型的面积占2018年该种土地利用类型总面积的比例。

要来源,这一结论与上文中提到的耕地占被征用土地面积约45%的数据分析结果保持一致。耕地面积显著减少,2009—2018年,有1.76%和1.32%的耕地转变为城市建设用地和草地,表明耕地的减少一方面来自城市扩张的压力,另一方面来自生态退耕。园地面积下降主要源于生态空间和农业空间各种用地类型的转换,2009—2018年,大部分园地转为耕地,并由草地进行补充。研究期内林地面积略有下降,2009—2018年,有0.8%的林地转变为村庄,表明农村自身发展过程中对林地带来了负面影响。此外,占比为1.09%的城市用地转为林地,这与全国各地开展旧城改造和园林绿化有较大关系。

2. 我国城镇空间扩张与农业空间和生态空间收缩中的政府行为

从我国城镇空间、农业空间、生态空间土地资源利用的数据变化过程可知,城市建设用地面积在不断扩张,耕地、园地、林地、草地、水域面积在不断减少,为更清晰地表明城镇空间无序扩张挤占了农业空间和生态空间用地中的政治经济关系,本书进一步分析这种现状形成的原因。

在我国,政府在土地一级市场中拥有绝对的垄断权力,直接代替市场配置土地资源。但政府对于解决土地的供求矛盾却显得无能为力,主要原因在于:第一,政府在直接配置资源的过程中缺乏动态调整。政府按照规划、计划来配置资源,并不能准确地预知市场未来的变化趋势,不能时时改变资源配置计划,导致资源得不到最佳利用。第二,信息不充分。政府在制定规划过程中可能会忽略集体利益,导致为少数人赢得利益而损害了大多数人的权益。第三,行为偏误。政府往往为了税收等经济目标而损失生态环境、公众福利,这种逐利的政府行为往往会纵容市场失灵。

表3-6显示的是我国每年征用土地、耕地的面积以及征用耕地占征用土地面积总量的比重。不难看出,政府征用土地和耕地可以划

分成三个时间段：2007—2012年，政府征用土地和耕地的数量呈逐年上升趋势，可能的原因是，在此时间段内，房地产业发展前景好，我国经济增速接近10%，城市建设需要的土地更多，政府卖地能够获得较高的财政收入；2013—2014年，征用土地和耕地数量下降，2014年我国经济增速从2013年的9.54%降至2014年的7.86%，大规模征用土地进行城市化建设并没有提高经济增速，2013年和2014年GDP增速降低，但仍超过7%；2015—2019年，我国经济增速持续下降，政府竞争加剧，大量征用集体土地，出让国有土地，依靠房地产业维持经济增速和财政收入。政府征用土地数量的不断增加，也表明2015年之后，越来越多的土地参与到了利用类型的转换中。从表3-6中可以看出，政府征用的土地中，有45%的土地来源于耕地，表明无论是增加城市建设用地还是生态退耕，耕地都是重要的土地来源，由于耕地增减挂钩还未在全国大规模推广，耕地征用的数量远大于增补的耕地数量，这是造成我国耕地面积不断缩减的重要因素，也是划定农业空间和耕地保护红线的重要原因。

表3-6　　　　2007—2019年我国征用土地、耕地面积以及征用耕地面积比重　　单位：平方千米、%

	2007年	2008年	2009年	2010年	2011年	2012年	2013年
本年征地	1342.14	1461.58	1612.80	1693.57	1891.72	2164.58	1834.67
征用耕地	504.59	670.03	611.64	734.89	800.30	992.95	783.61
耕地占比	37.60	45.84	37.92	43.39	42.31	45.87	42.71
	2014年	2015年	2016年	2017年	2018年	2019年	—
本年征地	1478.98	1548.53	1713.62	1934.37	2003.66	2681.78	—
征用耕地	672.36	707.86	775.76	841.27	904.63	1188.13	—
耕地占比	45.46	45.71	45.27	43.49	45.15	44.30	—

注：基础数据来源于EPS数据库，计算结果保留两位小数。

(二) 政府忽视市场失灵

1. 忽视市场对具有公共属性的生态产品和服务的低效配置

市场主体对生态产品和服务无偿或低成本占有造成的价值攫取导致资源承载力下降、环境污染，进而破坏国土空间经济活动的协调，其深层次原因在于产权残缺，导致投入与产权比严重失衡，自然资源利用效率较低。

自科斯开启产权经济学研究之后，很多学者运用产权来进行经济学问题的分析。他们的分析要么以产权赋予十分明确为基础，要么假定产权从来就不存在，而对于产权的"中间地带"他们并未进行考虑。[①] 在巴泽尔看来，产权不是绝对的，而是可以因个人活动变化而变化的。那么产权不可能完全得到界定，由此巴泽尔创造性地提出公共领域的概念。公共领域中留存的未被领取的价值很可能被他人攫取。这就意味着，要提高经济绩效，就要重视产权，构建完整的产权框架，避免产权不清晰状况出现。

产权的不完整会对经济效益产生较大影响，因此需要制定并形成与经济发展相适应的产权制度。然而面对公共资源的产权残缺状态，政府部门的确权工作尚未完成，致使很多自然资源和服务处于公共领域，市场主体因逐利而加快价值攫取，导致国土空间中资源承载力下降和生态环境污染问题严重。

2. 忽视农产品市场信息不完全导致的供求失衡

农产品生产具有季节性和周期性，生产者和消费者分割，农产品市场处于初级水平，基于此，二者在信息取得过程中会产生较高的成本与风险。信息不完全和不对称导致生产者对于农作物的种植品种以及种植范围无法准确把握。一些发达国家成立了专门的部门来对农业

[①] [以] 约拉姆·巴泽尔：《产权的经济分析》（第二版），费方域、段毅才、钱敏译，格致出版社、上海三联书店、上海人民出版社2017年版。

方面的信息进行精细化管理,而我国对农业方面的信息化管理还比较粗糙。具体体现在:第一,横向的信息收集和管理部门沟通不畅。与农业有关的各部门之间各司其职,从各方面参与市场管理,例如农产品相关的种植培育环节、农产品流通销售环节、农产品信息维护环节均设立专门的部门进行负责会使处理问题的时间变长,降低效率。第二,相关法律法规不完善。市场中的消费者与生产者在进行经济活动过程中缺少相关法律法规约束,并且对规制效果缺少监督和评估。第三,市场信用体系不健全。市场主体的信用没有衡量标准,信息不对称问题突出。生产者的信用一般与规模相关,但农产品各个环节的规模均较小,各经济行为主体之间关系不固定,因此会出现机会主义行为,不惜损害他人来获取自身利益。

三 政府与市场行为下国土空间经济活动的矛盾特征

通过对政府和市场行为下的我国国土空间经济活动现状进行分析,可以发现我国国土空间上的经济活动呈现出以下特征:

市场机制产生了资源承载力下降和环境污染的负外部性。随着居民生活水平的提高和生态文明建设的不断推进,城乡居民对生态服务的需求越来越高,但生态服务潜在的供给不足和结构性区域失衡,造成供需矛盾突出:生态空间资源短缺问题突出,我国自然资源普遍存在总量下降、人均不足和多样性逐渐减少的问题;城市传统的经济发展方式对生态环境造成严重破坏。长期以来,高投入、高消耗、高污染的粗放型经济发展方式导致片面的经济增长和生态环境的恶化;农作物生产过程中化学物质,如化肥、农药等的滥用对生态空间造成严重污染;环保技术创新不足,研发持续性不强,无法保障生态环境破坏的源头预防技术与生态治理技术。

市场信息不完全导致的农产品市场供求不平衡。在总量上,在粮食基本自给的背景下，进口总量仍然很大，其中进口大豆依然是保障国内供给的主要来源，市场需求旺盛的部分农产品进口依存度高；在结构上，我国农产品供需矛盾突出，供给产品无法满足消费者需求，面对城乡居民对农产品消费需求结构的调整，农业供给能力明显不足；在价格上，我国农产品生产成本高，价格高于国际市场，利润较低是农业生产能力不足的重要表现；在技术供求上，为保障粮食安全和农产品产量和质量，农业生产者对农业生产技术需求大，然而农业技术的供给严重不足。

政府直接代替市场配置土地资源导致的城镇空间挤占农业空间和生态空间。在城市建设用地快速扩张的背景下，非城市建设土地数量与种类都在迅速萎缩。耕地是城镇空间边界扩张过程中城市建设用地的主要来源，同时城市化也占用部分生态用地。土地要素转换中表现出城市经济发展占用农业空间和生态空间土地，农业空间占据生态空间用地的特征。

政府忽视市场失灵导致的资源配置低效率。忽视市场对具有公共属性的生态产品和服务的低效配置。市场主体对生态产品和服务无偿或低成本占有造成的价值攫取导致资源承载力下降、环境污染，进而破坏国土空间经济活动的协调，其深层次原因在于产权残缺，致使很多自然资源和服务处于公共领域，导致投入与产权比严重失衡，自然资源利用效率较低。忽视农产品市场信息不完全导致的供求失衡。农产品生产者和消费者在信息获取上成本高，面临的市场风险大，信息不完全导致供求不平衡。

第二节 国土空间经济活动的格局演变

一 评价标准与数据说明

按照概念界定，国土空间分为城镇空间、农业空间、生态空间三类。本书的研究对象是国土空间上的经济活动，因此本书定义的国土空间格局是指国土空间上经济活动的格局，进一步是指在城镇、农业和生态三类空间上经济活动的不断协调，因此本书以国土空间经济活动协调度来表示国土空间的优化程度，以国土空间经济活动协调度的变化来表示国土空间格局的演变。

关于城市经济发展、农业农村发展、社会发展以及生态环境之间耦合协调现状的研究已经十分丰富，将现有研究成果引入本书的指标体系建设中，可以体现本书的科学性。现有研究表明，农业生产、生活以及社会活动的结果反映在各个方面，其中城市经济发展水平可以由人均生产总值、城镇登记失业率、外商投资总额指标反映，城市社会发展可以由城市化率、人口密度、城镇居民人均可支配收入、城镇居民消费水平指标指代；[1] 农业发展规模总体上可以由农业总产值（人均）、粮食总产量（人均）、农业机械总动力等指标来反映，农业生产效率可以由总产值增长率、劳动产出率、土地产出率等指标反映，农村社会发展水平可以通过恩格尔系数、农村居民消费指数、农村居民可支配收入、农村就业（失业）人数等指标来反映；[2] 生态环境禀赋可以由人均耕地面积、森林覆盖率、造林面积、人均水资源等指标反映，环境污染状况可以由工业废气、废水、固体废弃物相关指标以及空气质量、污染处理程度、土地沙化面积等指标指代。[3]

本部分同时考虑对现有研究成果的应用以及城镇空间的主体功能，用经济发展和居民生活两大类指标衡量城镇空间开发程度来表示城镇空间。具体指标包括城市人均GDP、城市实际使用外资额、城市

---

[1] 朱巧玲、邵蕾：《新时代"五位一体"人的全面发展综合评价研究》，《改革与战略》2021年第8期。

[2] 冯俊华、张路路、唐萌：《农业经济—生态—社会复合系统耦合协调发展研究——以陕西省为例》，《系统科学学报》2021年第3期。

[3] 朱巧玲、邵蕾：《新时代"五位一体"人的全面发展综合评价研究》，《改革与战略》2021年第8期。

人口密度、城镇居民人均可支配收入和城镇登记失业率。上述五项衡量城镇空间经济社会发展的指标均不包含城市内部农村地区发展指标,仅包含所有市辖区数值。人均GDP是城镇空间经济发展水平的重要表征变量,城市实际使用外资额可以表征城镇空间吸引外资能力,在一定程度上表明城镇空间营商环境、经济实力、发展潜力状况。城市人口密度代表了城镇空间对人口的吸纳能力,可以充分表明城镇空间集聚能力的大小。城镇居民人均可支配收入是城镇居民可以直接支配的收入,能够反映城镇居民的生活水平。城镇登记失业率是指具有城镇户口的人群,有能力且有意愿工作但还没有工作,并在相关部门已经进行登记的人员。占就业人员比重,该指标既反映城镇居民生活状况,又反映城镇空间为居民提供就业岗位能力。

同时考虑对现有研究成果的应用、农业空间的主体功能以及狭义农业的概念,用农业生产和农村生活两大类指标衡量农业空间开发程度来表示农业空间。具体指标包括农业总产值、人均农产品产量、农作物播种面积、农村居民人均可支配收入和农村居民家庭每百户拥有家用汽车数。使用农业总产值指标反映农业空间创造价值量的大小。人均农产品产量是指粮食和棉花、油料等经济作物的人均产量。农作物播种面积是主要农产品种植面积,包含重新改种和补种的农作物面积。农村居民人均可支配收入是农村居民消费支出的最重要决定性因素,可以反映农村居民的生活水平。农村居民家庭每百户拥有家用汽车数可以充分表现农村居民生活状态,随着农村居民生活水平的提高,家用汽车数量明显增多。

考虑对现有研究成果的应用,同时主要研究生态产品(垦殖、放牧、采伐、取水、渔猎)和生态服务(防风固沙、水源涵养、洪水调蓄、生态防护、气候调节、景观绿化)的提供活动。本部分根据生态空间主体功能,将衡量生态空间发展程度的指标分为资源储备、环境污染与治理两大类。具体指标包括人均水资源量、森林覆盖率、工业废水排放量、工业废气主要污染物排放量、工业固体废弃物产生量、空气质量 AQI 指数、生活垃圾无害处理率、工业固体废物综合利用率、工业污染治理投资总额。其中,水资源和森林资源是重要的自然资源,关系人们的日常生活;"三废"排放量是衡量环境污染的重要指标;空气质量 AQI 指数是空气状态,与人们的日常生活密切相关,是最能够反映是否满足了人们对美好生活环境需求的指标;生活垃圾无害化处理率、工业固体废物综合利用率、工业污染治理投资总额是生活、生产污染治理指标。上述主要考虑如下:资源储备量充足,环境污染减少,治理力度加大,有利于提高生态产品和生态服务的提供能力,生态产品和生态服务的价值量将同时提高,不会出现顾此失彼的现象,因此,上述指标能够兼顾生态产品和生态服务的生产,能够反映生态空间中主体要素的发展状况。

考虑到我国 2017 年在国土空间规划分区与用途管制中正式明确"三区三线"的重要地位,但在 2007 年我国就已经提出全国主体功能区规划,本部分选取 2007—2018 年作为研究的样本区间。研究所用的基础数据来源于中华人民共和国生态环境部、EPS 数据库、Wind 数据库、《中国统计年鉴》以及地区统计年鉴。对所有变量进行描述性统计以了解原始指标的基本特征。本部分现状数据有 30 个省(区、市)样本,其中西藏数据缺失,包含 12 个时间序列,共 360 个数据,具体统计结果如表 3-7 所示。

表 3-7　　　　变量的描述性统计 (2007—2018 年)

变量(单位)	样本数	均值	标准差	最小值	最大值
城市人均 GDP(元)	360	97660.63	396854.50	2138.02	7321626
城市实际使用外资额(万美元)	360	540977.50	610274.10	0	3082563

第三章 国土空间经济活动的矛盾现状与格局演变

续表

变量（单位）	样本数	均值	标准差	最小值	最大值
城市人口密度（人/平方千米）	360	1895.03	21408.24	0	406800.60
城镇居民人均可支配收入（元）	360	24628.59	10251.63	10012.34	68033.60
城镇登记失业率（%）	360	3.75	3.12	1.20	33.00
农业总产值（亿元）	360	1531.17	1152.34	169.20	4973.70
人均农产品产量（千克）	360	439.21	327.56	105.19	1989.61
农作物播种面积（千公顷）	360	5401.54	3667.24	557.30	14783.40
农村居民人均可支配收入（元）	360	9433.81	5006.94	8804.10	30374.70
农村居民家庭每百户拥有家用汽车数（辆）	360	2842.12	7355.21	9.80	57624.90
人均水资源量（立方米/人）	360	2138.79	2473.99	72.80	16113.60
森林覆盖率（%）	360	31.19	17.62	2.94	65.95
工业废水排放量（万吨）	360	114478.85	126307.35	5782.00	938261.03
工业废气主要污染物排放量（万吨）	360	129.38	96.07	2.17	453.58
工业固体废弃物产生量（万吨）	360	9487.59	8411.37	157.90	45575.83
空气质量AQI指数	360	76.21	18.80	27.00	149.97
生活垃圾无害处理率（%）	360	84.09	18.07	22.97	100.00
工业固体废物综合利用率（%）	360	67.14	19.24	29.88	99.85
工业污染治理投资总额（亿元）	360	240.95	201.67	10.60	1416.20

注：根据原始数据整理并计算得到。

二 国土空间经济活动格局评价模型

为获得全国以及各省（区、市）城镇空间、农业空间、生态空间上经济活动状况的时空特征，需要测度各省（区、市）城镇空间经济发展和居民生活水平、农业生产和农民生活水平和生态环境保护、修复和资源储备程度。设 $U_{town,ik}$、$U_{agri,ik}$、$U_{eco,ik}$ 分别为地区 i 第 k 年城镇空间经济发展和居民生活水平指数、农业生产和农民生活水平指数和生态环境保护、修复和资源储备指数，x_{ijk} 为地区 i 在 k 年第 j 项指标的取值，x'_{ijk} 为 x_{ijk} 的标准化数值，λ_j 为第 j 项指标权重，根据评价模型，具体计算公式如下：

$$\begin{aligned} U_{town,ik} &= \sum_{j=1}^{5} x'_{ijk}\lambda_j \sum_{j=1}^{5} \lambda_j = 1 \\ U_{agri,ik} &= \sum_{j=6}^{10} x'_{ijk}\lambda_j \sum_{j=6}^{10} \lambda_j = 1 \\ U_{eco,ik} &= \sum_{j=11}^{19} x'_{ijk}\lambda_j \sum_{j=11}^{19} \lambda_j = 1 \end{aligned} \quad (3.1)$$

本部分共选取 19 个衡量指标，考虑到指标类别过多，单位不统一造成的计算不准确，本书利用熵值法先进行数据的标准化处理。熵值法根据客观环境的原始信息为各指标赋权，可以避免主观偏误，是权重计算的重要方法。为更准确地反映各项指标权重的变化，本书计算每年每项指标权重。各年各指标权重计算的主要步骤为：

对数据进行标准化处理：

$$x'_{ijk} = (x_{ijk} - x_{j\min})/(x_{j\max} - x_{j\min}) \quad 正向指标 \quad (3.2)$$

$$x'_{ijk} = (x_{j\max} - x_{ijk})/(x_{j\max} - x_{j\min}) \quad 负向指标 \quad (3.3)$$

$\max(x_{j\max})$ 和 $\min(x_{j\min})$ 分别表示第 j 项指标的最大值和最小值。对指标进行非负处理，令 $p_{ijk} = x'_{ijk} + 0.01$，具体的面板数据熵值法过程如下：

确定指标占比 y_{ijk}：

第三章 国土空间经济活动的矛盾现状与格局演变

$$y_{ijk} = p_{ijk} / \sum_{i=1}^{30} \sum_{k=1}^{12} p_{ijk} \qquad (3.4)$$

计算熵值和变异系数：

$$e_j = -\frac{1}{\ln(360)} \sum_{i=1}^{30} \sum_{k=1}^{12} y_{ijk} \ln y_{ijk} \qquad (3.5)$$

$$g_{ij} = 1 - e_{ij} \qquad (3.6)$$

其中，e_{ij} 是熵值，若 $y_{ij}=0$，则定义 $\lim_{y_{ij}\to 0} y_{ij}\ln y_{ij} = 0$，$g_{ij}$ 是变异系数。

计算第 j 项指标在综合评价中的权重：

$$\lambda_j = \frac{g_{ij}}{\sum_{j=h}^{n} g_{ij}} \qquad (3.7)$$

当 $j=1, \cdots, 5$ 时，$h=1$，$n=5$；当 $j=6, \cdots, 10$ 时，$h=6$，$n=10$；当 $j=11, \cdots, 19$ 时，$h=16$，$n=23$，使得 $\sum_{j=1}^{5}\lambda_j = \sum_{j=6}^{10}\lambda_j = \sum_{j=11}^{19}\lambda_j = 1$。

基于耦合协调发展模型，城镇空间、农业空间和生态空间的协调发展程度计算公式如下：

$$D_{ik} = (C_{ik} \times T_{ik})^{1/2} \qquad (3.8)$$

其中，D_{ik} 为第 k 年区域 i 城镇空间、农业空间和生态空间的协调发展程度，C_{ik} 为第 k 年区域 i 城镇空间、农业空间、生态空间系统耦合度，T_{ik} 为第 k 年区域 i 城镇空间、农业空间、生态空间子系统总体发展指数。具体计算公式如下：

$$C_{ik} = \left\{ \frac{U_{town,ik} \times U_{agri,ik} \times U_{eco,ik}}{[(U_{town,ik} + U_{agri,ik} + U_{eco,ik})/3]^3} \right\}^{1/3} \qquad (3.9)$$

$$T_{ik} = \alpha_1 U_{town,ik} + \alpha_2 U_{agri,ik} + \alpha_3 U_{eco,ik} \qquad (3.10)$$

其中，α_1、α_2、α_3 分别为城镇空间、农业空间和生态空间子系统的重要程度系数，本书认为，三类国土空间同等重要，并令 $\alpha_1 = \alpha_2 = \alpha_3 = 1/3$。

三 国土空间经济活动格局的演变

本部分国土空间经济活动格局的演变按照以下思路进行分析：首先，按照国土空间分类，分别研究城镇空间、农业空间、生态空间经济活动的现状与时空趋势，具体分析我国国土空间上城镇空间经济发展和居民生活水平，农业生产和农民生活水平，生态环境保护、修复和资源储备程度的现状与变化情况。其次，按照城镇空间、农业空间、生态空间经济活动相协调的价值追求，分别研究国土空间经济活动协调度的时空变化和区域差异，以此得出国土空间经济活动格局的特征。以上分析过程为国土空间格局优化的必要性和紧迫性提供现实依据。

（一）国土空间经济活动变化的时空趋势

1. 国土空间经济活动变化的时间趋势

基于30个省（区、市）（西藏数据严重缺失）数据测算出我国国土空间上不同经济活动的指数，如图3-12所示。从总体发展指数来看，自2007年以来，我国国土空间范围内经济社会处于不断地发展之中，发展指数呈现上升趋势，2018年出现小幅下降。从不同国土空间经济社会的发展趋势来看，自2007年以来，农业生产和农民生活水平不断上升，特别是2012年以后，农业生产和农民生活水平发展速度增快，先后超过总体发展指数以及生态环境保护、修复和资源储备程度。我国始终重视农业农村工作，致力于推进农业现代化建设，2015年提出脱贫攻坚，极大地提升了农村居民的收入水平。城镇空间经济发展和居民生活水平变化趋势与三类国土空间中经济社会的总体发展趋势基本一致，由于城市化地区发展早，经济基础好，因此与自身基期相比表现出发展指数较低的特征。2018年，城镇空间经济发展和居民生活水平出现下降趋势。生态环境保护、修复和资源储备程度最高，2007—2017年发展趋势较为平稳，2018年大幅降低，这也是导致总体发展指数在2018年出现下降趋势的原因。从城镇空间经济发展和居民生活水平、农业生产和农民生活水平以及生态环境保护、修复和资源储备程度三条指数趋势线的变动来看，我国城镇空间、农业空间和生态空间范围内人们经济活动对国土空间的影响呈现不同的变动特征，农业生产和农民生活水平发展较好，城镇空间经济发展和居民生活水平呈现波动上升趋势，而生态环境保护、修复和资源储备程度呈现下降趋势，我国城镇空间、农业空间和生态空间呈现不协调发展现状。

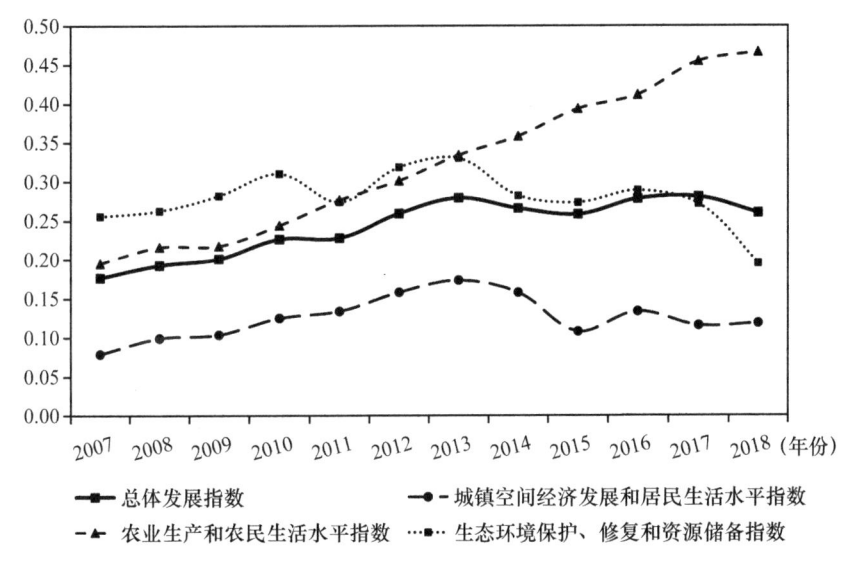

图3-12 2007—2018年我国国土空间经济活动相关指数变化

资料来源：根据EPS数据库整理而得。

城镇空间经济发展和居民生活水平指数在2007—2018年的研究期内呈现出不断上升的趋势，整体上波动较小。改革开放以来，我国城市经济发展迅速，特别是自2007年以来，城镇空间经济总量大幅增长。2007年全国城市市辖区人均生产总值为42474.98元，到2018年增长至107540.59元，是当年全国人均GDP的1.63倍，比2007年增长了近1.53倍。城市经济蓬勃发展，城市数量增加，城市群在整个国民经济中的战略地位不断提升。同时城镇化率快速上升，常住人口城镇化率从2007年的44.9%左右增长至2018年的59.58%。12年间我国城镇空间经济发展和居民生活水平快速提升，从宏观上看，离不开以下几个特征事实：首先，我国开展了持续不断的经济体制改革，这是提高全要素生产率的重要来源，释放了城镇空间的经济发展潜力。基本经济制度为城市经济发展奠定了坚实的基础，鼓励民营经济获得较大的发展，为城市经济发展注入了活力。除此之外，持续扩大对外开放，改革收入分配制度，完善现代市场经济体系、财税体系、金融体系等一系列改革提高了城市的资源配置效率，激发了巨大的人口红利，使得潜在的经济增长变为实际的高速增长。其次，中国近几十年的快速城市化与城市经济的巨大发展互为因果。① 我国在生育政策上实行严格的计划生育，由于人口基数大，自2007年以来人口总量依然很大，国家大力推进人口的城镇化成功兑现了人口红利，为城镇空间经济高速发展提供了必不可少的条件。但值得注意的是，我国经济虽然发展较快，但是计算得到的城镇空间经济发展和居民生活水平指数相比其他指数较低。这表明城市经济快速发展并不代表城镇空间经济和居民的生活水平就高，因为该指数中使用了人均GDP、城市的人口密度以及失业率等指标。众所周知，相比发达国家，我国的人均GDP仍然较低。城市人口密度指标反映了城市对人口的吸引能力，即使我国人口红利在不断地显现，但从该指数的测算结果来看，我国的城镇空间经济发展和居民生活水平综合情况不容乐观。

---

① 李天健：《中国城市经济发展70年：历史轨迹与特征化事实》，《经济学家》2019年第10期。

农业生产和农民生活水平指数较高,并且在研究期内得到快速的提升,这离不开新中国成立以来我国农业政策的一致性与不断完善以及商品关系的不断深化。1978年我国开始实行农村土地承包制,并一直延续至今,这对于稳定农村土地承包关系至关重要。在此基础上,国家农业农村政策也在不断完善,特别是在研究期内国家大力推进土地流转与规模化经营。"三权分置"成功地解决了规模化经营与土地承包关系之间的矛盾,小农经营体系受到较大冲击,同时土地经营权像商品一样在市场上流转。随着市场机制的成熟,农户由于缺乏市场信息,在市场交易中承受着越来越大的风险,导致农户被挤出农业生产领域,这为农户兼业和剩余劳动力进入城市打工奠定了基础。仍然留在农村的农户随着新型农业经营主体的出现逐渐分化,小部分农户成为大农,大部分无法维持现状的农户退回到小农状态,[①] 农业政策的转变和资本入乡的市场化推动着农业生产的逐渐转型和农村居民生活的改善。当然,贫困一直都是困扰我国农业农村发展的关键问题。国家及时提出"精准脱贫",使贫困居民加入到农业生产经营中,成功摆脱贫困的生活状态。政府关于惠农、强农、促进农业经济组织发展、完善农民进城就业等方面的政策以及商品关系不断深化的市场机制共同作用促使农业生产和农民生活水平指数的大幅提高。

生态环境保护、修复和资源储备指数在研究期内一直处于较高的位置,并且变化小、较平稳,但在2017年及以后出现了大幅度的下滑,该指数的这一变化特征与研究期内生态环境保护的制度设计和经济社会发展情况密切相关。我国幅员辽阔,资源丰富,生物多样性丰富,资源环境基础好,该指数处于较高的位置。但是随着经济的快速发展,之前的措施无法扭转长期积累的环境问题,新的问题又不断产

---

① 陈航英:《中国的农业转型——基于农村四十年发展历程的思考》,《南京农业大学学报》(社会科学版)2020年第3期。

生。能源资源束紧、资源对外依存度较高等问题依然困扰着我国，与发达国家相比，我国经过二十多年的发展就出现了发达国家经历百年工业化产生的环境问题，生态环境差距不仅成为我国与发达国家最大的发展差距，而且成为制约经济健康持续发展、人民生活质量、中华民族永续发展的重大障碍。面对上述严峻的现状，中国共产党将建设生态文明作为全面建设小康社会五大目标之一，又将生态文明建设纳入"五位一体"总体布局，提出建设生态文明必须建立系统完整的生态文明制度体系，将生态文明制度体系看成是国家治理体系和治理能力的重要体现等，为我国生态环境的保护和修复奠定了制度基础。经济发展进入新常态后，发展速度减慢，东部沿海地区也在不断地更新环保技术，修复生态环境。然而一些落后地区，如云南、贵州等地仍然保持着8%以上的高速发展态势，随之而来就是这些生态环境良好的地区也遭受了严重的生态破坏和环境污染，这对于全国生态环境和资源储备的影响十分重大，导致生态环境保护、修复和资源储备指数在2017年及以后出现大幅下滑。

2. 我国国土空间经济活动变化的空间趋势

为了反映城镇空间、农业空间和生态空间中经济社会发展指数的空间演变格局，本部分选取2007年、2011年、2015年和2018年我国城镇空间、农业空间和生态空间中的经济社会发展指数进行分析。本书使用ArcGIS自动分段功能将30个省（区、市）三类国土空间中的不同指数进行分组，由于西藏部分生态环境数据缺失严重，西藏所对应的数值设为0，即为缺失值。

（1）城镇空间经济发展和居民生活水平指数的空间演变

研究结果显示，2007—2018年，我国城镇空间经济发展和居民生活水平指数呈不断上升趋势。从空间分布来看，2007年，上海、广东和江苏城镇空间经济发展和居民生活水平指数最高，其次是北京、天津、浙江、辽宁、河北和青海等省（区、市），除青海外，指数较高的省（区、市）均处于东部沿海。河南和山东城镇空间经济发展和居民生活水平指数较高。我国中西部省（区、市）城镇空间经济发展和居民生活水平指数较低。2011年，城镇空间经济发展和居民生活水平指数超过0.3，上海、广东和江苏仍保持较高程度的发展，天津和辽宁发展较快，指数均超过0.2。发展较快的省（区、市）增加了四川、重庆，河北、青海两地的指数变化较小，但由于全国各地城镇空间经济发展和居民生活水平指数都在上升，导致两地的划分层级有所下降。城镇空间经济发展和居民生活水平发展较慢的省（区、市）仍集中于中西部地区。2015年，上海、广东仍是城镇空间经济发展和居民生活水平指数最高的地区，且发展指数超过0.4。天津、北京、江苏、浙江发展指数仅低于上海和广东，高于0.3。中部地区的河南、湖北、湖南、安徽，西部地区的重庆和东北地区的辽宁发展较快，其余中西部省（区、市）发展指数较低。2018年，城镇空间经济发展和居民生活水平指数最高的仍然是东部沿海省（区、市），其中上海和广东发展指数超过0.4。城镇空间经济发展和居民生活水平指数较高的省（区、市）除东部地区的山东外，河南、湖南、湖北、安徽均位于中部地区。我国西部城镇空间发展指数低于其他地区发展指数。

总体上，我国城镇空间经济发展和居民生活水平指数最高的省（区、市）集中于东部沿海地区。2007年、2011年西部地区省（区、市）发展指数较高，但随着东部地区的发展，西部省（区、市）与东部地区城镇空间发展差距越来越大，到2015年、2018年，西部地区城镇空间被划分进入发展指数较低的层级，而此时中部地区部分省（区、市）城镇空间经济发展和居民生活水平指数较高。我国城镇空间经济发展和居民生活水平呈现出上述空间差异，主要原因在于东部、中部、西部地区经济政策和地理区位的巨大差异。众所周知，改革开放之后，我国率先在东部地区实行了对外开放，因此其开发早、时间长、基础好，加之东部地区近海，有较强的地理区位优势，其经济发展快，吸引外资水平高。经济发展政策都在支持中部地区和西部地区大力发展，但两者的发展仍具有较大差异，这主要源于地理区位的影响。中部地区紧靠东部省份，在不断承接东部地区产业中获得较大发展，而西部地区受高原山地地形影响，地理环境复杂，不适宜集中连片的经济建设，同时距离东部省份较远，受东部地区经济辐射的范围很小，导致西部地区与东中部地区发展差异较大。

（2）农业生产和农民生活水平指数的空间演变

2007—2018年，我国农业生产和农民生活水平指数呈不断上升趋势，且发展指数最高的省（区、市）数量在逐渐增多。从空间分布来看，2007年，我国农业生产和农民生活水平指数处于最高层级的分别是中部地区的河南、东部地区的山东和东北地区的黑龙江，农业生产和农民生活水平指数较高的省（区、市）和发展指数较低的省（区、市）在四大区域中均有分布，但发展指数较低的省（区、市）仍然以西部地区为主。2011年，各省（区、市）农业生产和农民生活水平指数均有所提升，但相对来看，与2007年相比没有变化。从2007年和2011年我国农业生产和农民生活水平指数的空间分布来看，不同发展程度的省（区、市）在各区域均有分布，没有呈现向某一区域集中的特征。2015年，农业生产和农民生活水平指数最高的省（区、市）数量增多，发展程度最高的省（区、市）有东部地区的河北、山东、江苏，中部地区的河南以及东北地区的黑龙江，发展程度较高的省（区、市）主要分布于东北地区和长江中下游部分省份。2018年，各省（区、市）农业生产和农民生活水平指数均有所提升，但各省（区、市）相对数值大小与2007年基本一致。

从2015年和2018年我国农业生产和农民生活水平指数的空间分

布来看，发展指数较高的省（区、市）涵盖了13个粮食主产区。2007—2018年，农业生产和农民生活水平指数不断提升，发展指数高的省（区、市）不断增多，粮食主产区农业生产和农民生活水平指数均较高，发展指数层级最高的省（区、市）集中于长江以北的地区。主要原因在于，粮食主产区和长江以北的部分地区加强了对农村环境的整治，加快高标准农田建设，农业生产技术先进，产业园区和品牌建设好，堪称农业高质量发展的样板。广东、辽宁、湖北、湖南等指数较高的省份，与其经济发展水平、资源利用水平、科学技术水平有着密切的关系。但由于其农业农村发展长期面临着耕地资源不足、质量不高的困境，导致其发展指数有所降低。鉴于此，要不断调整农村劳动力的规模和结构，守住耕地数量和质量两条红线，确保财政支农专项资金投入的正确使用。[①] 导致山西、重庆、贵州、宁夏、海南、甘肃等省（区、市）指数较低的原因各不相同，主要包括自然环境、资源储备、基础设施建设、生产率差异、技术进步和推广等因素，这些地区应充分借鉴指数较高区域的经验，提高生产技术，学习管理经验，提高农业生产和农村居民生活水平。

（3）生态环境保护、修复和资源储备指数的空间演变

我国生态环境保护、修复和资源储备指数与城镇空间和农业空间中各指数呈不断上升趋势的特征不同，生态环境保护、修复和资源储备指数变动幅度较小。从空间分布来看，2007年，生态环境保护、修复和资源储备指数大于0.3的省（区、市）数量达到7个，主要分布于南方沿海、沿边省（区、市）。生态环境保护、修复和资源储备指数较高的省（区、市）也主要分布于长江流域以及东北地区的黑龙江和吉林。长江以北大部分省（区、市）发展指数较低。2011年，生

---

① 刘忠宇、热孜燕·瓦卡斯：《中国农业高质量发展的地区差异及分布动态演进》，《数量经济技术经济研究》2021年第6期。

态环境保护、修复和资源储备指数大于0.3的省（区、市）有所变动，重庆代替云南被划分为发展指数最高的地区。变动最大的是发展指数较高的省（区、市），这部分省（区、市）数量增多，并涉及各个区域。2015年，生态环境保护、修复和资源储备指数较高的省（区、市）分布于我国东部、中部、西部和东北地区各大区域，且数量最多。生态环境保护、修复和资源储备指数较低的省（区、市）数量减少，值得注意的是，东部地区仅有河北一地生态环境保护、修复和资源储备指数较低，这与河北是我国的工业大省密切相关。2018年，我国生态环境保护、修复和资源储备指数的分布变动较大，北京、山东、江苏和浙江发展指数最高。发展指数较高的省（区、市）分别是东部地区的河北、广东，中部地区的河南、湖北和安徽，然而随着西部大开发的推进，我国西部地区的青海、内蒙古生态环境遭到破坏，生态环境保护、修复和资源储备指数降低。生态环境保护、修复和资源储备指数较低的省（区、市）集中分布于西部地区和东北地区。

2007—2018年，我国生态环境保护、修复和资源储备指数空间变化巨大，指数较高的省（区、市）逐渐减少，生态环境保护、修复和资源储备指数呈现下降趋势，表明这一时期的保护环境、污染治理程度仍然较低，低碳发展、绿色经济等相关政策措施尚未取得明显成效，与所追求的生态环境目标仍有所差距。东部地区环境指数较高，表明东部地区开始重视生态环境恢复。可能的原因在于，改革开放以来我国集中发展东部沿海地区，这些地区的生态环境遭到严重破坏，受政策影响，东部沿海地区开始重视生态环境修复和治理。西部地区和东北地区生态环境破坏加重，与西部大开发、东北老工业基地振兴的推进以及西部、东北地区生态环境脆弱的现实相关。

(二) 国土空间经济活动协调度的时空趋势

1. 我国国土空间经济活动协调度的时间趋势

全国国土空间经济活动协调度较低，处于0.6以下。从全国整体水平来看，我国城镇空间、农业空间和生态空间经济活动协调度呈平稳上升趋势，2018年协调度下降。除东北地区外，其他三个地区国土空间协调度的时间趋势与全国变动一致，东北地区国土空间经济活动协调度在2011年以后呈现波动下降的趋势，变动程度较大，具有不稳定性。从各区域国土空间经济活动协调度来看，东部地区国土空间经济活动协调度最高，并在2013年以后协调发展速度高于全国平均协调发展速度。国土空间经济活动协调度高于全国平均水平的还有中部地区，变动趋势与协调发展速度与全国持平。2011年以前东北地区国土空间经济活动协调度与中部地区持平，均高于全国平均水平，2011—2014年东北地区国土空间经济活动协调度高于中部地区，2012年、2013年达到东部地区水平，2015年以后呈现波动下降趋势，并低于全国水平。协调度最低的是西部地区，研究期内均低于全国水平，就其自身来看，2007—2017年，西部地区经济活动协调度呈不断上升趋势，2018年与全国其他地区变动趋势相同，都出现下降趋势。

众所周知，东部地区经济率先发展并对生态环境造成了严重破坏，但数据显示东部地区国土空间经济活动协调度高于其他地区，最主要的原因在于本书对国土空间经济活动协调度的评价基础是城市经济发展、农业经济发展和生态环境破坏与治理的综合，而不仅在于对生态环境恢复、修复和治理的评价。众所周知，西部地区生态环境较好，但由于西部地区城市经济发展落后，"三农"问题突出，与较高的生态环境发展指数相比，城市和农村的发展指数较低，综合协调指数较低。而东部地区城市经济发展快，农业基础好，同时近年来十分重视生态环境的修复，承担着环保技术的研究开发任务，总体上表现出较高协调度。

由图3-13可以看出，2018年我国国土空间协调度之所以出现下降趋势，与西部地区和东北地区的大幅下降不无关系。2017年、2018年西部很多省（区、市）经济发展速度超过8%，而同时2018年工业生产固体废弃物、废水排放量呈上升趋势，东北三省经济发展速度虽较慢，但工业废水、废弃物排放量大量增加，导致西部地区和东北地区在2018年三类国土空间协调发展程度大幅下降，对全国平均水平也产生了较大影响。

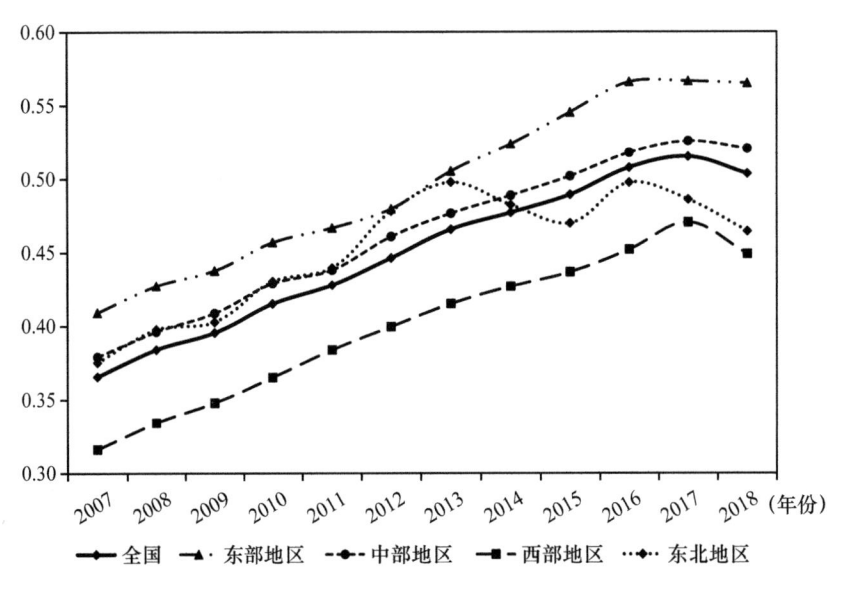

图3-13　2007—2018年我国国土空间经济活动协调度的时间趋势

2. 我国国土空间经济活动协调度的空间演变

为了更直观地反映国土空间经济活动协调度的空间格局演变情况，本部分选取2007年、2011年、2015年和2018年国土空间经济活动协调度进行分析。使用ArcGIS自动分段功能将30个省（区、市）城镇空间发展指数进行分组，由于西藏部分生态环境数据缺失严重，西藏所对应的数值设为0，即为缺失值。研究发现，2007—2018年我国国土空间经济活动协调度呈不断上升趋势。从空间分布来看，2007年，国土空间经济活动协调度最高的省（区、市）主要集中于东部沿海地区，包括江苏、河北、山东、广东等。协调度较高的省（区、市）主要是东部地区的上海、北京，中部地区的河南、湖南、湖北、安徽，西部地区的四川以及东北地区的辽宁。除山西外，国土空间经济活动协调度较低的省（区、市）均在西部地区。2011年，协调度最高的省（区、市）仍然集中于东部地区，协调度较低的省（区、市）仍以西部地区为主，受资源型经济结构影响的制约，山西仍是中部地区唯一协调度最低的省份。2015年，协调度较高的省（区、市）以沿海地区和长江流域为主，协调度较低的省（区、市）包括海南、资源型省份山西、贫困山区贵州以及经济发展落后、生态环境脆弱的新疆、青海、宁夏、甘肃、陕西。2018年，国土空间经济活动协调度较高的省（区、市）增多，以东部、中部省（区、市）为主，西部地区大部分省市、东北地区的吉林、中部地区的山西和东部地区的海南协调度较低。总体上，2007—2018年，各省（区、市）国土空间经济活动协调度呈上升趋势，协调度最高的地区一直以来以东部沿海为主，中部地区省（区、市）逐渐增多，东北地区处于较为协调的状态，相对协调发展度较低的省（区、市）一直以西部地区为主。

改革开放以来的30年间，我国以效率为导向的"非均衡"发展战略推动了北京、上海、深圳等东部沿海城市的快速发展，形成了珠三角、长三角、环渤海等经济核心区。东部地区经济基础雄厚，相对于中部、西部和东北地区，东部地区城镇居民和农村居民收入较高，但城乡居民收入差距仍不容忽视。在长期以经济增长为目标的发展方式下，东部地区生态环境受到严重污染，导致国土空间经济活动协调度整体不高。尽管如此，东部地区肩负着自主创新、节能环保、产业转型升级的重任，各省（区、市）在环境恢复与治理、节能环保技术创新等方面具有天然的优势，因此，东部地区国土空间经济活动协调度一直领先于其他地区。

中部地区是连接东部、西部的交通枢纽和物流中心，也是重要的农产品生产基地，中部地区的自然条件制约了各省对资源的开采利用，中部地区的产业以一二产业为主，农业空间发展较好，生态环境未受到严重破坏，但经济发展相对东部地区落后，国土空间经济活动协调度较高。随着中部崛起战略的推进，中部地区不断承接东部沿海地区产业，同时加大对装备制造业的研发投入，在保证农业生产生活有序开展以及生态环境逐步恢复的同时，提升工业化和城镇化水平，维持着城镇空间、农业空间和生态空间的协调有序发展。

与东部地区和中部地区相比，西部地区地势高，地形复杂，农产品播种面积少，产量和品质不高，农村居民生活水平差，收入较低，贫困人口多，农业空间发展落后。西部地区大部分省（区、市）处于长江、黄河等流域的上游，生态环境脆弱，开发不合理造成环境恶化。西部地区城镇空间基础设施落后，产业结构不合理，市场化和城镇化水平低，经济发展长期落后。随着西部大开发战略的推进，西部地区经济发展和生态环境均有所改善，脱贫攻坚工作大大提高了农村居民的收入水平，为农村居民提供了更多的就业机会。因此，即便西部地区国土空间经济活动协调度最低，但仍保持着持续上升的发展趋势。2017—2018年，西部地区部分省（区、市）经济发展速度加快，超过大部分东部、中部地区省（区、市），但从工业污染物排放量来看，西部地区排放量不仅绝对数高于全国平均水平，而且有逐渐增加的趋势，导致2018年国土空间经济活动协调度大幅降低。

东北地区由于其自身经济、社会、环境的特殊性，造成国土空间经济活动协调度具有不稳定性，时好时坏。东北平原面积占全国平原面积的三分之一以上，肥沃的黑土地为全国提供了大量优质的农产品，是我国重要的粮仓。随着市场需求的扩大，一些地区过分追求粮食单产，在没有先进技术的条件下，过分依赖化学农药，导致土壤性质改变，不仅不利于提高产量，还造成严重的水土流失等生态问题。东北地区是我国的老工业基地，在全面振兴老工业基地的背景下，东北地区产业结构依然偏重，技术创新能力弱。森林资源遭到严重破坏，城市河段的水资源污染严重，生态环境恶化。东北地区城镇空间、农业空间和生态空间割裂的发展特征，造成国土空间经济活动协调度低，没有形成稳定的发展趋势。

3. 我国国土空间经济活动协调度的区域差异

测度相对差距的常用方法包括基尼系数、对数离差均值和泰尔指数，三种指数分别对中等、低等、高等变化水平反应灵敏，因此本书采用上述三种方法来对比分析我国国土空间系统协调度的区域差异。

基尼系数（Gini coefficient）最初通过洛伦兹曲线来衡量，经过学者的一系列改进，现常被用于产业发展差异的测算中。测算地区差异使用最为广泛的计算公式如下：

$$Gini = \frac{1}{2n^2 \overline{Y}} \sum |y_i - y_j| \qquad (3.11)$$

其中，n 为区域个数，$\overline{Y}$ 为国土空间系统协调度的均值，y_i 和 y_j 分别为第 i 和第 j 区域的国土空间系统协调度。

对数离差均值（GE_0）和泰尔指数（GE_1）的计算公式如下：

$$GE_0(y) = \frac{1}{n} \sum_{i \in N} \ln \frac{\overline{Y}}{y_i} \qquad (3.12)$$

$$GE_1(y) = \frac{1}{n} \sum_{i \in N} \frac{y_i}{\overline{Y}} \ln \frac{y_i}{\overline{Y}} \qquad (3.13)$$

式（3.12）、式（3.13）中，n 为区域个数，$\bar{Y}$ 为国土空间系统协调度的均值，y_i 为第 i 个区域的国土空间系统协调度。

为了更直观地反映我国城镇空间、农业空间和生态空间协调发展度的区域差异，本部分首先对各省（区、市）国土空间系统协调度的相应指数进行计算，时间趋势如图 3-14 所示。可以看出三个指数的变动趋势大体相同，但指数计算结果存在一定的差异，对数离差均值和泰尔指数计算结果基本相同，基尼系数的计算结果远远高于对数离差均值和泰尔指数结果。计算结果显示，2007—2016 年，除 2010 年各省（区、市）国土空间经济活动协调度区域差异有小幅升高外，整体上是区域差异降低的变动趋势，即随着时间演化区域差异逐渐缩小。2017—2018 年，各省（区、市）国土空间经济活动协调度出现较大的差异，可能的原因在于，2017 年 1 月国务院印发《全国国土规划纲要（2016—2030）》。试点省份与非试点省份均加快探索"三区三线"的划定，同时抓紧落实生态文明体制改革，2017—2018 年，

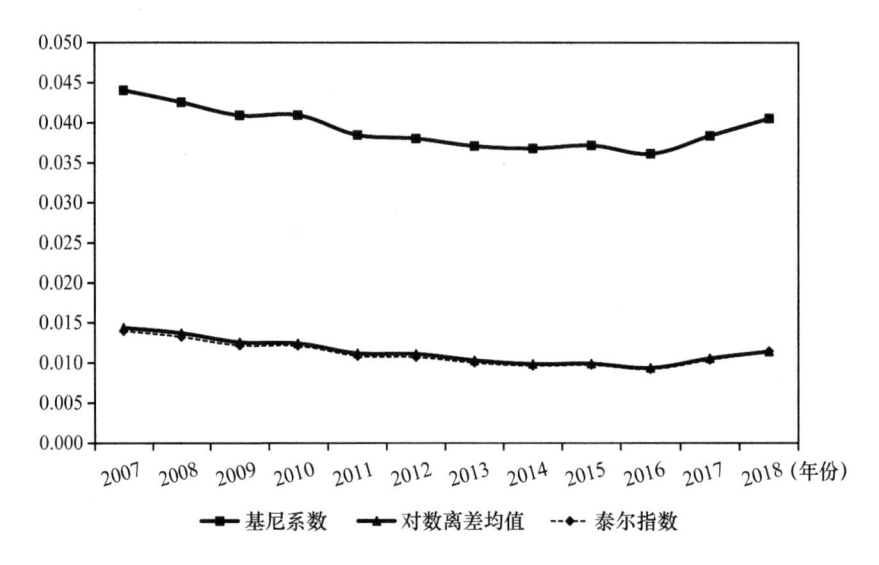

图 3-14　2007—2018 年我国国土空间经济活动协调度省际差异时间趋势

各省份在恢复生态，协调城乡布局，平衡城镇发展、生态保护和粮食生产的关系方面做出了较大的调整。由于各省（区、市）之间城镇空间、农业空间和生态空间发展基础各不相同，特别是在生态恢复方面，各省（区、市）省情不同、进度不同，导致2017—2018年30个省（区、市）三类国土空间协调发展度出现较大的区域差异。

从国土空间经济活动协调度的测算结果可以看出，我国东部、中部、西部与东北地区国土空间经济活动协调度呈现出不同特征，通过进一步对三种指数的对比分析，发现这种区域差异存在一定的时间演化趋势。为了进一步凸显四个地区差异的敛散性，本书对国土空间经济活动协调度进行敛散趋势检验，采用的指标是σ收敛检验，相应计算公式如下：

$$\sigma_t = \sqrt{n^{-1}\sum_{i=1}^{n}\{R_i(t) - [n^{-1}\sum_{k=1}^{n}R_k(t)]\}^2} \quad (3.14)$$

式（3.14）中，$R_i(t)$为第i个省（区、市）在t时期的国土空间经济活动协调度，$R_k(t)$为第k个省（区、市）在t时期的国土空间经济活动协调度，n为测算区域内省（区、市）的个数。定义$\sigma_{t+1}<\sigma_t$为国土空间经济活动协调度的区域差异呈收敛状态。若对于任意年份$t<s$，都有$\sigma_s<\sigma_t$，那么此时称国土空间经济活动协调度的区域差异呈现一致性σ收敛。

由图3-15中的敛散性结果可以看出，全国范围内，国土空间经济活动协调度区域差异整体上表现为发散。西部地区和东北地区由发散变为逐渐收敛，可能的原因是，两个地区内部大部分省（区、市）经济社会发展水平相近，生态环境恢复程度和速度相当，区域间处理城镇发展、粮食安全和生态环境之间关系的技术与路径的畅通，减少了西部地区和东北地区经济社会协调发展的技术瓶颈而加速收敛，推动了区域间经济环境协同发展收敛。东部地区和中部地区在2016年以后均出现不同程度的发散趋势，其主要原因在于，这两个地区内部的各个省（区、市）发展状况不同，发展水平相差较大，由于开发时间、产业结构、资源环境基础差异，部分省（区、市）生态恢复存在困境，路径依赖较为严重，影响整个区域的收敛状态。

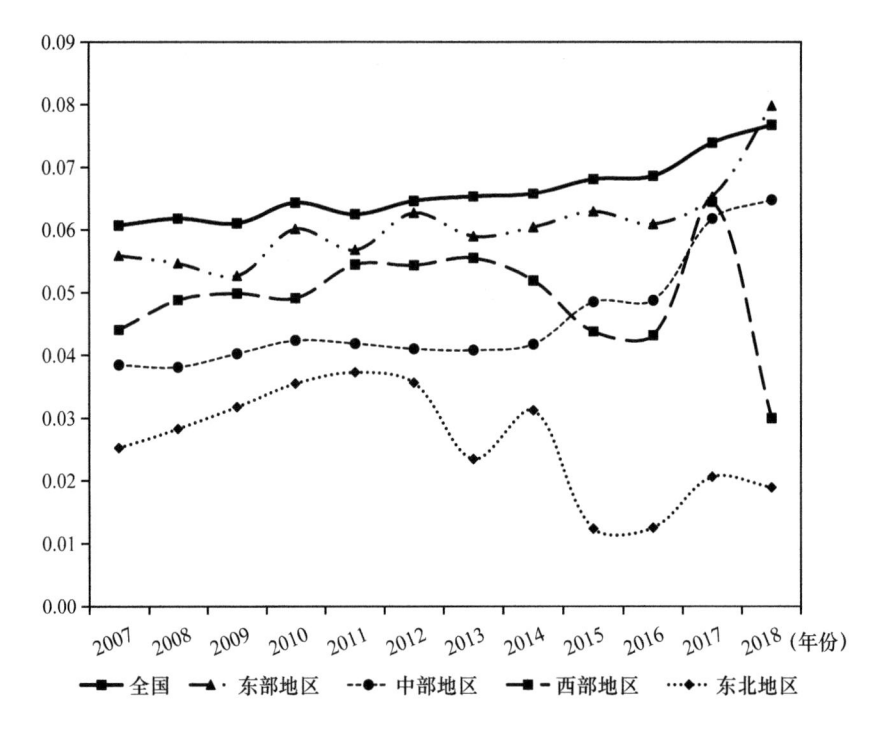

图 3-15　2007—2018 年我国国土空间经济活动协调度区域差异敛散性

四　国土空间经济活动格局演变的特征

通过对国土空间上经济活动的现状和变化趋势进行分析，可以发现我国国土空间上的经济活动呈现出以下特征：

农业生产和农民生活水平呈现不断上升的趋势，城镇空间经济发展和居民生活水平呈现波动上升趋势，而生态环境保护、修复和资源储备程度呈现下降趋势，我国国土空间经济活动呈现不协调发展现状。

城镇空间经济发展和居民生活水平最高的省（区、市）集中于东部沿海地区。农业生产和农民生活水平不断提升，发展指数高的省（区、市）不断增多，发展水平最高的省（区、市）集中于长江以北的地区。生态环境保护、修复和资源储备状况的空间变化巨大，指数较高的省（区、市）逐渐减少，东部地区开始重视生态环境恢复，西部地区和东北地区生态环境破坏加重。从空间变化来看，我国城镇空间、农业空间、生态空间经济社会发展水平较高的区域不一致，国土空间经济活动不协调。

从国土空间经济活动协调度来看，全国国土空间经济活动协调度较低，处于0.6以下，但总体上呈平稳上升趋势，2018年经济活动协调度下降。2007—2018年，协调度最高的省（区、市）以东部沿海地区为主，中部地区省（区、市）逐渐增多，东北地区处于较为协调的状态，协调度较低的省（区、市）一直以西部地区为主。全国范围内，随着时间推移国土空间经济活动协调度的区域差异在逐渐缩小，但这种区域差异呈现发散状态。

第三节 本章小结

随着居民生活水平的提高和生态文明建设不断推进，居民对生态产品和服务的需求越来越高，但在市场机制发挥作用的过程中，由于市场失灵，我国生态环境整体上处于恶化状态，部分区域处于改善状态，生态环境恢复能力远远低于破坏速度。具体表现为：资源承载力下降和环境污染的负外部性，如资源短缺问题突出、传统的经济发展方式对生态环境造成严重破坏和环保技术创新不足。市场信息不完全导致农产品市场供求不平衡，表现为：在总量上，市场需求旺盛的部分农产品进口依存度高；在结构上，我国农产品供给侧问题较为明显；在价格上，我国农产品生产成本高，价格高于国际市场。同时农业技术供给严重不足。

政府直接代替市场配置土地资源导致城镇空间挤占农业空间和生态空间。城市建设用地快速扩张，各土地利用类型均存在不同程度的城市化趋势。政府忽视市场失灵导致资源配置低效率，如生态产品和服务产权残缺，导致投入与产权比严重失衡，自然资源利用效率较低。政府忽视农产品市场信息不完全，对农业经济主体的信息获取管理不够精细化，导致农产品供求失衡。

农业生产和农民生活水平呈现不断上升趋势，发展水平最高的省（区、市）集中于长江以北地区。城镇空间经济发展和居民生活水平呈现波动上升趋势，水平最高的省（区、市）集中于东部沿海地区。而生态环境保护、修复和资源储备程度呈现下降趋势，指数较高的省（区、市）逐渐减少。我国国土空间经济活动呈现不协调发展现状。从国土空间经济活动协调度来看，全国国土空间经济活动协调度较低，但总体上呈平稳上升趋势，2018年经济活动协调度下降。随着时间推移国土空间经济活动协调度区域差异在逐渐缩小，但这种区域差异呈现发散状态。

第四章 国土空间格局优化的理论机制

国土空间格局优化是在我国社会主义市场经济制度之下展开的，市场对资源配置的决定性作用是从政府与市场的关系出发研究国土空间格局如何优化的问题的关键。通过分析国土空间中微观主体的经济活动，得出国土空间格局优化的方式，使政府和市场配置资源的作用具有微观基础，具有重大理论和现实意义。本部分考虑不完全竞争的市场结构，消费主体与生产主体在不完全竞争市场中可以出现多样性偏好、规模收益递增等状态。[①] 基于此，本章重点考察在不完全竞争市场结构下，生产者考虑交易成本，消费者实现效用最大化时我国国土空间的区位关系、国土空间上经济活动的协调以及国土空间格局优化中的市场机制和政府行为。

第一节 市场配置资源下国土空间格局优化的一般均衡

一 国土空间区位维持和锁定

（一）基本假设

一个一维空间内，存在一个线性经济体，人口和经济活动都沿线

---

① 安虎森主编：《空间经济学原理》，经济科学出版社2005年版。

分布。经济体中存在三类国土空间：城镇空间、农业空间和生态空间。其中，城镇空间存在生产制成品的厂商，每种制成品由一个垄断厂商生产，各个厂商生产产品的能力也是有差异的。在标准化情况下，产品的人均消耗为常数；农业空间生产农产品，农业在空间内均匀分布；生态空间生产制成品所需的原材料，并且在空间内均匀分布。

假定每生产一单位制成品需要一单位原材料，单位产品和原材料的单位距离运输成本为 τ。生产具有固定的边际成本 c。每一个厂商可以选择他所愿意拥有的工厂数量，但是，每多建一个工厂都要支付一个固定成本 F。由于固定成本相对较高，为降低固定成本，假设每个厂商只建立一个工厂，而边际成本同固定成本一样都是一定的，所以生产成本与厂商选址设厂无关，但运输成本却是不同的。

假定单位为 1 的人口等距离分布在一条线上，其中，有 μ 份额的人口位于城镇空间，从事制造业，消费的制成品份额也为 μ。农业空间的人口份额为 $1-\mu$，消费的制成品份额也为 $1-\mu$。

（二）国土空间布局中的区位关系

1. 城镇空间区位维持和锁定

图 4-1 (a) — (d) 是工厂区位和城镇空间之间关系的简单示意图。为简化分析，图中线性经济体的分布长度为 1，s 为工厂位置，r 为城镇空间区位，e 为生态空间区位，剩余区位表示农业空间。

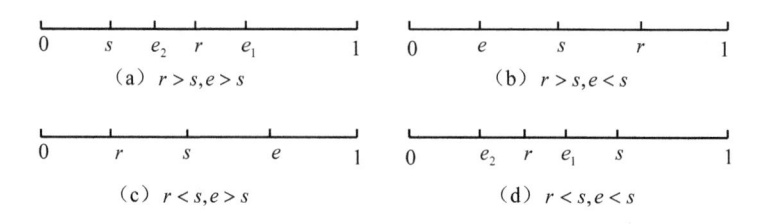

0　s　e_2　r　e_1　　1	0　e　　s　　　r　　1
(a) $r>s, e>s$	(b) $r>s, e<s$
0　　r　　s　　　e　1	0　e_2　r　e_1　　s　1
(c) $r<s, e>s$	(d) $r<s, e<s$

图 4-1　工厂区位与城镇空间关系示意图

第四章 国土空间格局优化的理论机制

首先，假定 s 位于 0 与 1 的中间位置，因此将一定数量的产品从 s 运到西部与东部的距离分别为 $s/2$、$(1-s)/2$，相应的运输成本为 $(1-\mu)\tau s^2/2$ 与 $(1-\mu)\tau(1-s)^2/2$。其次，消费者在城镇中的距离小于等于 $|r-s|$，消费 μ 份额的产品，因此将产品运到城镇中的消费者处的成本为 $\mu\tau|r-s|$。产品运输成本为：

$$TC_{\text{产品}} = \tau\left\{\frac{1-\mu}{2}[s^2+(1-s)^2]+\mu|r-s|\right\} \quad (4.1)$$

生态空间为工厂提供原材料，运输距离为 $|e-s|$，原材料的运输成本为 $[\mu+(1-\mu)]|e-s|\tau$，厂商的运输总成本为：

$$TC = \tau\left\{\frac{1-\mu}{2}[s^2+(1-s)^2]+\mu|r-s|+|e-s|\right\} \quad (4.2)$$

根据城镇区位在歧点处的条件，建立一个函数讨论城镇空间的范围。当 $s=r$ 时，对 s 求导，进而求从两端向中心城镇的运输成本。

如图 4-1（a）、图 4-1（b）所示，当 $r>s$，$e>s$ 和 $r>s$，$e<s$ 时，分别得到：

$$\frac{\partial TC}{\partial s} = \tau[r(1-2\mu)-1] \quad (4.3)$$

$$\frac{\partial TC}{\partial s} = \tau[r(3-2\mu)-1] \quad (4.4)$$

若位于区域地理中心东侧的城镇已经为均衡，则厂商向城镇方向移动无法取得更多收益。此时，式（4.3）、式（4.4）均为负。同时，$r<\dfrac{1}{3-2\mu}$。

如图 4-1（c）、图 4-1（d）所示，当 $r<s$，$e>s$ 和 $r<s$，$e<s$ 时，分别得到：

$$\frac{\partial TC}{\partial s} = \tau[r(1-2\mu)-1+2\mu] \quad (4.5)$$

$$\frac{\partial TC}{\partial s} = \tau[r(3-2\mu)-1+2\mu] \quad (4.6)$$

若位于区域地理中心西侧的城镇已经为均衡,则厂商向城镇方向移动无法取得更多利益。此时,式(4.5)、式(4.6)均为正。同时,$r > \dfrac{1-2\mu}{3-2\mu}$。

因此,得到城镇空间范围为:

$$\frac{1-2\mu}{3-2\mu} < r < \frac{1}{3-2\mu},\ (0 < \mu < 1) \qquad (4.7)$$

由以上推导可知,城镇空间的区位受到工业品消费份额的影响,工业品消费份额在经济学中代表城镇空间的市场规模。也就是说,城镇空间范围受其自身市场规模的影响。在效率不变的情况下,企业为寻求劳动力和消费者,扩大市场规模,不断挤占周边的农业空间和生态空间,形成"摊大饼"式的城市发展模式。划定城镇空间边界,提升城市对人口和产业的集聚效率,高效利用城镇空间土地资源,在有限的空间范围内,提高企业生产能力和居民消费能力,实现企业利润,提高居民生活水平。

2. 农业空间与生态空间区位关系

为了使接下来的研究更加直观,对以上假设进行拓展:第一,将线性经济体的长度设置为无限长。第二,农民在农业空间均匀分布,且人口分布密度为 d。第三,所有的制造业都集中在城镇空间,即中心区位 0。随着人口的不断增长,厂商为了降低产品和原材料的运输成本,可以选择在远离城镇中心,接近消费者或原材料供应地的区域进行重新选址。

图 4-2 表示的是农业空间处于城镇空间和生态空间中部位置时,厂商为了降低运输成本,将新工厂建在农业空间中的情形。图中,0 是已存在的城镇空间,在建立新工厂之前,城镇向整个农业空间供制成品。0 到 a 是农业空间范围,a 到 e 是生态空间范围。如果厂商选择在农业空间的区位 s 建立新工厂,那么仅有 0 到 $s/2$ 范围内的农民

需求由城镇空间来满足,而新的工厂将满足 $s/2$ 到 a 范围内的农民需求。

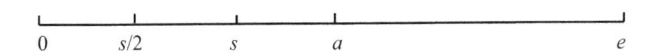

```
├────┼────┼────┼────────────────┤
0   s/2   s    a                e
```

图 4-2 农业空间居中且新工厂建于农业空间的区位图

0 到 $s/2$ 范围内的农民需求——由城镇空间来满足,运输的平均距离是 $s/4$;

$s/2$ 到 s 范围内的农民需求——由新工厂来满足,运输的平均距离是 $s/4$;

s 到 a 范围内的农民需求——由新工厂来满足,运输的平均距离是 $(a-s)/2$。

因此,产品的运输成本为:

$$TC_{产品} = \tau d \left[\frac{s^2}{4} + \frac{a-s^2}{2} \right] \tag{4.8}$$

城镇空间的原材料运输成本是 $\tau d \frac{s}{2} \left[\frac{e-a}{2} + a \right]$,新工厂的原材料运输成本是 $\tau d \left(a - \frac{s}{2} \right) \left[\frac{e-a}{2} + a - s \right]$,因此,得到厂商的运输总成本为:

$$TC = \tau d \left\{ \frac{s^2}{4} + \frac{(a-s)^2}{2} + \frac{s}{2} \left[\frac{e-a}{2} + a \right] + \left(a - \frac{s}{2} \right) \left[\frac{e-a}{2} + a - s \right] \right\}$$
$$\tag{4.9}$$

对式(4.9)求导,可以得到当 $s=4a/5$ 时厂商的运输成本最小,也就是说,如果厂商选择新建工厂,则要选择距离农业空间边界 4/5 处的区位。

如果没有新建工厂,则所有农民的制成品需求均由城镇空间来满足,产品的运输成本是 $\tau d \frac{a^2}{2}$,原材料的运输成本是 $\tau d \frac{a}{2} \left[\frac{e-a}{2} + a \right]$,

运输的总成本是 $\tau d \frac{3a^2+ea}{4}$。新建工厂之后，产品的运输成本是 $\tau d \frac{9a^2}{50}$，原材料的运输成本是 $\tau d \frac{3a}{5}\left[\frac{e-a}{2}+\frac{a}{5}\right]$，运输的总成本是 $\tau d \frac{3ea}{10}$，运输成本节约了 $\tau d \frac{15a^2-ea}{20}$。但新建工厂需要固定成本 F，因此不在农业空间建立新工厂的条件为：

$$\tau d \frac{15a^2-ea}{20} < F \qquad (4.10)$$

图4-3说明了当农业空间位于城镇空间和生态空间中间时，厂商将新工厂建立在生态空间时的运输成本的问题。此时，0到 $s/2$ 范围内的农民需求——由城镇空间来满足，运输的平均距离是 $s/4$，运输成本是 $\tau d \frac{s^2}{8}$；$s/2$ 到 a 范围内的农民需求——由新工厂来满足，运输的平均距离是 $\frac{a-s/2}{2}+s-a$，运输成本是 $\tau d \left(a-\frac{s}{2}\right)\left[\frac{a-s/2}{2}+s-a\right]$。城镇空间的原材料运输成本是 $\tau d \frac{s}{2}\left[a+\frac{e-a}{2}\right]$。假设原材料平均分布在生态空间，当工厂建于生态空间时，材料的运输成本为0。因此，工厂的运输总成本是：

$$TC = \tau d\ (e+5a-2s) \qquad (4.11)$$

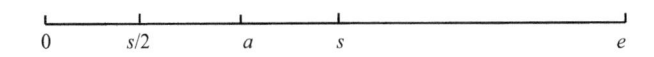

```
0      s/2      a      s              e
```

图4-3 农业空间居中且新工厂建于生态空间的区位图

由于总成本的二阶导数小于零，存在极大值，因此这种情形下厂商不会建立新的工厂。

图4-4说明了当生态空间位于城镇空间和农业空间中间时，厂

商将新工厂建立在生态空间以降低运输成本的问题。e 到 a 范围内农民的产品需求由新建工厂满足,运输的平均距离是 $\frac{a-e}{2}+(e-s)$,产品的运输成本是 $\tau d(a-e)\left[\frac{a-e}{2}+e-s\right]$。原材料的运输成本为 0。因此,运输的总成本是:

$$TC=\tau d(a-e)\left[\frac{a-e}{2}+e-s\right] \qquad (4.12)$$

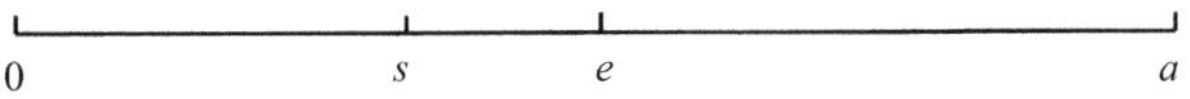

图 4-4 生态空间居中且新工厂建于生态空间的区位图

可以得到运输成本最小化的区位为 $s=e$,即将工厂建于生态空间与农业空间的边界处。没有新建工厂时,产品的运输成本是 $\tau d(a-e)\left[e+\frac{a-e}{2}\right]$,原材料的运输成本是 $\tau d\frac{e(a-e)}{2}$。新建工厂之后,产品的运输成本是 $\tau d(a-e)\left[\frac{a-e}{2}+e-s\right]$,原材料的运输成本是 0。运输成本节约了 $\tau d\left[\frac{3e(a-e)}{2}\right]$,新建工厂的固定成本为 F,因此不在生态空间建立新工厂的条件为:

$$\tau d\left[\frac{3e(a-e)}{2}\right]<F \qquad (4.13)$$

图 4-5 说明了当生态空间位于城镇空间和农业空间中间时,厂商将新工厂建立在农业空间以降低运输成本的问题。e 到 s 范围内农民的需求由新工厂满足,运输的平均距离是 $\frac{s-e}{2}$,运输成本是 $\tau d\frac{(s-e)^2}{2}$。a 到 s 范围内农民的产品需求由新建工厂满足,运输的平均

距离是 $\frac{s-e}{2}$，运输成本是 $\tau d \frac{(a-s)^2}{2}$，产品的运输成本是 $\tau d \left[\frac{(s-e)^2}{2}+\frac{(a-s)^2}{2}\right]$。原材料的运输成本是 $\tau d(a-e)\left[\frac{e}{2}+s-e\right]$。因此，工厂的运输总成本是：

$$TC = \tau d \left\{\frac{(s-e)^2}{2}+\frac{(a-s)^2}{2}+(a-e)\left[\frac{e}{2}+s-e\right]\right\} \quad (4.14)$$

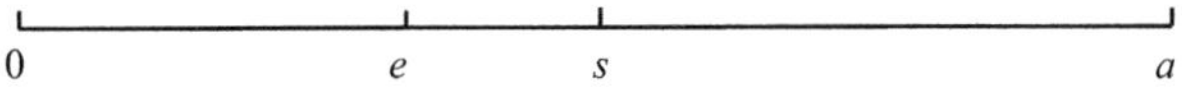

```
0           e        s                    a
```

图 4-5　生态空间居中且新工厂建于农业空间的区位图

可以得到运输成本最小化的区位为 $s=e$，即将工厂建于生态空间与农业空间的边界处。没有新建工厂时，产品的运输成本是 $\tau d(a-e)\left[e+\frac{a-e}{2}\right]$，原材料的运输成本是 $\tau d \frac{e(a-e)}{2}$。新建工厂之后，产品的运输成本是 $\tau d \frac{(a-e)^2}{2}$，原材料的运输成本是 0。运输成本节约了 $\tau d \left[\frac{3e(a-e)}{2}\right]$，新建工厂的固定成本为 F，因此不在农业空间建立新工厂的条件为：

$$\tau d \left[\frac{3e(a-e)}{2}\right] < F \quad (4.15)$$

由以上农业空间和生态空间区位关系的分析可知，农业空间和生态空间之间的区位关系受企业建厂的固定成本、运输成本和农民人口密度的影响。企业建厂的成本较高，农业空间和生态空间才不会被轻易挤占，因此，资本密集型和技术密集型企业越多，城镇空间开发效率越高，农业空间和生态空间越有保障。农民人口密度越大，农业生产生活需要的空间越大，人多地少的矛盾越突出，不利于耕地保护，也可能挤占生态空间，因此，降低农业空间人口密度，引导人口向城镇空间集聚十分必要。

二 消费者和生产者行为

（一）基本假设

根据传统的 D-S 模型，本节构建了一个三地区、三部门、单要素扩展的 D-S 模型。该模型的优点在于，在讨论收益递增现象起重要作用时，突破了外部性起作用的前提，即经济活动在某一空间内集聚，而是考虑了不完全竞争的市场结构，允许企业具有规模报酬递增的生产函数。为了便于讨论，提出如下假设：存在一个三地区组成的经济体，城镇空间（地区1）为居民提供生活生产空间，主要开展城镇建设、工矿建设等活动，向社会提供制成品。农业空间（地区2）主要提供农业生产生活空间，向社会提供农产品（种植作物）。生态空间（地区3）向城镇空间的工厂提供生产最终产品所需的中间产品（原材料），同时向社会提供景观绿化、生态防护等生态服务。三部门分别是：(1) 制造业部门（M），生产的产品为差异化工业制成品，雇佣的劳动力数量为 L_1，生产制成品需要固定投入 F 单位的劳动力，每多生产一单位制成品需要的可变投入为 a_M 单位的劳动力，可以得到制造行业中相应企业的成本为 $\omega_1(F+a_M x)$，式中 x 代表产出，ω_1 代表工资。由于厂商所在的市场结构是垄断竞争，规模报酬递增。制成品在城镇空间中交易不存在运输成本，但产品和原材料的跨区域交易是有运输成本的，如果需要跨区域销售 1 单位本地产品，则需要运输 τ（$\tau \geq 1$）单位产品才能保证销售量。p 表示企业在城镇出售制成品的价格，p^* 表示企业在农村出售制成品的价格，$p^* = \tau p$。(2) 农业部门（A），农民人口包括农业劳动力（L_2）和生态产业劳动力（L_2），农业部门使用农业劳动力生产同质农产品，a_A 表示农业生产中，每产出一单位所需求的劳动力数量，ω_2 表示相应的工资。农产品交易无成本，市场结构为完全竞争和规模报酬不变。(3) 生态部门 (E)，使用生态产业劳动力 (L_2) 进行差异化生态产品生产，以生态资源的种类作为生态产品的部门类别，以生态产品作为制成品的中间投入品。假定存在中间厂商，且中间厂商生产函数具有规模报酬递增的性质。在生产生态产品过程中需要进行固定投入与变动投入，假定相应单位的投入分别需要的劳动力为 α 单位与 β 单位，ω_3 代表工资，x 代表产量。生态部门同时提供生态服务，为简化计算，根据生态价值评估的实际市场法，① 假定生态服务的收益为社会付费 $\frac{C^{1-\eta}}{1-\eta}$，$\eta$ 是相对风险回避度。模型中农业空间和生态空间之间的经济联系被简化，生态空间中生态服务的收益一部分来自农业空间创造的价值总量，生态空间提供的清洁水资源，防风固沙等对农作物有保护作用的生态服务对农业空间农作物生产具有促进作用。

(二) 消费者行为

代表性消费者的效用函数可以写成如下形式：

$$U = C_M^\mu C_A^{1-\mu},$$

$$C_M = \left[\int_{i=0}^{n} c_i^\rho di\right]^{1/\rho} = \left[\int_{i=0}^{n} c_i^{(\sigma-1)/\sigma} di\right]^{\sigma/(\sigma-1)}, (0 < \mu, \rho < 1, \sigma > 1)$$

(4.16)

其中，C_M 为有差别的制成品相组合的消费；C_A 为农业空间中相关产品的消费；n 为产品种类数量，即城镇企业数量；μ 表示可支配收入在制成品上的支付份额；c_i 为消费者对第 i 种制成品的消费数量。消费者对不同商品的主观偏好程度的大小用 ρ 表示。ρ 的取值范围在 0 到 1 之间，ρ 的取值越靠近 0 表明消费者的多样性偏好越弱。CES 效用函数中消费者的替代弹性用 σ 表示，$\rho = (\sigma - 1)/\sigma$。

---

① 沈满洪主编、高登奎副主编：《生态经济学》，中国环境科学出版社 2008 年版。

若用 p_i 表示第 i 种制成品的价格,则消费者最小化的支出可以表示为:

$$\min_{c_i} \int_{i=0}^{n} p_i c_i di$$

$$\text{s.t.} \ C_M = \left[\int_{i=0}^{n} c_i^\rho di\right]^{1/\rho} \quad (4.17)$$

建立拉格朗日函数,得到消费者对第 i 种制成品和第 j 种制成品的消费决策:

$$p_i = \lambda C_M^{1-\rho} c_i^{\rho-1}, \ p_j = \lambda C_M^{1-\rho} c_j^{\rho-1} \quad (4.18)$$

将代表消费决策的式(4.17)、式(4.18)代入最初设置的成本最小化约束中,得到消费者需求函数和消费者对制成品的总支出:

$$c_j = \frac{p_j^{1/(\rho-1)}}{\left[\int_{i=0}^{n} p_i^{1/(\rho-1)}\right]^{1/\rho}} C_M \quad (4.19)$$

$$\int_{i=0}^{n} p_i c_i di = \left[\int_{i=0}^{n} p_i^{\rho/(\rho-1)} di\right]^{(\rho-1)/\rho} C_M \quad (4.20)$$

式(4.20)可以理解为:消费者购买的制成品组合的数量为 C_M,等号右边第一个式子代表了消费者对制成品的单位支出,两者构成制成品的价格指数,用公式表示为:

$$P_M = \left[\int_{i=0}^{n} p_i^{\rho/(\rho-1)} di\right]^{(\rho-1)/\rho} = \left[\int_{i=0}^{n} p_i^{1-\sigma} di\right]^{1/(1-\sigma)} \quad (4.21)$$

制成品价格指数在后文经常用到,为方便起见,定义 $\Delta n = \left[\int_{i=0}^{n} p_i^{1-\sigma} di\right]$,这样 $P_M = (\Delta n)^{1/(1-\sigma)}$。

若用 p_A 表示农产品价格,消费者可支配收入用 Y 来表示,消费者效用最大化问题可以表示为:

$$\max U = \max_{C_M, C_A} C_M^\mu C_A^{1-\mu}$$

$$\text{s.t.} \ P_M C_M + p_A C_A = Y \quad (4.22)$$

该最大化问题的解可以写成:

$$C_M = \mu Y/P_M, \quad C_A = (1-\mu)Y/p_A \quad (4.23)$$

式（4.23）分别是农产品和某制成品价格和需求量之间的关系，即需求函数。将式（4.23）第一个式子改写成 $C_M P_M = \mu Y$，式中 Y 为可支配收入，假设居民没有储蓄，收入等于水平。那么 $C_M P_M = \mu Y$ 就表明 μ 是消费者对制成品的支出占总支出的比重，$(1-\mu)$ 则为消费者对农产品的支出比重。

（三）最终产品生产者行为

厂商生产第 i 种差异化产品的利润函数为：

$$\pi_i = p_i x_i - \omega_1 (F + a_M x_i) \quad (4.24)$$

根据本模型假设，收入水平与支出水平相等。通过上文的模型推导，得到制成品的需求函数和价格指数。根据以上信息，得到差异化制成品的产量（总需求）为 $x_i = \mu E \dfrac{p_i^{-\sigma}}{\Delta n}$。

根据利润函数，建立如下拉格朗日方程：$\pi_i = p_i x_i - (F\omega_1 + \omega_1 a_M x_i) + \lambda(x_i - \mu E \dfrac{p_i^{-\sigma}}{\Delta n})$，分别对 x_i 和 p_i 求导，得到 $p_i = \omega_1 a_M/(1 - 1/\sigma)$，可以看出产品价格与产品种类无关，因此可以把下标 i 去掉，则：

$$p = \omega_1 a_M / (1 - 1/\sigma) \quad (4.25)$$

本模型的基本假设是不完全竞争的市场结构，企业在各自产品的生产中都具有一定的垄断能力，同时厂商面对的消费者市场结构为完全竞争市场，这种情况下，厂商无法按照垄断市场制定价格。厂商需要按照利润最大化原则，使用成本加成定价方法，而在这种定价方法下，每个企业只能实现利润为零的短期市场均衡，由此得到的企业规模为：

$$x = (\sigma - 1) F/a_M \quad (4.26)$$

（四）中间产品生产者行为

假定某部门中存在 N 个不同的企业生产 N 种不同的中间产品。最终产品的生产函数表示为 $Y = \left[\sum_{i=1}^{N}\varphi(i)^{(\theta-1)/\theta}\right]^{\theta/(\theta-1)}$，该函数属于固定替代弹性形式，$\theta$ 为中间投入品的替代弹性。Y 为这一生产部门最终产品的产出，$\varphi(i)$ 为在生产第 i 种最终产品时中间品的投入量。

在 D-S 框架下进行讨论，中间投入品规模报酬递增的生产函数可以表示为：

$$l(i) = \alpha + \beta\varphi(i) \tag{4.27}$$

式（4.27）为生产中间产品 i 需要投入的劳动力数量，α 为固定投入产生的成本，β 为每生产一单位中间产品需要投入的劳动力，即边际成本。假定在每种中间产品的生产中都有 $\alpha = \beta$，第 i 种中间产品的价格为 $\bar{p}$，那么企业利润可以表示为 $\pi_i = \bar{p}_i\varphi(i) - \omega_3 l(i)$。

中间产品成本最小化问题为 $\min\limits_{\varphi(i)} = \bar{p}(i)\varphi(i)$，约束条件由最终产品的生产函数给出。通过求解拉格朗日函数，得到部门对第 i 种中间投入品的需求函数：

$$\varphi(i) = \lambda^{\theta} Y \bar{p}(i)^{-\theta} \tag{4.28}$$

式（4.28）表示在既定的最终产品产出 Y 的生产中，该部门对中间产品的需求与该中间产品价格之间的关系，即条件要素需求函数，λ 为拉格朗日乘子。

中间产品企业利润最大化问题可以表示为 $\max\pi(i) = \max\limits_{\varphi(i)}\{\bar{p}(i)\varphi(i) - \omega_3[\alpha + \beta\varphi(i)]\}$，约束条件由式（4.35）给出，通过求解拉格朗日函数得到企业最优定价：

$$\bar{p}(i) = \theta\beta\omega_3 / (\theta - 1) \tag{4.29}$$

三 微观主体经济活动的短期均衡

(一) 微观主体经济活动短期均衡价值量

由上部分推导出的消费者对制成品的需求函数,可以得到城镇居民对某种制成品的需求函数为 $c_i = \mu E \dfrac{p_i^{-\sigma}}{\Delta n}$,$E = \omega_1 L_1$。企业对城镇居民的销售价格为 $p = \dfrac{\sigma}{\sigma-1} a_M \omega_1$,对农民的销售价格为 $p^* = \dfrac{\sigma}{\sigma-1} \tau a_M \omega_1$,均衡时企业规模都相等,即 $x = \dfrac{(\sigma-1)F}{a_M}$。代表性企业雇用的工人劳动力总量为 $F + a_M x = \sigma F$,因此均衡时城镇空间的企业数量为 $n = \dfrac{L_1}{\sigma F}$。

城镇空间代表性企业的产出量为 x,价格为 p,以产量和价格为基础的总收益为 $r_1 = px$,企业的该项收益以产品销售和市场出清为前提,即 $px = pc + p^* c^*$。其中,c 和 c^* 分别为城镇居民消费量和农民消费量。由于存在区域间的运输成本,企业的实际产出量为 $x = c + \tau c^*$。由企业产品的总需求函数 $c = \mu E \dfrac{p^{-\sigma}}{\Delta n}$,$c^* = \mu E \dfrac{(\tau p)^{-\sigma}}{\Delta n}$,可以得到:

$$\begin{aligned} r_1 = px = p(c + \tau c^*) &= p\left[\mu E \dfrac{p^{-\sigma}}{\Delta n} + \mu E \dfrac{(\tau p)^{-\sigma}}{\Delta n}\tau\right] \\ &= \mu E \dfrac{p^{1-\sigma}}{\Delta n} + \mu E^* \dfrac{(\tau p)^{1-\sigma}}{\Delta n} \end{aligned} \quad (4.30)$$

根据定义,$\Delta n = \int_0^n p^{1-\sigma} di = n p^{1-\sigma} = \left(\dfrac{\sigma}{1-\sigma} a_M\right)^{1-\sigma} n \omega_1^{1-\sigma}$,设 $\varphi = \tau^{1-\sigma}$ 为贸易自由度,$\varphi \in [0,1]$,可以进一步得到简化的企业收益为 $r_1 = \dfrac{\mu(E + \varphi E^*)}{n}$,因此,城镇空间所有企业创造的价值总和为:

$$R_1 = \mu (E + \varphi E^*) \tag{4.31}$$

城镇空间的总支出（总收入）水平为 $E = \omega_1 L_1$，农民的总支出（总收入）水平为 $E^* = \omega_2 l_2 + \omega_3 L_3$，得到：

$$R_1 = \mu (E + \varphi E^*) = \mu \omega_1 L_1 + \mu \varphi (\omega_2 L_2 + \omega_3 L_3) \tag{4.32}$$

农业空间中农产品的生产面对的规模收益不变的完全竞争市场，市场价格由生产的边际成本确定。假定农产品在不同区域之间的运输不花费任何成本，即交易成本为零，那么农产品的价格在城镇空间和农业空间中都相同。用 p_A 表示农产品的价格，根据消费者对农产品的需求函数，可知城镇居民对农产品的需求函数为 $c_A = (1-\mu) E/p_A$，农民对农产品的需求函数为 $c_A^* = (1-\mu) E^*/p_A$。农业空间生产的农产品总产出为 L_2/a_A，农产品的市场出清条件和农业空间产出价值分别为：

$$\frac{(1-\mu)(E+E^*)}{p_A} = \frac{L_2}{a_A} \tag{4.33}$$

$$R_2 = p_A \frac{L_2}{a_A} = \omega_2 a_A \frac{L_2}{a_A} = \omega_2 L_2 \tag{4.34}$$

生态产品部门是垄断竞争部门，规模收益递增，因此生态产品实行加成定价法。根据上述中间产品生产者行为，可知生态产品价格与种类无关，各种生态产品的价格相同。模型中仅使用劳动一种生产要素，生态产品的边际成本为 β 单位的劳动，使用价值量表示为劳动量和劳动力价格的乘积，即 $\beta \omega_3$，因此企业追求利润最大化的条件下，最优定价表示为以边际成本为基础的成本加成定价 $\left[(1+\frac{1}{\theta-1})\beta\omega_3\right]$。

生态产品的生产具有特殊性，该市场的进入和退出没有壁垒，类似于完全竞争市场结构，均衡时利润为零，那么生态产品的提供量就为 $\varphi(i) = \alpha(\alpha-1)/\beta$。每个生态产品生产者使用的劳动量为 $l_i = \alpha\sigma$，最优生态产品种类为 $L_3/\alpha\sigma$，因此可以得到生态产品产出的价值量为：

$$R_3 = \frac{\sigma\beta\omega_3}{\sigma-1} \times \frac{\alpha(\sigma-1)}{\beta} \times \frac{L_3}{\alpha\sigma} = \omega_3 L_3 \qquad (4.35)$$

根据生态价值评估的实际市场价值法，假定社会对生态服务的付费为 $\frac{C^{1-\eta}}{1-\eta}$，则生态空间产出的总价值量为：

$$R_3 = \omega_3 L_3 + \frac{C^{1-\eta}}{1-\eta} \qquad (4.36)$$

（二）微观主体经济活动短期均衡的价值量关系

根据上述三类国土空间产出均衡价值量的推导，可知城镇空间产出的价值量为 $R_1 = \mu\omega_1 L_1 + \mu\varphi\omega_2 L_2 + \mu\varphi\omega_3 L_3$，农业空间产出的价值量为 $R_2 = p_A \frac{L_2}{a_A} = \omega_2 L_2$，生态空间产出的价值量为 $R_3 = \omega_3 L_3 + \frac{C^{1-\eta}}{1-\eta}$，由此可以得到三类国土空间价值量之间的关系，即：

$$R_1 = \mu\omega_1 L_1 + \mu\varphi R_2 + \mu\varphi R_3 - \mu\varphi \frac{C^{1-\eta}}{1-\eta} \qquad (4.37)$$

进一步整理得到农业空间和生态空间价值量分别与城镇空间价值量的关系：

$$R_2 = \frac{R_1}{\mu\varphi} - \frac{\omega_1 L_1}{\varphi} - \omega_3 L_3 \qquad (4.38)$$

$$R_3 = \frac{R_1}{\mu\varphi} - \frac{\omega_1 L_1}{\varphi} - \omega_2 L_2 - \frac{C^{1-\eta}}{1-\eta} \qquad (4.39)$$

将式（4.38）、式（4.39）分别对 R_1 求导，可得：

$$\frac{\partial R_2}{\partial R_1} = \frac{\partial R_3}{\partial R_1} = \frac{1}{\mu\varphi} > 0 \qquad (4.40)$$

由式（4.40）可知，城镇空间价值量与农业空间、生态空间价值量变动方向一致。

结合基本假设与农业空间和生态空间价值量表达式，农业空间价值量提升，有利于提高对生态服务的付费，进而提升生态空间价值量。生态空间价值量提升，表现为从事生态产品生产的农民收入水平的提升和生态服务收益提升，增加的收益进一步表现为生态服务的增加，对农作物生产以及农业空间价值量提升具有促进作用。因此，农业空间价值量与生态空间价值量呈同方向变动。可以得到三类国土空间之间的价值量关系为：

$$\frac{\partial R_2}{\partial R_1}>0,\ \frac{\partial R_3}{\partial R_1}>0,\ \frac{\partial R_3}{\partial R_2}>0 \qquad (4.41)$$

式（4.41）表明，提升城镇空间、农业空间、生态空间价值量均有利于同时提升其余两类国土空间价值量，即城镇空间、农业空间、生态空间价值量提升有利于促进国土空间格局逐渐优化。

进一步对式（4.39）进行整理，可得：

$$\frac{\partial R_2}{\partial R_1}=\frac{\partial R_3}{\partial R_1}=\frac{1}{\mu\varphi}>1 \qquad (4.42)$$

由式（4.42）可知，城镇空间价值量与农业空间、生态空间价值量变动方向一致，且城镇空间价值量提升一单位将分别促进农业空间和生态空间价值量的提升大于一单位。提高城镇空间价值量就是要提高企业利润，结合城镇空间区位，企业会追逐更大的市场规模，要保证在合理的城镇空间范围内实现更多的企业利润和更大的地区价值，必须高效地开发有限的城镇空间。也就是说，高效开发城镇空间，将最大限度地发挥要素集聚效益，提高城镇空间价值量，同时会提高对周边农业空间和生态空间的辐射带动能力，有利于促进国土空间经济活动的协调和国土空间格局优化。

推论1：提升城镇空间集聚效率有利于国土空间格局优化。

将式（4.34）对农产品产出量求导，可得：

$$\frac{\partial R_2}{\partial \left(\dfrac{L_2}{a_A}\right)}=p_A>0 \qquad (4.43)$$

由式（4.43）可知，农产品产出量与农业空间价值总量变动方向一致,即提高农产品产出有利于提升农业空间价值量。农业空间价值量提升将同时促进城镇空间和生态空间价值量不同程度的提升,同时农产品产出量增加有利于满足城镇居民对农产品的需求,有利于国土空间经济活动的协调和国土空间格局优化。由于农业空间土地资源有限,提高农产品产出量不是要随意拓展农业空间面积,需要在有限耕地面积上增加农产品产量,就要提高农地产出率。

推论2:提高农地生产率有利于国土空间格局优化。

将式(4.39)对 C 求导,可得:

$$\frac{\partial R_3}{\partial C} = C^{-\eta} > 0 \qquad (4.44)$$

由式(4.44)可知,社会对生态服务的付费与生态空间的价值变动方向一致,即生态空间生产的对社会有直接作用的生态产品具有价值,同时其产出的生态服务有利于满足城镇空间、农业空间对美好生态环境的需求,通过对社会的间接作用也有巨大价值,确认并提升生态服务价值有利于促进国土空间经济活动的协调和国土空间格局优化。

推论3:实现生态服务价值有利于国土空间格局优化。

四 微观主体经济活动的长期均衡

在短期,劳动力不存在区域间的流动,此时考虑内生变量对均衡价值量的影响。而在长期,劳动力的空间流动由区际工资差异决定,在均衡条件下,城镇空间、农业空间、生态空间的劳动力全部实现就业。城镇空间拥有的劳动力份额为 s_H,农民中从事农业空间生产活动的占比为 κ。劳动力的流动方程可以表示为:

$$\dot{s}_H = (\omega_1 - \omega_2 - \omega_3) s_H \kappa (1 - s_H)(1 - \kappa)(1 - s_H) \qquad (4.45)$$

国土空间上经济活动实现长期均衡时,劳动力不再流动,即 $\dot{s}_H = 0$。此时的长期均衡存在两种可能的情况:一种是不管在城镇空间从事制成品生产还是在农业空间从事农产品生产,或者是在生态空间从事生态产品生产,所有劳动力的实际工资都是相同的;另一种是所有的劳动力都集中在同一类国土空间中,用公式可以表示为:

$$\omega_1 = \omega_2 = \omega_3, 当 0 < s_H < 1 时, s_H = 0 或 s_H = 1 \quad (4.46)$$

如图 4-6 所示,当经济自由化程度适中时,实际工资差异曲线与横轴相交。在城镇空间从事制成品生产的劳动力数量存在小幅增加时,国土空间上的实际工资差异会即刻变为负值,经济活动开始实施自我调整,并促使劳动力要素跨区域流动。不同国土空间劳动力之间的工资差异变化所形成的轨迹用实线表示,从图 4-6 可以看出,曲线与坐标轴的交点处斜率为负。根据式(4.46),长期均衡的实现过程中实际工资差距在 $s_H = 0$ 处为正,在 $s_H = 1$ 处为负,当该差异曲线的斜率为正时,形成的交点存在易变性,如果在 $s_H = 0$ 处发生波动,则劳动力将从农业空间和生态空间流入城镇空间;如果在 $s_H = 1$ 处发生震动,则发生从城镇空间到农业空间和生态空间的人口流动。经济活动将从以上两种易变的情况开始持续进行自我调节,直至劳动力的流动达到可以使经济稳定下来的状态(也就是交点)为止,此时就实现了经济的长期均衡。

实际工资差异曲线与横轴的交点处于 $s_H > 0.7$ 的位置,即当城镇空间劳动力份额较高时,人口将不再流动,国土空间上的经济活动实现长期均衡。提高城镇空间集聚经济和人口的效率将有利于长期均衡的实现。大部分劳动力流入城镇空间的同时实现经济活动的均衡,就需要农业空间和生态空间的劳动力工资水平与城镇空间劳动力工资水平相等,那么在农业空间必然要提高农地产出效率,才能实现较少的劳动力创造更高的经济价值。同样地,生态空间只有实现整体的经济价值,才能提供给劳动力较高的工资,因此,确认和提升生态服务的价值,有利于推进国土空间上经济活动的长期均衡。

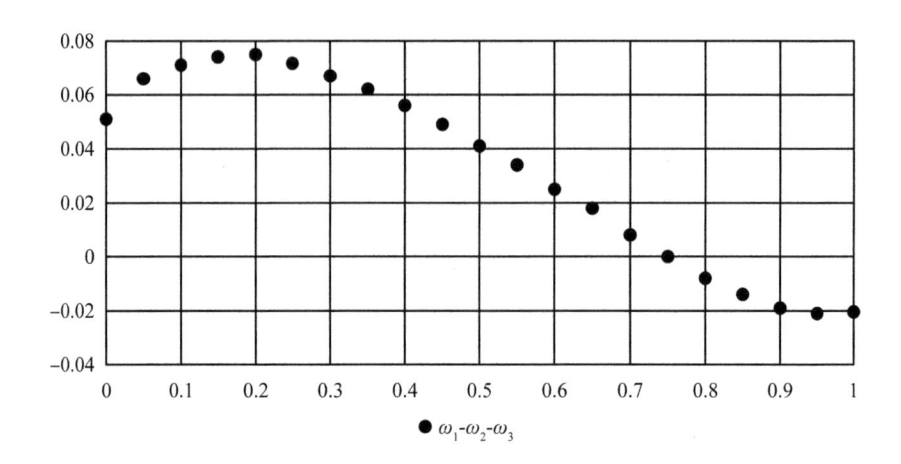

图4-6 当 $\mu=0.4$、$\sigma=5$、$\tau=2$ 时实际工资差异与城镇劳动力份额关系的散点图

第二节 基于政府与市场关系的国土空间格局优化机制

我国社会主义市场经济制度并非完全按照西方经济理论运行，而是有着自身的运行规律，既要坚持市场在资源配置中起决定性作用，又要更好地发挥政府的作用。那么从市场对资源配置起决定性作用的理论模型中得出国土空间格局优化的方式，即提升城镇空间集聚效率、提高农地生产率、实现生态服务价值，需要市场和政府双重努力、有效分工才能实现。由于三种优化方式面对的市场主体有差异，市场机制的完善程度不同，市场和政府的分工也就存在差异。在提升城镇空间集聚效率中，要最大限度地发挥市场机制的资源配置作用，政府起保障和支撑作用；在提高农地生产率中，政府要通过财税政策更加积极地鼓励市场主体，推动政府和市场的有效配合；在实现生态服务价值中，存在政府和市场双失灵的现象，需要政府和市场从各自

第四章　国土空间格局优化的理论机制

职能出发，分工合作，对于具有排他性和竞争性的生态产品构建有效的市场机制，对于具有有限排他性和有限竞争性的生态服务，可以通过政府或市场提供，对于具有非排他性和非竞争性的生态服务，需要通过政府征税的方式实现其价值。

一　提升城镇空间集聚效率的理论机制

（一）提升城镇空间集聚效率的市场机制

1. 劳动分工—经济联系—成本外部性—收益递增—高效集聚与循环累积

亚当·斯密和马克思都强调过分工是社会生产力发展的必然结果。随着交换形式的变迁，分工形式不断深化，逐渐从工场分工演变为企业分工、产品分工、产业分工甚至整个价值链的分工，分工范围不断拓展，由国内转向国际。分工的发展使经济主体之间获得"得自贸易的收益"，[①] 进而促使组织和区域之间的经济联系更加深化。这种经济联系来自获得的收益，而实现该收益的关键在于市场供求的平衡，即保证潜在的市场能够顺利转化为现实的市场。在潜在市场转化为现实市场的过程中，空间距离无疑增加了这种转化的成本，企业、要素、产业在空间上的集聚就成为降低交易成本的重要方式。但集聚不是简单的要素堆砌，高效的集聚要求在分工的基础上实现价值链的有机整合。这个过程将会产生多方面的经济效应：首先是降低交易成本。前述的高效集聚有利于推进企业间的交流和协商，降低了交通和协调成本，推动分工向更深层次发展。其次是扩大市场。经济集聚将促使大量相关产业产生较强的需求联系，当集聚达到一定程度，会实现某一部门或工序形成专门的企业，实现分工的进一步细化。最后是提高资源配置效率。通过专业化分工和市场扩大，熟练程度的提高，

[①] ［英］亚当·斯密：《国富论》，郭大力、王亚南译，译林出版社2011年版。

时间的节约等都有利于提高生产效率，进而提高资源配置效率。劳动分工以及由此产生的经济联系效用，使得收益递增成为必然结果，具体的形成机制为：首先是劳动力的匹配。在劳动分工和经济联系的基础上，有利于形成异质劳动力与用工需求之间的劳动力市场，从而降低搜寻成本，降低交易成本。经济联系越密切，劳动力市场越大，成本降低效应越明显，从而实现收益递增。其次是基础设施共享。高效集聚将促使公共设施不断完善，集聚与基础设施之间相互促进，形成收益递增。最后是循环累积效用。高效集聚产生专业化分工、经济前后向联系以及由此产生的成本降低、设施共享，推动城镇空间集聚在总体上将呈现收益递增的特征。

2. 知识分工—经济联系—技术外部性—收益递增—高效集聚与循环累积

根据 Von Hayck（1937）的知识分工理论，知识单元具有分立性和互补性特征，在城镇空间高效集聚中发挥着重要作用。知识的创造、积累和溢出过程需要企业和机构在空间上相邻近，空间上的分离不利于知识的创造和传播。微观主体的协作就成为提高知识创造与积累的内在需求。在此基础之上，拥有不同知识的企业或机构之间将不断加强联系与交流，知识将在空间上溢出。同时这无疑将产生各方面的经济效应：首先，知识专业化。知识集聚有利于市场主体在更大范围内、更大规模上实现知识的分工与协作，提高知识创造的专业化程度。其次，知识多样化。拥有不同知识的主体在空间上的集聚，为不同类型的知识创造了交流的机会，不同知识的相互作用推动了更具生产能力的新知识的产生。最后，市场主体的竞争。知识具有排他性，专业化和多样性的知识使得部分市场主体实现"垄断利润"，受到垄断利润的激励，市场主体会自发形成相互竞争、相互促进的状态，从而在竞争中推动创新。总体上，知识分工以及相关的经济联系带来的知识专业化、多样性和竞争性，有利于在创新以及交流中形成技术外部性和降低交易成本的外部性。同样会通过提高异质性知识匹配效率以及知识共享、更新、溢出来推动收益递增。知识创造出来被个体学习和吸收，有利于提升劳动者工资，进而创造更多的知识，建立起"知识溢出—人力资本—更多知识"模式的循环累积机制。

3. 从分工到高效集聚的总体机制

上述高效集聚市场机制的形成过程中包含以下因素：第一，技术进步。劳动分工机制中产生的较低交易成本和扩大市场效用，是技术进步的重要来源和体现。知识分工的机制中更加明显，知识专业化、多样性和竞争使技术进步的渠道更加畅通，知识创造、溢出、积累、共享、匹配和循环使新技术能够创造、流动、落实和强化。第二，资源配置。要素流动、产品生产大多数都基于劳动分工带来，是资源配置的重要平台。知识分工的深化，促使要素充分挖掘，不断开发出新技术、新工艺，为更好的资源配置提供技术保障。第三，规模经济。劳动分工通过劳动供求的快速匹配以及由此带来的成本降低和市场扩大效应表现为生产的规模经济。同时知识外部性使得新知识能够更容易地被获取，有利于形成最佳规模。劳动分工和知识分工的协调，还可以通过影响多要素的配置推动规模经济的实现。

综上所述，如图4-7所示，劳动和知识的分工和专业化促使市场主体之间的经济联系密切，进而在成本和技术方面产生正外部性，而外部性又成为收益递增的动力，由于该市场机制中体现着技术进步、资源配置和规模经济等因素，从而成为城镇空间经济、人口集聚的形成机制。

(二) 提升城镇空间集聚效率的政府行为

1. 政府的政策设计和制度安排行为

在我国社会主义市场经济中，经济制度在企业的投资行为、个人

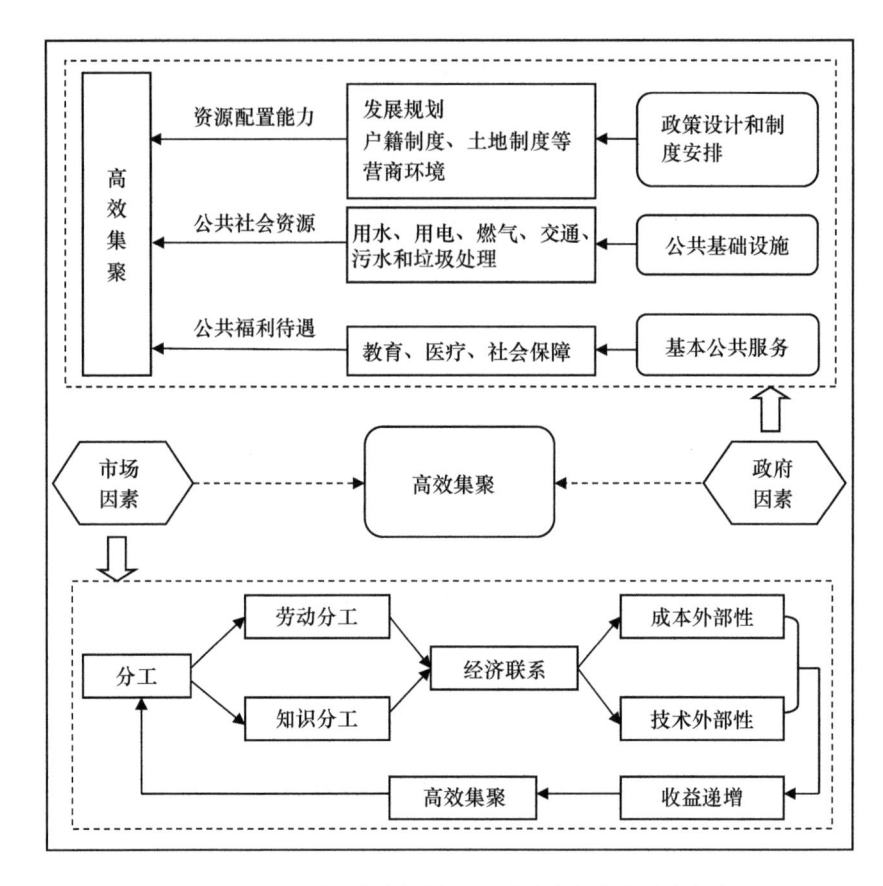

图 4-7 基于政府与市场关系的城镇空间集聚形成机制

的消费行为和劳动力的跨区域流动行为中扮演着重要角色，进而对城镇空间的集聚效果和规模都产生了深远影响。政府通过政策设计和制度安排为城镇空间中产业、人口的集聚提供保障，具体表现为：制定城市发展规划，为城市的发展方向设定目标，绘制蓝图；改革现有的户籍制度、土地制度、城乡二元分割市场制度，建立统一的土地要素市场化制度、社会保障制度，按照公平公正的原则从制度上实现城乡市场的统一；通过政策设计营造良好的营商环境，促进市场主体实现更有效分工专业化与资源配置，为市场机制的畅通提供辅助作用。

2. 政府供给公共基础设施行为

企业生产经营活动的顺利开展离不开完善的公共基础设施，政府通过投资大量公共基础设施为现有企业生产经营、地区招商引资，甚至为整个地区产业规划的实施和经济发展创造良好环境和发展基础。[①] 为引导人口向城镇空间集聚和改善人居环境创造条件，如完善用水、用电、燃气、交通基础设施、污水和垃圾处理系统等，为人口和产业向城镇空间集聚提供硬件支撑。基础设施是经济发展的基础，是城市建设的保障，需要政府从资金筹措和政策供给等方面，调整财政收支结构，成为公共基础设施的提供者。

3. 政府提供基本公共服务行为

在现有的人口管理制度下，居民迁移到一座新的城市中往往受到歧视，这种体验通常会导致移居居民失去参与感和认可感，进而降低其社会融合度。[②] 根据户籍的不同，对城市中不同居民给予区别对待的正式制度或非正式制度一旦形成，就会产生路径依赖，并带来难以扭转的影响。其中最为明显的影响就是拉大收入差距，加剧社会矛盾，然而这种不同身份导致的公共服务不均等情况所带来的社会资源消耗是非必要的。[③] 在这种情况下，政府通过供给教育、医疗、社会保险等公共产品和服务，使居民在城市中的生活更有保障，同时为农业空间、生态空间中剩余劳动力的转移创造必要的生活条件，这在很大程度上提升了城镇空间集聚人口和产业的吸引力。政府在提升城镇空间集聚效率中要转变政府职能，将重点放在公共服务与社会福利的供给上。

---

① Fulong Wu, "China's Changing Urban Governance in the Transition Towards a More Market-oriented Economy", *Urban Studies*, Vol. 39, No. 7, June 2002, p. 1071.
② 刘晓峰、陈钊、陆铭:《社会融合与经济增长：城市化和城市发展的内生政策变迁》,《世界经济》2010年第6期。
③ 陈钊、陆铭:《从分割到融合：城乡经济增长与社会和谐的政治经济学》,《经济研究》2008年第1期。

二 提高农地生产率的理论机制

本部分将粮食生产、农业技术生产、政府社会秩序供给以及财税政策纳入一个理论框架，结合一般均衡分析，考察粮食生产中技术和政府作用于农地生产率的内在机制。

假设经济体的活动是一个期数为 t 的跨期活动，经济个体数为 M，粮食的产出为 Y，其生产可以只用劳动（l）这一种生产要素，也可以使用劳动和农业技术（X）共同生产。同时农业技术也是劳动的生产函数，但由于农业技术的生产复杂性较高，因此其所需的固定学习成本也较高。经济体中的个体生活和交易活动依赖于一定的社会经济关系，需要政府提供生产、生活、交易正常开展的社会规则（G），并且社会规则也是劳动的函数。与粮食能够直接产生效用不同的是，农业技术部门生产的技术需要通过粮食生产实现其价值。在专业化生产的情况下，粮食可以自给，但技术不存在自给问题，即 $x_t^0 = 0$。社会规则由政府供给，是一种公共产品，所有市场参与者会无差别地享有政府提供的社会规则，即 $g_t^s = g_t^d$，则消费者效用函数为：

$$U_t = [y_t^0 + (1-k) y_t^d] (1-k) g_t^d \qquad (4.47)$$

式（4.47）为消费者在第 t 期的效用（用 U_t 表示），其中，y_t^0 和 y_t^d 分别为第 t 期粮食自给数量和从外购数量，g_t^d 为消费者在第 t 期获得的社会规则服务的数量。由于市场交易摩擦的存在，采用简化的方法，假设市场交易成本为 k（$0<k<1$），从而人们从市场上实际得到的粮食为 $(1-k) y_t^d$，实际得到的规则服务为 $(1-k) g_t^0$，那么消费者效用的现值为：

$$U = U_1 + \frac{U_2}{1+r} + \frac{U_3}{(1+r)^2} + \cdots + \frac{U_t}{(1+r)^{t-1}} \qquad (4.48)$$

其中，r 为主观贴现率，U 为经济人 t 期效应的现值。各生产部门的生产函数可以表示为：

$$Y_t = \text{Max} \ \{ \ [x_t^0 + (1-k) \ x_t^d]^a L_{Y_t}^b, \ L_{Y_t}^b \} \quad (4.49)$$

$$X_t = \text{Max} \ \{ \ (L_{X_t} - \delta f)^c, \ 0 \} \quad (4.50)$$

$$G_t = \text{Max} \ \{ L_{G_t}^e, \ 0 \} \quad (4.51)$$

其中，Y_t、X_t、G_t 分别为粮食、农业技术和社会规则在第 t 期的总产出。L_{Y_t}、L_{X_t}、$L_{G_t} \in [0, 1]$ 分别为个体在粮食、农业技术和社会规则上积累的劳动量。由于不同产品的生产过程中涉及不同的学习成本，为简化问题的理论模型，假定粮食和社会规则生产的固定学习成本为零，农业技术生产的固定学习成本为 f（$f \geqslant 1$）。如果从事农业技术生产的人在时期 $(t-1)$ 和时期 t 之间不转换行业，则 $\delta = 1$，并设定第 1 期中 $\delta = 1$。此外，参数 a 表示粮食对农业技术的产出弹性，为方便计算，设 $a = 1/2$。b、c、e 分别表示粮食、农业技术和社会规则对劳动投入份额的产出弹性。使用边际劳动生产率提高指代生产的专业化水平的提高，则 b、c、e 可以解释为粮食、农业技术和社会规则生产的专业化程度。

使用 l_{Y_t}、l_{X_t}、$l_{G_t} \in [0, 1]$ 分别为经济人第 t 期在粮食、农业技术和社会规则生产上的劳动投入份额，当个体的劳动禀赋为 1 单位时，得到：

$$l_{Y_t} + l_{X_t} + l_{G_t} = 1 \quad (4.52)$$

根据瓦尔拉斯法则可得：

$$p_{Y_t} y_t^d + p_{X_t} x_t^d + p_{G_t} g_t^d = p_{Y_t} y_t^s + p_{X_t} x_t^s + p_{G_t} g_t^s \quad (4.53)$$

假设经济体中 M 个个体在市场中分为粮食专业生产者、政府和农业技术专业生产者。政府要为社会提供社会规则服务，同时还要通过财政政策对粮食部门和技术部门的生产关系进行调控。例如，在第 1 期，政府为了补贴技术生产者的高成本，会向广大粮食生产者征收比率为 α 的农业税。第 1 期社会规则服务费用由粮食部门提供，类似于我国的"以农促工"阶段，使农业技术生产者能够在第 1 期从事农业技术的专业化生产。而在第 2 期，政府为了扶持农业生产，会向技术部门征收比率为 β 的工业税，并使用其中比率为 μ 的部分来补贴粮食部门。第 2 期政府提供的社会规则由农业技术生产者支付费用，类似我国的"工业反哺农业"阶段，促使在第 2 期实现农业机械化生产。

$$MaxU = \ln y_1^0 (1-k) g_1^d + \ln y_2^0 (1-k) g_2^d / (1+r)$$

s.t. $Y_1 = y_1^0 + y_1^s = l_{Y_1}^b$； $Y_2 = y_2^0 + y_2^s = [(1-k) x_2^d]^{\frac{1}{2}} l_{Y_2}^b$

$l_{Y_1} = 1$，$l_{G_1} = 0$；$l_{Y_2} = 1$，$l_{G_2} = 0$

$(1-\alpha) p_{Y_1} y_1^s = p_{G_1} g_1^d$；$(1+\mu) p_{Y_2} y_2^s = p_{X_2} x_2^d$ (4.54)

求解以上最优化问题，可得：

$$y_1^0 = y_1^s = \frac{1}{2}; \quad y_2^0 = y_2^s = \frac{1}{4} (1+\mu)(1-k) \frac{p_{Y_2}}{p_{X_2}} \quad (4.55)$$

为简化计算，假设用于农业生产的土地面积不会发生变化，两个时期内土地面积为 h。定义农地生产率为粮食产出与土地要素投入的比例，将上述求解的变量代入定义公式，得到第 2 期农地生产率为：

$$\frac{Y_2}{h} = \frac{y_2^0 + y_2^s}{h} = \frac{(1+\mu)^{1/2} (1-k) 2^{(c+1)/2} \alpha^{1/4} (1-\beta)^{1/2}}{2h(1-\alpha)^{1/8}} \quad (4.56)$$

由农地生产率的表达式可以看出，农地生产率会受到市场交易成本、农业技术生产专业化程度、农业补贴发放比率、农业税征收比率和土地面积的共同影响。其中，农地生产率与农业技术生产专业化程度、农业补贴发放比率正相关，与市场交易成本和农业税征收比率负相关。

从提高农地生产率的市场机制来讲，市场主体要提高农业技术生产专业化程度，如加大中高端农业机械的研发与供给，研究具有高技术含量的种子，深化农业技术研发的分工与专业化。然而这种局面的形成同时需要政府通过财政手段激励或补偿专业化生产农业技术的企业，并通过基础设施建设、简政放权等方式，降低运输成本和制度性交易成本，为企业提高农业技术专业化程度提供软硬件支撑。

提高农地生产率的政府机制要结合我国的社会主义市场经济制度来讲，我国的农产品市场并非完全的市场配置资源，如果完全按照市场机制运行，进口农产品质量高、价格低，根据比较优势理论，国内不需要种植农作物。然而，为了保障国内的粮食安全，必须要提高粮食自给程度，此时提高农地生产率需要政府"有形的手"支持国内的农产品生产。政府首先要为农产品生产提供社会规则服务，比如减征、免征相关税费，为农产品的运输提供绿色通道，鼓励农地经营权流转等。其次要将财政政策更加倾向于农产品生产，对农业生产经营进行补贴，对农民加大转移支付等，通过有为的政府推动建立有效的市场。

三 实现生态服务价值的理论机制

（一）生态产品和服务的供给与需求

生态产品和服务的生产、消费与微观主体的经济活动密切相关。图4-8展示了经济活动与生态环境之间相互作用的过程。工农业生产过程始终处于环境大系统之中，自然就与生态空间产生物质交换和相互影响。具体来讲，经济活动与生态空间之间的物质交换过程主要存在两类机制：第一，工业、农业生产都需要从生态空间中获取原材料、水资源等生产资料，通过劳动力、资本要素的投入，生产出工业制成品、农产品，图中C代表企业或农户的产品流，也即家庭的消费流。第二，企业、农户生产过程中产生的废物和城乡居民生活中产生的废物最终都会排放到生态空间中。生态空间为城镇空间、农业空间提供两种效用，包括生命支持性服务和舒适性服务。其中，生命支持性服务在这里是指维持人们生存及相关经济活动的服务，包括清新的空气、干净的水资源、生产生活必需品所需的原材料等；舒适性服务在这里是指通过与自然环境接触获得的更高层次的服务，如欣赏自然风光获得的身心愉悦。

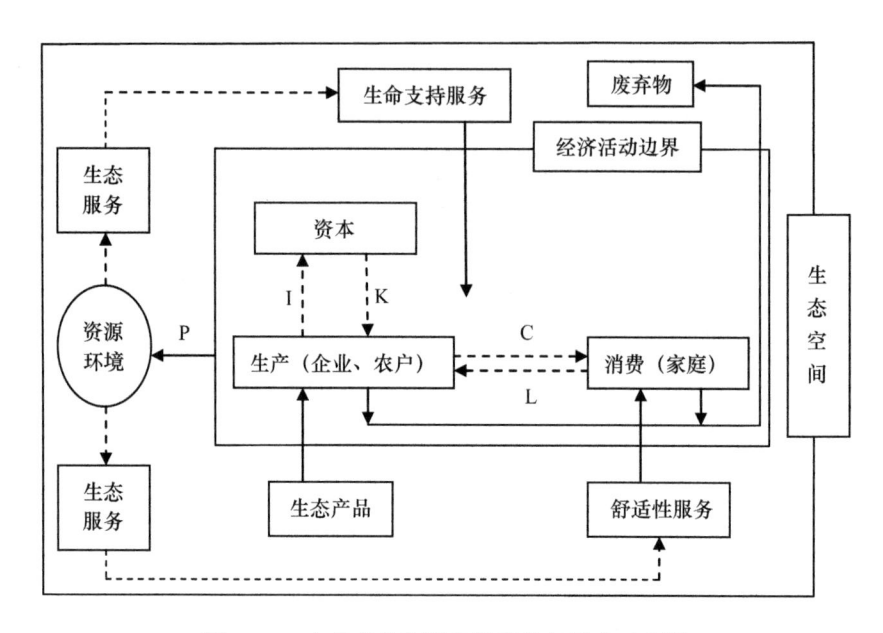

图4-8 生态产品和服务的供给与需求示意图

通过以上分析，人类经济活动通过两种机制对生态产品和服务的供给产生影响：第一，不当或过度的经济活动对生态空间产生的负向冲击。这种负向冲击主要存在两种途径：首先，经济和生活活动产生的废弃物规模不断增加，逐渐超过环境的承载能力，自然资源无法消化掉全部废弃物，新陈代谢能力不断下降。其次，经济活动加大对自然资源的使用，造成资源再生能力远远低于资源开采量，如地下水超采、森林资源过度采伐、生态退化等，生态空间的修复能力逐渐减弱。第二，主动增加生态产品和服务的正向冲击。人类将生产活动的部分成果投入生态空间中，主动治理、修复、改善生态环境，增加自然资源，从这个层面上讲，城镇空间、农业空间中微观主体的经济活动也能够生产部分生态产品和服务。

生态产品供求中可能存在的政府缺位。如图4-9所示，居民生活水平的提升是生态产品价格变化的根本原因。图中，P 为生态产品的价格，Q 为生态产品的供给量，D 为生态产品的需求曲线，该需求是居民生活水平 N 的函数，S 为生态产品的供给函数。当居民生活水平较低时，生态产品的需求量为 Q_0，相应的市场价格较低，为 P_0，当居民生活水平小幅提升到 N_1 时，社会对生态产品的需求量提升，同时价格仅提高为 P_1，当居民生活水平有了较大幅度的提升，为 N_2 时，供给弹性下降，直至接近于 0，此时，价格大幅上升至 P_2，生态产品供给量接近市场的供给潜力，供给量有限。在居民生活水平达到 N_2 阶段时，社会对生态产品的需求极大，供给接近极限，价格大幅上涨。在此阶段，需要政府对市场行为进行监督和调控，否则将出现过度开采资源，破坏自然资源，生态环境恶化的局面。

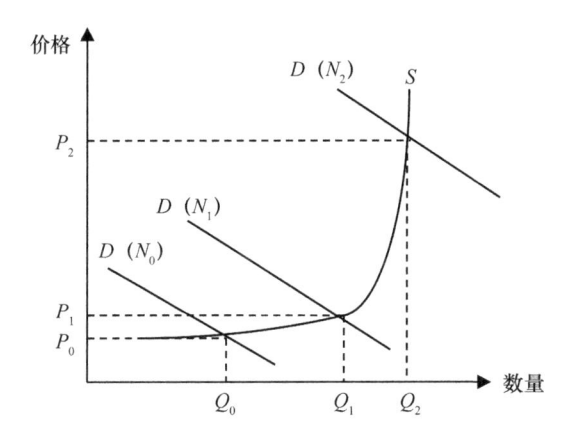

图 4-9　不同发展阶段下生态产品的供求关系

生态服务供求中的市场失灵。如图 4-10 所示，由于生态服务在消费上存在非竞争性，因此将所有消费者需求曲线相加可以得到整个市场的需求曲线，结合当时面临的供给曲线 S，可以看出，生态服务的市场消费量为 Q，价格为 P。进一步观察发现，每个消费者的消费量都为 Q，但愿意支付的价格却不尽相同，可能为 P_0，可能为 P_1，或者更高或更低的价格,然而 $P = P_1 + P_2 + \cdots$。又由于生态服务具有非排他性的消费属性,因此人们愿意消费足够数量的生态服务,却不愿意支付成本,因此,图 4 – 10 中的需求曲线是不存在的,这样,市场价格就无从表示。例如,清新的空气、干净的水资源、宜人的气候等生态服务的价值就无法通过市场机制体现。通过以上分析,具有有限竞争性或有限排他性的生态服务,可以培育相关产品市场,同时配合政府调控手段实现其价值;具有非竞争性和非排他性的生态服务,只能通过政府手段实现其价值。

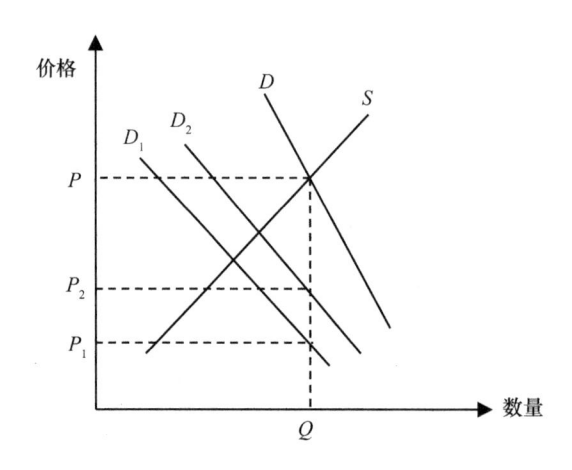

图 4 – 10 生态服务供求与市场失灵

(二) 生态服务的最优供给与有效供给

本部分借鉴萨缪尔森关于公共品的供给原则的理论具体探究产权残缺的生态服务的最优供给和有效供给问题。假设有社会中存在 N 个家庭单位,提供一种生态服务 E 的社会成本已知。假设对于家庭 n 来说,私人生态产品的消费组合为 x^n($n = 1, 2, 3, \cdots, N$),对私人生态产品的总消费为 X,其中 $X = \sum_{x=1}^{N} x^n$($n = 1, 2, 3, \cdots, N$),同时所有家庭都共同消费生态服务 E,社会生产可能性边界可以描述为

$F(X, E) \leq 0$。假设生态服务的生产需要私人生态产品的部分要素作为投入品,则 $E \leq f(X)$,将其表述为隐函数的形式,则有 $F(X, E) \leq 0$。实现帕累托最优的过程如下:假设某一家庭对具有竞争性和排他性的生态产品的消费量为 X^1,对具有公共品性质的生态服务的消费量为 E,该家庭想要实现效用最大化,首先需要将家庭的效用水平至少要提升为 $\overline{u}^n$ ($n = 2, 3, \cdots, N$),该水平将根据其他家庭效用水平的变化而变化,其他家庭的效用水平也会由于 X^n 的变化而变化。其次要服从生产可能性边界的约束。由此,该问题的拉格朗日函数可以表述为:

$$L = u^1(x^1, E) + \sum_{n=2}^{N} \mu^n [u^n(x^n, E) - \overline{u}^n] - \lambda F(x, E) \quad (4.57)$$

求得极大值解的必要条件为:

$$\frac{\partial L}{\partial X_i^n} = \mu^n \frac{\partial u^n}{\partial X_i^n} - \lambda \frac{\partial F}{\partial X_i} = 0 \quad (4.58)$$

式(4.58)中 X_i^n 为家庭 n ($n = 1, 2, 3, \cdots, N$) 对私人生态产品 i ($i = 1, 2, 3, \cdots, n$) 的消费,上式要求对所有生态产品都成立。

生态服务的最优配置要求:

$$\frac{\partial L}{\partial E} = \sum_{n=1}^{N} \mu^n \frac{\partial u^n}{\partial E} - \lambda \frac{\partial F}{\partial E} = 0 \quad (4.59)$$

根据式(4.59)求出 μ^n,并代入式(4.16),可得:

$$\sum_{n=1}^{N} \frac{\frac{\partial u^n}{\partial E}}{\frac{\partial u^n}{\partial X_i^n}} = \frac{\frac{\partial F}{\partial E}}{\frac{\partial F}{\partial X_i}} (i = 1, 2, 3, \cdots, n) \quad (4.60)$$

式(4.60)等式两边分别是家庭 n 消费生态服务和生态产品的边际替代率 (MRS_{E, X_i}^n) 和边际转换率 (MRT_{E, X_i})。上式表明,某种生态服务与某种私人生态产品的边际替代率等于边际转换率。从微观主体消费生态产品和生态服务的角度来看，$\sum_{n=1}^{N} MRS_{E,X_i}^n$ 是家庭愿意为消费生态服务而付出的价格，该价格可以用消费的私人生态产品价格衡量（$MRS_{E,X_i}^n = \frac{P_E}{P_{X_i}}$）。$MRT_{E,X_i}$ 是生产生态服务的边际成本。因此，生态服务的最优供给条件是边际成本等于家庭愿意支付的相对价格之和。对于具有非竞争性和非排他性的生态服务，可以由政府通过征税的方式补偿生态服务的成本，对于具有有限竞争性或有限排他性的生态服务，可以由市场价格机制或政府征税的方式补偿生态服务的成本。

关于生态服务的有效供给，从图 4-10 中可以看出，在供求均衡点，生态服务的供给量为 Q，均衡价格为 $P = P_1 + P_2 + \cdots$。由于家庭愿意支付的价格和消费生态服务所获得的边际效用相等，即 $P = MC$，因此在供求均衡点，实现帕累托最优，即 $MSR = MSC = \sum MR$。以上分析表明，生态服务的有效供给要求个人或家庭从消费生态服务中获得的受益程度来负担相应的成本。因此，对于具有非竞争性和非排他性的生态服务，可以由政府通过征税的方式代替家庭按照受益程度支付价格，对于具有有限竞争性或有限排他性的生态服务，可以由市场价格机制促使家庭对获得的效用支付价格，也可以通过政府强制征税的方式促使家庭对生态服务进行支付。

（三）生态服务的供给主体和价值实现方式

本书的研究内容除了生态产品和服务的供给量，还包括生态产品和服务的供给主体。如图 4-11 所示，按照消费品的消费属性，生态产品和服务被划分为生态私人产品、生态公共产品和生态混合公共产品。其中，生态私人产品产权清晰，价值实现途径是市场机制；生态公共产品具有非竞争性和非排他性，产权缺位，价值实现方式是依靠政府手段；生态混合公共产品包括准公共产品（具有竞争性和非排他性）和俱乐部产品（具有非竞争性和排他性），属于产权残缺的产品，需要市场和政府同时推动其价值实现。由于生态公共产品和生态混合公共产品为人们生产生活提供的空气、水资源、景区景色等更偏无形，所以本书更强调其提供的服务，将其定义为生态服务，由此，本书中产权清晰的生态私人产品为生态产品，其余两类统称为生态服务。

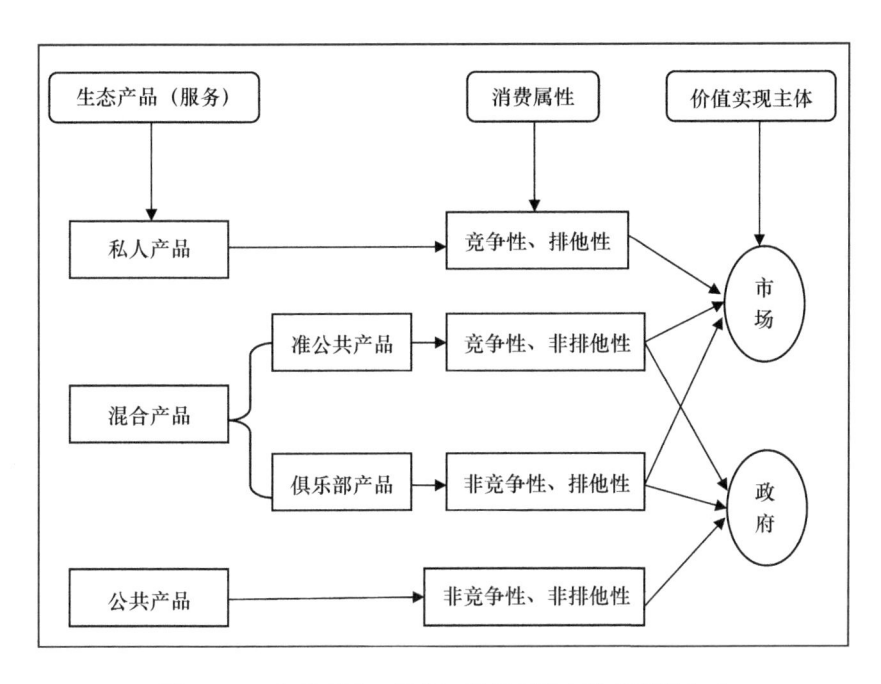

图 4-11 生态产品（服务）消费属性与价值实现方式

本书进一步利用消费者追求效用最大化的消费者行为理论，分析生态服务供求均衡的条件以及区域间要素自由流动过程中生态空间的价值实现问题。

假设经济社会中仅有两类商品，分别为物质产品（包括农产品和工业制成品）和生态产品，这里以具有公共品性质的生态服务为例展开分析。物质产品的价格为 P_X，生态服务没有市场价格。使用物质产品价值的增加量表示收入水平，人均收入即 $P_X \times X = Y$，X 为物质产品的供给量和需求量,Y 为区域人均收入。假设消费者效用水平取决于物质产品和生态服务的消费总量,且可以用道格拉斯函数表示为:

$$U = E^{\alpha} X^{\beta} \quad (0 < \alpha,\ \beta < 1) \tag{4.61}$$

式(4.61)中,U 为消费者效用水平,E、X 分别为生态服务和物质产品的消费量,$0 < \alpha$,$\beta < 1$ 保证物质产品和生态服务的消费满足边际效用递减规律。

消费者的效用最大化方程可以表示为:

$$\text{Max} U = E^{\alpha} X^{\beta}$$
$$\text{s. t.}\ P_X \times X = Y \tag{4.62}$$

可知,效用最大化的条件为:

$$\frac{MU_E}{P_E} = \frac{MU_X}{P_X} \Leftrightarrow \frac{\alpha E^{\alpha-1} X^{\beta}}{P_E} = \frac{\beta E^{\alpha} X^{\beta-1}}{P_X} \tag{4.63}$$

进一步得出:

$$E^D = \frac{\alpha Y}{\beta P_E} \tag{4.64}$$

由式(4.64)可知,生态服务的需求量与区域人均收入水平正相关,也就是随着人们生活水平的提高,人们对生态服务的需求越高,也可以说成随着物质产品消费水平的提高,生态服务的需求量越来越大。

以生态空间和城镇空间为例进一步分析。生态空间中生态服务的价格为 $P_E^{生态空间} = \frac{\alpha Y_{生态空间}}{\beta E_{生态空间}}$,城镇空间中生态服务的价格为 $P_E^{城镇空间} = \frac{\alpha Y_{城镇空间}}{\beta E_{城镇空间}}$,根据假设,$Y_{生态空间} < Y_{城镇空间}$,$E_{生态空间} < E_{城镇空间}$,可以得到 $P_{生态空间} < P_{城镇空间}$,表明同样的生态服务,城镇空间消费者比生态空间消费者愿意支付的价格更高。由于生态空间与城镇空间之间实行自由商品交易,生产要素可以自由流动,生态空间价值实现的方式可以

是，受城镇空间高收入水平的吸引，劳动力由生态空间流入城镇空间，同时在生态空间实现生态服务的专业化生产，提供高质量的生态服务，吸引城镇空间居民为此支付更高的价格。

以微观主体经济活动为基础展开的本部分研究内容显示，微观主体的经济活动与生态空间不断进行物质交换，对生态环境既存在负向冲击，又存在正向冲击。当人们的收入水平偏低时，为了促进经济发展，过度使用自然资源，生态环境承载力减弱。当人们的收入水平处于较高的阶段时，又会增加对生态空间的投入，提升生态产品供给能力。由于生态服务在消费属性上存在非竞争性或非排他性或两类特征同时具有的情况，市场失灵的问题十分突出，此时需要政府代表社会补偿生态服务生产成本。在要素自由流动的情况下，生态空间专业化生产生态产品和服务，推动人口向城镇空间集聚，能够有效促进生态空间价值实现。

第三节　本章小结

为降低交易成本，城镇空间区位受到工业品消费份额，即自身市场规模的影响，农业空间和生态空间区位关系受企业建厂的固定成本、运输成本和农民人口密度的影响。在效率不变的情况下，企业为寻求劳动力和消费者，扩大市场规模，不断挤占周边的农业空间和生态空间，形成"摊大饼"式的城市发展模式。划定国土空间边界，提升城市对人口和产业的集聚效率，有利于高效利用城镇空间土地资源，在有限的空间内，提高企业生产能力和居民消费能力，实现集约利用城镇空间，合理保障农业空间和生态空间。

从国土空间经济活动的短期均衡来看，城镇空间、农业空间、生态空间价值量提升均有利于同时提升其余两类国土空间价值量。提升城镇空间集聚效率、提高农地生产率、实现生态服务价值不仅有利于提升自身所在国土空间的价值量，同时对于其余国土空间价值量也有不同程度的提升，有利于促进国土空间格局优化。在长期，劳动力的空间流动由区际工资差异决定，当城镇空间劳动力份额较高时，人口将不再流动，经济活动实现长期均衡，即提高城镇空间集聚经济和人口的效率将有利于长期均衡的实现。同时，农业空间要提高农业生产效率，生态空间实现整体的经济价值，才能实现较少的劳动力创造更高的经济价值。

我国社会主义市场经济制度并非完全按照西方经济理论运行，而是有着自身的运行规律。正确处理政府和市场的关系，在提升城镇空间集聚效率中，要最大限度地发挥市场机制的资源配置作用，政府起保障和支撑作用。在提高农地生产率中，政府要通过财税政策更加积极地引导和激励市场主体，推动政府和市场的有效配合。在实现生态服务价值中，要针对具有排他性和竞争性的生态产品构建有效的市场机制，对于具有有限排他性和有限竞争性的生态服务，可以通过政府或市场提供；对于具有非排他性和非竞争性的生态服务，需要通过政府征税的方式实现其价值。在要素自由流动的情况下，生态空间专业化生产生态产品和服务，推动人口向城镇空间集聚，有利于实现生态空间价值。

第五章　国土空间格局优化的支撑条件与优化路径

基于我国国土空间上微观主体经济活动不协调的特征事实，理论模型中得出提升城镇空间集聚效率、提高农地生产率、实现生态服务价值有利于促进国土空间格局优化的推论以及基于政府与市场关系的国土空间格局优化机制。为了解决目前国土空间格局优化过程中存在的矛盾，探索如何更充分地发挥各类重要因素对国土空间格局优化的促进作用，本部分将通过实证检验，重点研究城镇空间集聚效率、农地生产率、生态服务价值对国土空间格局优化的作用。在现状分析中，存在一个明显的特征事实，即我国四大板块国土空间上经济发展、农业生产和生态环境各不相同，甚至在同一年份出现相反变动趋势。由此，本章存在三个值得研究的问题：首先，现实经济中，城镇空间集聚效率、农地生产率、生态服务有偿使用是否有利于推动我国国土空间格局的优化？其次，这种影响在四大板块之间、按照不同标准划分的各区域之间是否存在不同的影响，本书的结论是否存在普适性？最后，政府政策支持、制度安排以及市场对资源的配置是否对国土空间格局优化产生显著作用，以及在经济社会环境异质性的情况下不同区域是否存在差异？基于此，本章重点对理论模型中得出的三条推论进行数据验证，揭示整体和不同区域层面各因素对我国国土空间格局优化的影响。

第一节　国土空间格局优化的影响因素

一　模型设定与数据说明

（一）模型设定

为了揭示影响我国国土空间格局优化的因素，本部分考虑理论模型中的重要变量和机制，模型设定如下：

$$Cdfls_{it} = \alpha_0 + \alpha_1 Edfus_{it} + \alpha_2 Ape_{it} + \alpha_3 Pfes_{it} + \beta_1 Sfag_{it} + \beta_2 Amd_{it} +$$
$$\beta_3 Tid_{it} + \beta_4 Infor_{it} + \beta_5 Tech_{it} + \beta_6 Mafr_{it} + \mu_i + \lambda_i + \varepsilon_{it}$$

(5.1)

其中，$Cdfls_{it}$为国土空间格局优化度，i为第i个地区，t为年份，$Edfus_{it}$为城镇空间集聚效率，Ape_{it}为农地生产率，$Pfes_{it}$为生态服务价值，$Sfag_{it}$、Amd_{it}、Tid_{it}、$Infor_{it}$、$Tech_{it}$、$Mafr_{it}$分别为财政支农力度、农业机械化水平、交通便利化程度、信息化程度、技术创新水平、市场配置资源程度。μ_i为个体异质性，λ_i为时间效应，ε_{it}为随机误差项。

（二）变量说明

国土空间格局优化度（$Cdfls_{it}$）。该指标利用剔除缺失值后共计284个城市城镇空间、农业空间、生态空间产生的价值量和实物量指标来衡量。具体利用城市人均GDP、城市实际使用外资额、城市人口密度、城镇居民人均可支配收入、城镇登记失业人数、农业总产值、人均农产品产量、农作物播种面积、农村居民人均纯收入、人均水资源量、工业废水排放量、工业废气主要污染物排放量、生活垃圾无害处理率、工业固体废物综合利用率、污水处理厂集中处理率15项指标计算国土空间协调度，以此表征国土空间格局优化程度，采用面板数据的熵值法进行处理，避免随时间演变指标不可比的弊端，具体指标计算过程见第三章。

城镇空间集聚效率（$Edfus_{it}$）。该指标是本部分的重要解释变量，具体使用城市地均GDP来表征，主要用于反映城市土地的利用效率和经济集聚程度。计算公式为：城市地均GDP=城市市辖区GDP/市辖区行政区域面积，是城市地区每平方千米土地面积创造的生产总值，反映土地的使用效率以及城市的发展程度和经济集中程度。

农地生产率（Ape_{it}）。该指标是本部分的重要解释变量，具体使用土地产出率即每亩耕地的农业产值来表征。在稳健性检验部分，本书分别使用劳动产出率，即单位劳动力的农业产值以及农产品总产量来表征。农产品主要包括粮食产量、油料产量、棉花产量、水果产量和蔬菜产量等，其中粮食产量占比最大。

生态服务价值（$Pfes_{it}$）。该指标是本部分的重要解释变量，使用社会对生态服务的付费来表征，具体指标为节能环保支出。该指标反映社会节能环保支出总额，具体包括环境保护管理事务支出、环境监测与监察支出、污染治理支出、自然生态保护支出、天然林保护工程支出、退耕还林支出、能源节约利用、污染减排、可再生能源和资源综合利用等支出。数据收集过程如下：研究期内，内蒙古、辽宁、黑龙江、江苏、山东、四川等省份地级市和所有直辖市的数据均有统计，部分省份地级市没有该项指标的统计，本书自行计算，公式为：（省节能环保支出/一般公共预算支出）×地级市一般公共预算支出。其中，吉林和福建两省地级市没有统计财政支出数据，本书分别使用一般公共预算收入和各项税收收入代替。

其他变量（$Other$）。主要包括财政支农力度（$Sfag_{it}$）、农业机械化水平（Amd_{it}）、交通便利化程度（Tid_{it}）、信息化程度（$Infor_{it}$）、技术创新水平（$Tech_{it}$）、市场配置资源程度（$Mafr_{it}$）。其中，使用财政支农力度（$Sfag_{it}$）、交通便利化程度（Tid_{it}）、信息化程度（$Infor_{it}$）三个指标表征政府政策和制度性支持情况，信息化程度指标强调信息化的普及程度，由于在我国电信互联网基础设施由政府统筹建设，因此信息化普及程度即可表示政府政策和制度性支持的现状。使用农业机械化水平（Amd_{it}）、技术创新水平（$Tech_{it}$）、市场配置资源程度（$Mafr_{it}$）三个指标表征市场对资源的配置现状。具体来看，财政支农力度使用各城市农林水事务支出表征。农业机械化水平使用农业机械使用密度表征，计算公式为：农业机械使用密度＝农业机械总动力/农作物播种面积，表示每公顷土地上农业机械的使用情况。交通便利化程度使用交通基础设施密度表征，基础设施密度借鉴刘秉镰等（2011）[1]的研究，计算公式为：（公路里程数＋铁路里程数＋内河航道里程数）/国土面积，由于城市对铁路和水路运输里程统计不全，本书全部使用公路里程作为计算基础。信息化程度使用国际互联网用户数表征。技术创新水平使用专利申请数表征，既可以表示技术创新环境，也可以表示技术创新水平。市场配置资源程度指标具体参考王小鲁等（2018）[2]的市场化指数构建指标体系。充分考虑城市数据的可得性，使用地方财政支出占GDP比重的剩余项计算得来。

（三）数据来源

本部分基础数据来源于EPS数据库、Wind数据库和30个省（区、市）2007—2018年统计年鉴，多数指标可直接获得统计数据，但仍存在部分指标需要计算得来，本书根据相关基础数据进行计算。选取2007—2018年时间序列的主要原因在于，本书需要使用的财政

---

[1] 刘秉镰、刘玉海：《交通基础设施建设与中国制造业企业库存成本降低》，《中国工业经济》2011年第5期。

[2] 王小鲁、樊纲、胡李鹏：《中国分省份市场化指数报告（2018）》，社会科学文献出版社2019年版。

支出指标在2007年进行了统计口径的修改，2007年前后不可比。

二 国土空间格局优化的关键因素

对我国国土空间格局优化的影响因素的回归结果如表5-1所示。首先，本书通过逐步放入回归变量，考察重点关注的三个影响因素，发现提高城镇空间集聚效率对国土空间格局有显著的正向影响，即城镇空间利用效率越高，国土空间越朝着优化方向发展。提高农地生产率对国土空间格局有显著的正向影响，即农地产出率越高，国土空间越朝着优化方向发展。实现生态服务价值对国土空间格局有十分显著的正向影响，即对生态服务付费越多，国土空间越朝着优化方向发展。其次，从政府政策和制度建设以及市场配置资源对国土空间格局优化的影响方面来看，发现政府的财政支农政策对国土空间格局优化有显著的正向影响，表明政府的政策与制度支持对于我国国土空间格局优化有重要保障作用，不可忽视。同时市场配置资源程度显示出了对国土空间格局优化的正向促进作用，坚持市场对资源配置的决定性作用，有利于提升资源的利用效率，减少资源浪费，优化国土空间格局。通过多重共线性检验，解释变量之间不存在较强的共线性，回归结果可信。

表5-1　　　　　我国国土空间格局优化的影响因素

变量	被解释变量：国土空间格局优化度（$Cdfls_{it}$）			
	模型一	模型二	模型三	模型四
城镇空间集聚效率（$Edfus_{it}$）	0.0140 ** (2.45)	0.0113 ** (1.94)	0.0119 ** (2.02)	0.0101 ** (2.03)
农地生产率（Ape_{it}）		0.0253 * (1.87)	0.0263 ** (2.32)	0.0234 ** (2.04)

续表

变量	被解释变量：国土空间格局优化度（$Cdfls_{it}$）			
	模型一	模型二	模型三	模型四
生态服务价值（$Pfes_{it}$）			0.0008 *** (7.91)	0.0009 *** (7.96)
财政支农力度（$Sfag_{it}$）				0.0107 ** (2.08)
农业机械化水平（Amd_{it}）				0.0071 (0.64)
交通便利化程度（Tid_{it}）				0.0112 (0.45)
信息化程度（$Infor_{it}$）				0.0067 (1.21)
技术创新水平（$Tech_{it}$）				0.0010 (0.17)
市场配置资源程度（$Mafr_{it}$）				0.0870 * (1.96)
常数项	-1.3490 *** (-31.01)	-1.5264 *** (-14.37)	-1.5404 *** (-16.83)	-1.8236 *** (-10.99)
个体固定效应	控制	控制	控制	控制
时间固定效应	控制	控制	控制	控制
样本数	3408	3408	3408	3408
R^2	0.4159	0.4198	0.4312	0.4338
F	76.43 ***	72.57 ***	83.09 ***	63.40 ***

注：* 表示在10%的水平上显著，** 表示在5%的水平上显著，*** 表示在1%的水平上显著，回归使用聚类稳健的标准误，括号内为t值。

值得注意的是，在逐步放入城镇空间集聚效率、农地生产率、生态服务价值指标的过程中，模型的拟合优度逐渐提高，同时农地生产率对国土空间格局优化的影响由10%的显著性水平上升为5%的显著性水平，城镇空间集聚效率、生态服务价值对国土空间格局影响的显著性水平不变,分别为5%和1%。可见,城镇空间集聚效率、农地生产率、生态服务价值对国土空间优化度的影响存在差异。

为了考察城镇空间集聚效率、农地生产率、生态服务价值对模型拟合的差异,本书进一步对模型的拟合优度进行分解,并将结果进行标准化处理后,发现生态服务价值对模型的解释力度最大,对国土空间优化度的影响程度最大,其次是城镇空间集聚效率对模型的解释,农地生产率对模型解释的相对贡献度最小,如表5-2所示。这里需要说明的是,从表5-1中的回归结果中可以看到,生态服务价值的回归显著性最强,但回归系数最小,城镇空间集聚效率和农地生产率的回归显著性相同,但城镇空间集聚效率的回归系数明显小于农地生产率的回归系数。从后文展示的变量的描述性统计中可以明确看到,生态服务价值的单位是亿元,城镇空间集聚效率的单位是万元/平方千米,农地生产率的单位是万元/公顷,由于单位完全不同,回归系数所代表的经济含义完全不同,通过比较各变量回归系数的大小来定义不同变量对模型的解释能力就变得不科学。由于三种因素属于不同的领域,为了进一步考察以上三种因素对国土空间格局影响的差异性,同时考虑根据城镇空间集聚效率、农地生产率、生态服务价值分别进行不同层面的异质性检验,考察研究结论的普适性,进一步分别研究城镇空间集聚效率、农地生产率、生态服务价值对我国国土空间格局优化的影响十分必要。

表5-2　　　　城镇空间集聚效率、农地生产率、
　　　　　　　生态服务价值对模型解释的贡献

变量	被解释变量:国土空间格局优化度($Cdfls_{it}$)	
	相对贡献度	排名
城镇空间集聚效率($Edfus_{it}$)	0.2103	2

续表

变量	被解释变量：国土空间格局优化度（$Cdfls_{it}$）	
	相对贡献度	排名
农地生产率（Ape_{it}）	0.0890	3
生态服务价值（$Pfes_{it}$）	0.7008	1

注：上述结果为对 R^2 分解的相对贡献度。

第二节 城镇空间集聚效率对国土空间格局优化的影响

一直以来我国人口和经济都在不断向东部地区集聚，在国土开发重点与框架中，以京津冀、长三角等城市群和主要交通干线为主形成了全面的开发局面。但在我国市场经济条件下，由于受多种因素的影响，城镇空间开发效率低下，经济活动不断挤占农业空间和生态空间，环境污染问题突出，经济社会发展不协调。正确处理政府与市场的关系，及时纠正市场对资源的错配，更好地发挥政府的作用十分必要。因此，本部分重点探讨城镇空间集聚效率对我国国土空间格局的影响效应以及不同区域下这种影响是否稳健、是否存在差异，同时考虑不同经济社会变量异质性环境下政府和市场手段在不同区域推进国土空间格局优化中的作用。

一 模型设定与数据说明

为了进一步揭示城镇空间集聚效率对我国国土空间格局优化的影响，本部分主要模型设定如下：

$$Cdfls_{it} = \alpha_0 + \alpha_1 Edfus_{it} + \beta_1 Sfag_{it} + \beta_2 Amd_{it} + \beta_3 Tid_{it} + \beta_4 Infor_{it} + \beta_5 Tech_{it} + \beta_6 Mafr_{it} + \mu_i + \lambda_i + \varepsilon_{it}$$

(5.2)

其中，$Cdfls_{it}$为国土空间格局优化度，i为第i个地区，t为年份，$Edfus_{it}$为城镇空间集聚效率；$Sfag_{it}$、Amd_{it}、Tid_{it}、$Infor_{it}$、$Tech_{it}$、$Mafr_{it}$为控制变量，表示可能对国土空间格局优化度产生影响的指标，分别是财政支农力度、农业机械化水平、交通便利化程度、信息化程度、技术创新水平、市场配置资源程度。控制变量的选择主要考虑如下：国土空间优化度的计算需要考虑国土空间的价值量和实物量指标，为避免共同方法偏差带来的估计偏误，控制变量选择上述六类指标表征。μ_i为个体异质性，λ_i为时间效应，ε_{it}为随机误差项。

对所有变量进行描述性统计以了解原始指标的基本特征。由于部分城市数据极度缺失，财政收支数据在2007年前后不可比，本部分基准回归包含284个城市样本，12个时间序列，共3408个数据，具体统计如表5-3所示。

表5-3　　　　变量的描述性统计（2007—2018年）

变量	变量（单位）	样本数	均值	标准差	最小值	最大值
$Cdfls_{it}$	国土空间格局优化度	3408	0.3264	0.6668	0.1825	0.8658
$Edfus_{it}$	城镇空间集聚效率（万元/平方千米）	3408	6253.121	8452.929	17.73	121291.8
$Sfag_{it}$	财政支农力度（万元）	3408	319282.1	356397	11200	5760400
Amd_{it}	农业机械化水平（千瓦/公顷）	3408	7.0647	6.3208	0.2993	118.4907
Tid_{it}	交通便利化程度（千米/百平方千米）	3408	108.5649	88.4764	3.9455	1391.289
$Infor_{it}$	信息化程度（户）	3408	776427.3	1417274	236.53	51740000
$Tech_{it}$	技术创新水平（件）	3408	5585.68	16078.37	0	228608
$Mafr_{it}$	市场配置资源程度	3408	0.8180	0.9635	-0.4852	0.9563

注：根据原始数据整理并计算得到。

二 城镇空间集聚效率对国土空间格局优化的影响效应

(一) 基本实证结果

本部分控制个体效应和时间效应并逐步加入控制变量后考察城镇空间集聚效率对国土空间格局优化的影响效应。逐步放入控制变量的基准回归结果如表5-4所示：首先，提高城镇空间集聚效率对国土空间格局优化有显著的正向影响，即城镇空间利用效率越高，国土空间越朝着优化方向发展。同时该结果验证了理论模型假设，即城镇空间价值量提升一单位，会带动农业空间和生态空间价值量提升多于一单位。通过逐步放入控制变量，可以发现核心解释变量的显著程度没有变化，始终保持在5%的显著性水平上，该结果具有稳定性。其次，控制变量中市场配置资源程度显示出了对国土空间格局优化的正向促进作用，可见市场对资源的配置有利于提升资源的利用效率，减少浪费，有利于国土空间格局优化。

表5-4　城镇空间集聚效率对我国国土空间格局优化的影响

变量	被解释变量：国土空间格局优化度（$Cdfls_{it}$）						
	模型一	模型二	模型三	模型四	模型五	模型六	模型七
城镇空间集聚效率（$Edfus_{it}$）	0.0140** (2.45)	0.0140** (2.44)	0.0139** (2.45)	0.0140** (2.45)	0.0136** (2.39)	0.0135** (2.31)	0.0122** (2.28)
财政支农力度（$Sfag_{it}$）		0.0068 (0.88)	0.0074 (0.95)	0.0073 (0.93)	0.0070 (0.88)	0.0069 (0.88)	0.0097 (1.21)
农业机械化水平（Amd_{it}）			0.1030 (0.89)	0.0099 (0.86)	0.0099 (0.85)	0.0099 (0.87)	0.0100 (0.87)
交通便利化程度（Tid_{it}）				0.0063 (0.25)	0.0061 (0.24)	0.0059 (0.23)	0.0083 (0.33)

第五章 国土空间格局优化的支撑条件与优化路径

续表

变量	被解释变量：国土空间格局优化度（$Cdfls_{it}$）						
	模型一	模型二	模型三	模型四	模型五	模型六	模型七
信息化程度（$Infor_{it}$）					0.0025（0.43）	0.0024（0.41）	0.0024（0.41）
技术创新水平（$Tech_{it}$）						0.0009（0.14）	0.0012（0.21）
市场配置资源程度（$Mafr_{it}$）							0.0980**（2.13）
常数项	-1.3490***（-31.01）	-1.4245***（-15.01）	-1.4472***（-14.56）	-1.4730***（-11.39）	-1.4964***（-10.08）	-1.4967***（-10.04）	-1.6153***（-10.30）
个体固定效应	控制	控制	控制	控制	控制	控制	控制
时间固定效应	控制	控制	控制	控制	控制	控制	控制
样本数	3408	3408	3408	3408	3408	3408	3408
R^2	0.4159	0.4162	0.4166	0.4167	0.4168	0.4168	0.4186
F	76.43***	71.68***	69.45***	64.82***	60.81***	57.44***	57.18***

注：* 表示在10%的水平上显著，** 表示在5%的水平上显著，*** 表示在1%的水平上显著，回归使用聚类稳健的标准误，括号内为t值。

虽然固定效应模型能够部分解决遗漏变量引起的内生性问题，但由于测量误差、双向因果形成的内生性问题会使结果产生偏误，因此需要考虑回归中存在的内生性问题，并给予恰当处理。城市的建成区是城市中已经连片开发的区域，有完善的公共基础设施，是城市实际建设用地所达到的范围，建成区面积越大，未建成的行政区域面积越小，地均GDP越高。鉴于此，使用城市建成区面积作为工具变量进行回归。回归结果（见表5-5）显示，在稳健标准误克服异方差的情况下，2SLS和GMM是等价的，两个回归结果相同。与基准回归结果相比，城镇空间集聚效率的系数变大，显著程度提高，基准回归结果可信。

表 5-5　　解决内生性问题的检验结果

	被解释变量：国土空间格局优化度（$Cdfls_{it}$）	
	2SLS	GMM
城镇空间集聚效率（$Edfus_{it}$）	0.0443 *** (3.59)	0.0443 *** (3.59)
样本数	3407	3407
Partial-R^2	0.5031	0.5031
F	186.794 ***	—
LM	—	131.787 ***

注：回归中控制变量不变，考虑时间和个体差异；* 表示在10%的水平上显著，** 表示在5%的水平上显著，*** 表示在1%的水平上显著，回归使用聚类稳健的标准误，括号内为z值。

（二）稳健性检验

基准回归包含所有数据齐全的284个样本城市，为保证结果的稳健性，修改样本重新回归。考虑到我国城市众多，集聚经济和人口的能力以及经济发展程度差异巨大，为了避免由于小部分经济发展较快的城市对整体回归结果的影响，稳健性检验部分使用的新样本分别为剔除直辖市、省会城市、东部沿海城市的地级市样本和省级样本，在稳健性检验中使用城市地均 GDP 作为核心解释变量进行检验。模型一和模型二为地级市数据检验结果，模型三和模型四为省级数据检验结果。稳健性检验结果如表 5-6 所示：首先，经样本调整后的检验结果与基准回归结果一致，表明基准回归结论具有稳健性，即城镇空间集聚效率对国土空间格局优化具有显著的影响，且城镇空间集聚效率越高，越有利于国土空间格局优化。其次，省级数据回归结果显著性和回归系数均高于基准回归，表明基准回归结果更加稳健和可靠。同时代表政府政策和制度的变量财政支农力度和代表市场资源配置情况的技术创新水平对国土空间格局优化具有显著的正向影响，表明国土空间格局优化需要通过市场配置资源以实现技术创新,同时离不开政府政策和制度体系的保障。

表 5-6　城镇空间集聚效率对国土空间格局优化影响的稳健性检验结果

变量	被解释变量:国土空间格局优化度($Cdfls_{it}$)			
	模型一	模型二	模型三	模型四
城镇空间集聚效率($Edfus_{it}$)	0.0116* (1.71)	0.1068** (2.14)	0.0535** (2.25)	0.0779*** (3.09)
财政支农力度($Sfag_{it}$)		0.0146 (1.37)		0.0889* (1.95)
农业机械化水平(Amd_{it})		0.0039 (0.29)		0.0323 (1.15)
交通便利化程度(Tid_{it})		-0.0112 (-0.47)		0.0457 (0.47)
信息化程度($Infor_{it}$)		0.0097 (1.37)		-0.0275 (-0.68)
技术创新水平($Tech_{it}$)		-0.0075 (-0.80)		0.0492** (2.55)
市场配置资源程度($Mafr_{it}$)		0.0645 (1.52)		-0.1462 (-0.49)
常数项	-1.2455*** (-149.74)	-1.4966*** (-7.99)	-1.0404*** (-106.31)	-1.9637*** (-2.81)
个体固定效应	控制	控制	控制	控制
时间固定效应	控制	控制	控制	控制
样本数	2796	2796	360	360
R^2	0.3754	0.3795	0.8816	0.8989
F	61.72***	43.65***	107.65***	82.83***

注:*表示在10%的水平上显著,**表示在5%的水平上显著,***表示在1%的水平上显著,回归使用聚类稳健的标准误,括号内为t值。

(三)异质性检验

本部分的分析主要分为两个方面:首先,将总体样本数据按照国家统计局划分的四大板块[①]重新归类,通过分样本回归进行区域差异分析。其次,提取总体样本数据中的主要城市群数据,包括长三角城市群、京津冀城市群、成渝城市群和长江中游城市群,分析在国家推进城镇空间高效集聚,各城市间产业联系紧密、分工合作较强的区域,城镇空间的集聚效率是否对城市群国土空间格局产生有利影响以及各城市群之间是否存在差异。

我国四大板块城镇空间集聚效率对国土空间格局优化影响的检验结果如表5-7所示:首先,东部地区提升城镇空间集聚效率对国土空间格局优化产生显著的正向影响。东部地区经济发展较早,一直以来追求经济高速增长,生态环境受到严重破坏,但随着国土空间经济联系日益紧密,城镇空间集聚效率越高,有利于减轻对农业空间和生态空间资源的挤占,同时提高对农业生产技术、环境保护技术以及就业岗位等的供给能力,有利于国土空间格局优化。其次,中部地区城镇空间集聚效率对其国土空间格局优化具有显著的影响,中部崛起计划是中部地区城市提升集聚力的重要支撑,同时部分城市位于长江经济带,对于集聚经济和人口,促进国土空间格局优化起到重要作用。再次,西部地区城镇空间集聚效率对国土空间格局优化产生显著影响,西部地区城市发展基础差、水平低,但近年来,西部地区主要城市经济发展速度增快,基础设施建设逐步完善,国土空间上的经济联系越来越畅通,促使城镇空间经济发展对农业空间、生态空间产生良好的带动作用,对国土空间格局优化产生显著影响。最后,东北地区提高城镇空间集聚效率对其国土空间格局优化具有显著的正向影响,

---

[①] 本书参照中华人民共和国国家统计局公布的统计制度及分类指标(12),将四大板块进行如下划分:东部10省(市)包括北京、天津、河北、上海、江苏、浙江、福建、山东、广东和海南;中部6省包括山西、安徽、江西、河南、湖北和湖南;西部12省(区、市)包括内蒙古、广西、重庆、四川、贵州、云南、西藏、陕西、甘肃、青海、宁夏和新疆;东北3省包括辽宁、吉林和黑龙江。

且该影响较其他地区更加显著。东北地区城镇空间经济发展动力不足，水平落后，农业生产能力较强，重视生态环境保护，城镇空间加快集聚人口和经济将显著提升国土空间优化度。

从控制变量的回归结果来看，东部地区市场配置资源的程度对国土空间格局优化有显著的正向影响。东部地区自改革开放以来在经济社会的各方面都享有政府政策和制度的大力支持，社会保障、基础设施等方面都遥遥领先，此时就需要完善市场机制，充分发挥市场配置资源的能力，以此推进东部地区国土空间格局的优化。中部地区回归结果显示财政支农力度、农业机械化水平和技术创新水平对国土空间格局优化起到显著的促进作用。中部地区是我国重要的粮食主产区，是我国的粮仓，加大对农产品生产的支持会对国土空间格局优化产生重要影响。同时中部地区技术创新水平仍然较低，加大对先进技术的引进、消化、吸收有利于其国土空间格局优化。这一回归结果表明中部地区国土空间格局优化离不开市场机制的完善和政策制度的支持。西部地区回归结果显示技术创新水平的提高能够显著促进国土空间格局优化。西部地区技术发展水平相对较弱，较小的技术冲击将有力促进国土空间格局优化，同时表明完善市场体系，市场配置资源能够极大地推进国土空间格局的优化。提升东北地区交通便利化程度和信息化程度有利于城镇空间、农业空间和生态空间的经济联系，进而促进国土空间格局优化。特别地，东北地区农业机械化水平和技术创新水平对国土空间格局优化产生了显著的负向影响。可能的原因在于，我国东北地区的粮食生产质量高，土地平整，为了提升单产，大规模的机械化也在一定程度上造成了环境污染，而技术水平的提升如果多用于资源的开采将不利于国土空间格局优化。这一回归结果表明，政府的政策和制度设计对东北地区国土空间优化起着良好的促进作用，然而市场对资源出现了错误配置，对国土空间格局产生不利影响。东部地区应及时通过政策措施纠正市场对资源的错配,将市场和政府手段结合起来,推动国土空间格局朝着更加优化的方向发展。

表5-7　我国四大板块城镇空间集聚效率对国土空间格局优化的影响

变量	被解释变量：国土空间格局优化度（$Cdfls_{it}$）			
	东部	中部	西部	东北
城镇空间集聚效率（$Edfus_{it}$）	0.0053 ** (2.17)	0.0179 ** (2.21)	0.0008 ** (2.09)	0.0169 *** (2.79)
财政支农力度（$Sfag_{it}$）	0.0055 (1.26)	0.0227 * (1.68)	0.0015 (0.39)	-0.0167 (-1.33)
农业机械化水平（Amd_{it}）	-0.0020 (-0.26)	0.0580 *** (3.53)	0.0088 (1.54)	-0.0250 * (-1.87)
交通便利化程度（Tid_{it}）	0.0021 (0.19)	0.0196 (0.71)	0.0015 (0.17)	0.0430 * (1.88)
信息化程度（$Infor_{it}$）	-0.0051 (-1.46)	0.0037 (0.20)	-0.0018 (-0.07)	0.0151 ** (2.09)
技术创新水平（$Tech_{it}$）	-0.0055 (-1.55)	0.0351 *** (5.02)	0.0070 ** (2.15)	-0.147 *** (-2.78)
市场配置资源程度（$Mafr_{it}$）	0.0188 * (1.81)	-0.1810 (-0.92)	0.0037 (0.19)	0.1227 (1.24)
常数项	0.3092 *** (3.49)	-1.4255 *** (-8.23)	0.2255 *** (3.35)	0.1642 (0.66)
个体固定效应	控制	控制	控制	控制
时间固定效应	控制	控制	控制	控制
样本数	1044	960	996	407
R^2	0.4405	0.4949	0.3652	0.2586
F	38.70 ***	34.68 ***	28.61 ***	30.01 ***

注：* 表示在10%的水平上显著，** 表示在5%的水平上显著，*** 表示在1%的水平上显著，回归使用聚类稳健的标准误，括号内为t值。

第五章 国土空间格局优化的支撑条件与优化路径

在分析城市群提高城镇空间集聚效率对其国土空间格局优化的影响时，本部分没有选取经济实力较强、人口集聚的粤港澳大湾区城市群。主要考虑如下：本部分尽可能地选取我国发展较为成熟、经济总量占比较大、级别较高的城市群，其中长三角、京津冀和成渝城市群不失为较好的选择。由于粤港澳大湾区中香港、澳门特别行政区均不包含于研究样本中，仅剩的广州9市不具有代表性，同时考虑观察值较少，因此没有选取粤港澳大湾区。

将我国四大城市群作为研究样本的回归结果如表5-8所示。长三角、京津冀和成渝城市群城镇空间集聚效率对其国土空间格局优化具有显著的影响，并且随着城镇空间集聚效率越高，国土空间格局优化度越高。成渝城市群GDP总量占比小，但城市发展较快，其城镇空间的发展对于农业空间和生态空间发展带动作用表现更为明显。由检验结果可以看出，长江中游城市群城镇空间集聚效率对其国土空间格局优化能够产生促进作用，但不难发现这种促进作用在统计上是边际显著的。产生这种结果的原因可能是长江中游城市群以武汉为中心，是推进中部崛起战略的重点区域，2015年出台城市群发展规划，属于我国批复较晚的城市群，其城市发展较其他城市群慢，正处于城市化快速发展的阶段。也可能是由于长江中游城市群的样本量较少，若将检验样本修改为县域数据，扩大样本容量，检验结果可能会更加清晰明了，但限于数据可得性，该项检验作为本书的未来拓展方向之一。尽管如此，对于长江中游的检验发现了城镇空间集聚效率与国土空间格局优化之间正向关系的可能性，在一定程度上是有意义的。

从控制变量的回归结果可以看出，长三角城市群财政支农力度、农业机械化水平和信息化水平对其国土空间格局优化具有显著的促进作用。长三角城市群是我国批复最早的城市群之一，是我国最大的经济区。其在发展过程中受到大量的政策支持，成为各方面制度建设的试点地区。在长三角城市群经济社会取得长足发展的同时，农业生产和农民生活成为其国土空间格局进一步优化的障碍，因此充分发挥市场机制的作用和政府政策的保障作用，推进农业高质量发展，提高农民生活水平至关重要。京津冀城市群的回归结果显示，市场配置资源程度和信息化水平对其国土空间格局优化具有显著的促进作用。虽然批复较晚，但该城市群以首都北京为核心，得到了政府的关注和政策上的支持，但由于河北部分城市与北京、天津之间基础设施完善程度差距大，仍需要政府继续完善基础设施建设。同时需要完善周边城市的市场机制，充分发挥市场对资源的配置作用，以推进国土空间格局的优化。成渝城市群和长江中游城市群回归结果显示，技术创新水平和市场配置资源程度对其国土空间格局优化具有显著的促进作用。成渝城市群和长江中游城市群批复都较晚，政策支持力度大，但不可否认，两个城市群中的城市在城市经济、农业生产、居民生活和生态环境方面的发展仍不完善，市场体系不健全，这是其国土空间格局优化的障碍，因此要提高市场对资源配置的程度，推进国土空间格局的优化。

表 5-8　　我国四大城市群城镇空间集聚效率对国土空间格局优化的影响

变量	被解释变量：国土空间格局优化度（$Cdfls_{it}$）			
	长三角	京津冀	成渝	长江中游
城镇空间集聚效率（$Edfus_{it}$）	0.0091 * (1.91)	0.0116 *** (3.20)	0.0249 *** (3.22)	0.0062 * (1.65)
财政支农力度（$Sfag_{it}$）	0.0167 ** (2.50)	-0.0717 (-1.49)	-0.0063 (-1.31)	0.0093 (0.81)

续表

变量	被解释变量：国土空间格局优化度（$Cdfls_{it}$）			
	长三角	京津冀	成渝	长江中游
农业机械化水平（Amd_{it}）	0.0353 *** (3.28)	0.1073 (2.01)	0.0053 (0.20)	0.0429 *** (5.13)
交通便利化程度（Tid_{it}）	-0.0037 (-0.53)	0.1039 (0.90)	-0.1223 (-0.60)	-0.0022 (-0.08)
信息化程度（$Infor_{it}$）	0.0144 ** (2.50)	0.0305 ** (2.04)	0.1183 (0.33)	0.0095 (1.51)
技术创新水平（$Tech_{it}$）	-0.0044 (-1.52)	-0.0206 (-1.07)	0.0194 * (1.96)	0.0130 *** (3.94)
市场配置资源程度（$Mafr_{it}$）	0.1269 (1.30)	0.4718 * (1.81)	0.0421 ** (2.04)	0.2005 *** (2.58)
常数项	0.1435 (1.07)	1.3419 *** (3.84)	0.4867 ** (2.20)	-0.2042 (-1.04)
个体固定效应	控制	控制	控制	控制
时间固定效应	控制	控制	控制	控制
样本数	312	156	228	372
R^2	0.6945	0.5582	0.4980	0.4826
F	59.32 ***	12 ***	4712.11 ***	17.78 ***

注：* 表示在10%的水平上显著，** 表示在5%的水平上显著，*** 表示在1%的水平上显著，回归使用聚类稳健的标准误，括号内为t值。

第三节 农地生产率对国土空间格局优化的影响

粮食安全问题关系到国计民生，保障农产品生产空间，实现农产品自给和粮食安全是国土空间治理赋予农业空间的重要任务。市场对资源配置起决定性作用,工业生产对经济增长的拉动作用更强,使得城市边界不断扩张,土地由农村流向城市,并且耕地成为土地城市化最重要的来源。与此同时,我国农产品进口依赖性依然较强,部分农产品产量低,不能满足居民生产生活,质量差,无法满足更高层次需求,国土空间上经济社会的发展不协调。因此,本部分重点探讨农地生产率对国土空间格局优化的影响效应以及不同区域下这种影响是否稳健、是否存在差异,同时考虑不同经济社会变量异质性环境下政府和市场手段在不同区域推进国土空间格局优化中的作用。

一 模型设定与数据说明

为了进一步揭示农地生产率对我国国土空间格局优化的影响,本部分主要模型设定如下:

$$Cdfls_{it} = \alpha_0 + \alpha_1 Ape_{it} + \beta_1 Sfag_{it} + \beta_2 Amd_{it} + \beta_3 Tid_{it} + \beta_4 Infor_{it} + \beta_5 Tech_{it} + \beta_6 Mafr_{it} + \mu_i + \lambda_i + \varepsilon_{it}$$

(5.3)

其中,$Cdfls_{it}$为国土空间格局优化度,i为第i个地区,t为年份,Ape_{it}为农地生产率;$Sfag_{it}$、Amd_{it}、Tid_{it}、$Infor_{it}$、$Tech_{it}$、$Mafr_{it}$为控制变量,表示可能对国土空间格局优化度产生影响的指标,分别是财政支农力度、农业机械化水平、交通便利化程度、信息化程度、技术创新水平、市场配置资源程度。控制变量的选择主要考虑如下:国土空间格局优化度的计算需要考虑国土空间的价值量和实物量指标,为避免共同方法偏差带来的估计偏误,控制变量选择上述六类指标表征。μ_i为个体异质性,λ_i为时间效应,ε_{it}为随机误差项。对所有变量进行描述性统计以了解原始指标的基本特征,具体统计如表5-9所示。

表 5-9 变量的描述性统计（2007—2018 年）

变量	变量（单位）	样本数	均值	标准差	最小值	最大值
$Cdfls_{it}$	国土空间格局优化度	3408	0.3264	0.6668	0.1825	0.8658
Ape_{it}	农地生产率（万元/公顷）	3408	13497.05	150153.2	184.1662	4912390
$Sfag_{it}$	财政支农力度（万元）	3408	319282.1	356397	11200	5760400
Amd_{it}	农业机械化水平（千瓦/公顷）	3408	7.0647	6.3208	0.2993	118.4907
Tid_{it}	交通便利化程度（千米/百平方千米）	3408	108.5649	88.4764	3.9455	1391.289
$Infor_{it}$	信息化程度（户）	3408	776427.3	1417274	236.53	51740000
$Tech_{it}$	技术创新水平（件）	3408	5585.68	16078.37	0	228608
$Mafr_{it}$	市场配置资源程度	3408	0.8180	0.9635	-0.4852	0.9563

注：根据原始数据整理并计算得到。

二 农地生产率对国土空间格局优化的影响效应

（一）基本实证结果

通过控制个体效应和时间效应并逐步加入控制变量考察提高农地生产率对我国国土空间格局优化的影响效应。逐步放入控制变量的基准回归结果如表5-10所示：首先，提高农地生产率对国土空间格局优化有显著的正向影响，即农业产出率越高，国土空间越朝着优化的方向发展。通过逐步放入控制变量，可以发现核心解释变量的回归结果始终具有统计上的显著性，该回归结果具有稳定性。其次，控制变量中市场配置资源程度显示出了对国土空间格局优化的正向促进作用，可见市场对资源的配置有利于提升资源的利用效率，减少浪费，有利于国土空间格局优化。

表 5-10　　农地生产率对我国国土空间格局优化的影响

变量	被解释变量：国土空间格局优化度（$Cdfls_{it}$）							
	模型一	模型二	模型三	模型四	模型五	模型六	模型七
农地生产率（Ape_{it}）	0.0273** (2.05)	0.0273** (2.03)	0.0267** (2.01)	0.0265** (2.05)	0.0263** (2.03)	0.0263** (2.03)	0.0249** (2.01)
财政支农力度（$Sfag_{it}$）		0.0068 (0.86)	0.0071 (0.89)	0.0071 (0.88)	0.0067 (0.83)	0.0067 (0.84)	0.0095 (1.16)
农业机械化水平（Amd_{it}）			0.0047 (0.41)	0.0045 (0.39)	0.0046 (0.40)	0.0047 (0.40)	0.0050 (0.44)
交通便利化程度（Tid_{it}）				0.0033 (0.12)	0.0031 (0.12)	0.0031 (0.12)	0.0055 (0.22)
信息化程度（$Infor_{it}$）					0.0029 (0.50)	0.0029 (0.49)	0.0028 (0.48)
技术创新水平（$Tech_{it}$）						-0.0002 (-0.03)	0.0002 (0.03)
市场配置资源程度（$Mafr_{it}$）							0.0958** (2.09)
常数项	-1.1497*** (-8.85)	-1.5337*** (-9.97)	-1.5390*** (-10.02)	-1.5516*** (-9.24)	-1.5800*** (-8.70)	-1.5792*** (-8.69)	-1.6943*** (-9.15)
个体固定效应	控制	控制	控制	控制	控制	控制	控制
时间固定效应	控制	控制	控制	控制	控制	控制	控制
样本数	3408	3408	3408	3408	3408	3408	3407
R^2	0.4185	0.4188	0.4188	0.4189	0.4190	0.4190	0.4207
F	77.51***	72.04***	68.66***	64.21***	60.19***	56.67***	56.23***

注：*表示在10%的水平上显著，**表示在5%的水平上显著，***表示在1%的水平上显著，回归使用聚类稳健的标准误，括号内为t值。

虽然固定效应模型能够部分解决遗漏变量引起的内生性问题，但由于测量误差、双向因果形成的内生性问题会使结果产生偏误，因此需要考虑回归中存在的内生性问题，并给予恰当处理。本部分使用农地生产率的滞后一期作为工具变量进行回归。回归结果如表 5-11 所示，在稳健标准误克服异方差的情况下，2SLS 和 GMM 是等价的，两个回归结果相同。与基准回归结果相比，城镇空间高效开发的系数变大，显著程度提高，基准回归结果可信。

表 5-11 解决内生性问题的检验结果

	被解释变量：国土空间格局优化度（$Cdfls_{it}$）	
	2SLS	GMM
农地生产率（Ape_{it}）	0.0097*** (5.63)	0.0097*** (5.63)
样本数	3123	3123
Partial-R^2	0.9322	0.9322
F	42860.8***	—
LM	—	165.496***

注：回归中控制变量不变，考虑时间和个体差异；* 表示在10%的水平上显著，** 表示在5%的水平上显著，*** 表示在1%的水平上显著，回归使用聚类稳健的标准误，括号内为 z 值。

（二）稳健性检验

为保证结果稳健，进一步对样本进行检验。首先，考虑农业生产率包含农地生产率和劳动生产率两个方面，两者通常会被学者一起研究，那么使用劳动产出率进行回归观察其对国土空间格局优化的影响，对优化国土空间格局的实际工作是大有裨益的。同时考虑我国在划定耕地红线之后，耕地的面积实际变化不大，在有限的耕地上提高生产率的问题，就可以直接使用农业总产值替代进行进一步检验。其次，基准回归包含所有数据齐全的 284 个样本城市，为保证结果的稳健性，农业发展基础好，产出率较高的粮食主产区可能会对基准回归结果产生影响，因此将新的样本修改为剔除我国粮食主产区的城市样本进行检验。模型一为使用劳动产出率作为核心解释变量的数据检验结果，模型二为使用农业总产量作为核心解释变量的数据检验结果，模型三为减少样本的城市数据检验结果。

如表5-12所示，稳健性检验结果与基准回归结果一致，表明基准回归得出的结论具有稳健性，即提高农地生产率对国土空间格局优化具有显著的影响，农业生产能力越强，越有利于国土空间格局优化。具体来讲，当提到农地生产效率或农业生产能力时，首先就是提高有限耕地的产出能力和价值。从稳健性检验结果还可以得出的结论是，提高单位劳动力的农业收入也是农业生产率的重要方面，因此，将耕地上的剩余劳动力由农业空间转到城镇空间有利于国土空间格局优化。同时代表政府政策和制度的变量财政支农力度和代表市场资源配置情况的农业机械化水平、技术创新水平和市场配置资源程度均对国土空间格局优化具有显著的正向影响，表明国土空间格局优化需要通过市场配置资源以实现创新，同时离不开政府政策和制度体系的保障作用。

表5-12　农地生产率对国土空间格局优化影响的稳健性检验结果

变量	被解释变量：国土空间格局优化度（$Cdfls_{it}$）		
	模型一	模型二	模型三
农地生产率（Ape_{it}）	0.0363 ** (2.51)	0.0735 *** (5.14)	0.0236 ** (2.13)
财政支农力度（$Sfag_{it}$）	0.0424 *** (4.68)	0.0051 (0.64)	0.0134 (1.46)
农业机械化水平（Amd_{it}）	0.0211 * (1.89)	0.0229 ** (2.00)	-0.0090 (-0.69)
交通便利化程度（Tid_{it}）	0.0020 (0.06)	0.0005 (0.02)	0.0050 (0.21)

续表

变量	被解释变量：国土空间格局优化度（$Cdfls_{it}$）		
	模型一	模型二	模型三
信息化程度（$Infor_{it}$）	0.0065 (1.01)	0.0017 (0.29)	-0.0011 (-0.20)
技术创新水平（$Tech_{it}$）	0.0156*** (2.96)	0.0040 (0.75)	0.0101*** (3.78)
市场配置资源程度（$Mafr_{it}$）	0.0757 (1.60)	0.1019** (2.37)	0.0188 (0.32)
常数项	-2.004*** (-13.55)	-1.8823*** (-10.30)	-1.6047*** (-8.29)
个体固定效应	控制	控制	控制
时间固定效应	控制	控制	控制
样本数	2735	3407	1752
R^2	0.3966	0.4653	0.4619
F	78.14***	56.55***	36.26***

注：* 表示在10%的水平上显著，** 表示在5%的水平上显著，*** 表示在1%的水平上显著，回归使用聚类稳健的标准误，括号内为t值。

（三）异质性检验

本部分的分析主要分为两个方面：首先，通过将总体样本数据按照国家统计局划分的四大板块重新归类，进行分样本回归，进行区域差异分析。其次，将样本城市按照以平原为主、以丘陵为主、以高原为主和中西部盆地、山地的划分方式重新归类，分别对相关区域的城市进行分样本回归。对于该划分方法主要考虑如下：本部分的核心解释变量为农地生产率，显然农业生产效率受到地形地势的影响较大，我国国土面积广阔，涉及平原、山地、丘陵、盆地、高原全部地形，东部地区北方城市、东北地区大部分属于平原地区，交通可达性高，东部地区南方城市大部分属于丘陵地形，中部、西部地区主要是高原、盆地、山地地形，在中部、西部地区样本中将高原地形的城市抽取出来，剩余盆地、山地城市样本自成一组，探讨不同地形地势情况下农地生产率对其国土空间格局优化的影响是否有差异。

我国四大板块农地生产率对国土空间格局优化影响的检验结果如表5-13所示。首先，东部地区提高农地生产率对国土空间格局优化产生显著的正向影响，即提高东部地区农地生产效率有利于国土空间格局优化。东部地区城镇空间经济发展较早，一直以来追求经济高速增长，农地生产效率的提升将有利于农业空间与其他国土空间，特别是与城镇空间的协调发展。其次，中部地区和东北地区提高农地生产率对其国土空间格局优化起到显著的正向影响，中部地区和东北地区作为我国的粮仓，加大对农产品生产的支持会对国土空间格局优化产生重要影响。最后，西部地区提高农地生产率对国土空间格局优化产生显著正向影响，西部地区农产品大规模生产的自然条件较差，交通通达性较差，农业生产的发展一直受到制约，导致贫困多发，农地生产率的提升对农业空间上经济活动的发展，进而国土空间格局优化有重要影响。

控制变量的回归结果：东部地区财政支农力度、交通便利化程度、技术创新水平和市场配置资源的程度对国土空间格局优化有显著的正向影响，也就是说，在发挥市场配置资源的决定性作用的同时，也不能忽略政策的支持作用。中部地区回归结果显示财政支农力度、农业机械化水平对国土空间格局优化起到显著的促进作用。中部地区是我国重要的粮食主产区，是我国的粮仓，加大对农产品生产的支持会对国土空间格局优化产生重要影响。这一回归结果表明中部地区国土空间格局优化离不开市场机制的完善和政策制度的支持。与第二节中的回归结果一致，西部地区回归结果显示技术创新水平的提高能够显著促进国土空间格局优化。西部地区技术发展水平相对较弱，较小的技术冲击将有力促进国土空间格局优化,同时表明完善市场体系,市场配置资源能够极大地推进国土空间格局的优化。与第二节中的回归结果一致,提升东北地区财政支农力度、交通便利化程度和信息化程度有利于城镇空间、农业空间和生态空间的经济联系,进而促进国土空间格局优化。同样地,东北地区农业机械化水平和技术创新水平对国土空间格局优化产生了显著的负向影响。这一回归结果表明,政府的政策和制度设计对东北地区国土空间优化起着良好的促进作用,然而市场对资源出现了错误配置,对国土空间格局产生不利影响。东部地区应及时通过政策措施纠正市场对资源的错配,将市场和政府手段结合起来,推动国土空间格局朝着更加优化的方向发展。

表 5-13　我国四大板块农地生产率对国土空间格局优化的影响

变量	被解释变量:国土空间格局优化度($Cdfls_{it}$)			
	东部地区	中部地区	西部地区	东北地区
农地生产率(Ape_{it})	0.0187** (2.39)	0.0307** (2.06)	0.0044*** (4.01)	0.0551* (1.80)
财政支农力度($Sfag_{it}$)	0.0589*** (8.58)	0.0221*** (3.82)	0.0013 (0.30)	-0.0702** (-2.07)
农业机械化水平(Amd_{it})	0.0018 (0.12)	0.0168*** (3.06)	0.0070 (1.08)	-0.0133*** (-2.89)
交通便利化程度(Tid_{it})	0.0416** (2.16)	-0.0010 (-1.12)	-0.0007 (-0.06)	0.0032*** (7.23)
信息化程度($Infor_{it}$)	-0.0042 (-0.89)	-0.0026 (-0.70)	-0.0006 (-0.22)	0.0283* (1.84)
技术创新水平($Tech_{it}$)	0.0102* (1.87)	0.0048 (1.51)	0.0062* (1.95)	-0.0496*** (-3.10)
市场配置资源程度($Mafr_{it}$)	0.0730* (1.68)	0.0629 (1.10)	0.0069 (0.29)	0.2668 (1.33)

续表

变量	被解释变量：国土空间格局优化度（$Cdfls_{it}$）			
	东部地区	中部地区	西部地区	东北地区
常数项	-2.1516*** (-18.47)	-0.0003 (-0.00)	0.2445 (3.26)	-0.7258 (-1.30)
个体固定效应	控制	控制	控制	控制
时间固定效应	控制	控制	控制	控制
样本数	1044	960	996	407
R^2	0.4412	0.5556	0.3659	0.3522
F	107.56***	26.91***	19.84***	52.55***

注：* 表示在10%的水平上显著，** 表示在5%的水平上显著，*** 表示在1%的水平上显著，回归使用聚类稳健的标准误，括号内为t值。

所有分样本回归结果如表5-14所示：提高农地生产率对国土空间格局优化产生显著正向影响。平原地区城市包含东北平原、华北平原、长江中下游平原城市，样本回归结果显示农地生产率对国土空间协调的影响在10%的水平显著，显著水平较低可能的原因在于，平原地区农业发展基础好，生产效率高，农地生产效率的缓慢提升对国土空间格局优化的作用较小，只能通过更高效率的农业生产才能十分显著地提升国土空间优化度；丘陵地区样本则包括东南丘陵地区的主要城市，高原地区样本则包括云贵高原、内蒙古高原、青藏高原、黄土高原地区的主要城市，回归结果显示以这两种地形为主的城市农地生产率对国土空间格局优化的影响在5%的水平上显著；西部盆地、山地地区提高农地生产率对国土空间格局优化产生显著正向影响，并在1%的水平上显著，主要原因在于该模型使用的样本城市多处于盆地，四川大部分城市处于成都平原之上，土壤肥沃，农业生产能力较高，对国土空间格局优化产生正向促进作用。从控制变量的回归结果来看，不同地形的城市显示出的回归结果虽然不同，但由于我国幅员辽阔，各省市都包含几种不同的地形类型，因此这一回归结果表明，在推进国土空间格局优化的进程中，市场对资源的配置、市场主体的创新水平、农业机械化水平等市场因素起着决定性作用，而政府的财政支农政策和信息化等基础设施建设水平起着重要保障性作用，缺一不可。

表 5-14　我国四大区域农地生产率对国土空间格局优化的影响

变量	被解释变量：国土空间格局优化度（$Cdfls_{it}$）			
	平原	丘陵	高原	盆地、山地
农地生产率（Ape_{it}）	0.0715* (1.79)	0.0161** (1.99)	0.0400** (1.98)	0.0669*** (6.43)
财政支农力度（$Sfag_{it}$）	0.0059 (0.32)	0.0110 (1.20)	0.0306* (1.79)	0.0060 (0.38)
农业机械化水平（Amd_{it}）	-0.0245 (-1.58)	0.0343*** (3.85)	-0.0292* (-1.80)	0.0134 (0.59)
交通便利化程度（Tid_{it}）	0.0202 (0.50)	0.0040 (0.22)	-0.0452 (-0.98)	-0.0936 (-0.93)
信息化程度（$Infor_{it}$）	0.0085 (0.63)	-0.1017* (-1.82)	0.0156** (2.06)	0.0157 (1.33)
技术创新水平（$Tech_{it}$）	-0.0105 (-1.35)	0.0256*** (3.34)	0.0097 (0.87)	-0.0052 (-0.30)
市场配置资源程度（$Mafr_{it}$）	0.1033 (1.56)	0.1376 (1.14)	0.0744 (1.14)	-0.1605** (-2.71)
常数项	-1.4961*** (-6.01)	-1.4859*** (-7.08)	-1.6906*** (-5.72)	-0.9483 (-1.84)
个体固定效应	控制	控制	控制	控制
时间固定效应	控制	控制	控制	控制
样本数	1475	972	576	384

续表

变量	被解释变量：国土空间格局优化度（$Cdfls_{it}$）			
	平原	丘陵	高原	盆地、山地
R^2	0.4240	0.4670	0.4537	0.5884
F	32.93 ***	45.05 ***	23.53 ***	41.30 ***

注：* 表示在10%的水平上显著，** 表示在5%的水平上显著，*** 表示在1%的水平上显著，回归使用聚类稳健的标准误，括号内为 t 值。

第四节 生态服务价值对国土空间格局优化的影响

伴随着生态文明建设的不断推进，强化自然生态保护与提高重点生态功能区生态产品供给能力成为推进生态空间开发保护的重要任务。目前，生态空间遭到挤占，环境破坏严重、修复能力弱、资源储备不足。生态产品的生产、消费拥有一套完整的价值衡量体系，但由于对生态服务计价存在确权不完全、市场机制不完善等多重困难，其产出的生态价值无法充分体现，造成大部分生态服务被无偿使用，表现为市场和政府失灵的现状。此时，充分发挥政府的作用，代替全社会对具有非竞争性、非排他性的生态服务的边际成本进行补偿，对于具有有限竞争性或有限排他性的生态服务，构建或完善现有的市场机制，促进市场化交易的形成，变得十分必要。因此，本部分重点探讨实现生态服务价值对我国国土空间格局优化的影响效应以及不同区域下这种影响是否稳健、是否存在差异。同时考虑不同经济社会变量异质性环境下政府和市场手段在不同区域推进国土空间格局优化中的作用。

一 模型设定与数据说明

为了进一步揭示生态服务价值对我国国土空间格局优化的影响，

第五章 国土空间格局优化的支撑条件与优化路径

本部分主要模型设定如下：

$$Cdfls_{it} = \alpha_0 + \alpha_1 Pfes_{it} + \beta_1 Sfag_{it} + \beta_2 Amd_{it} + \beta_3 Tid_{it} + \beta_4 Infor_{it} + \beta_5 Tech_{it} + \beta_6 Mafr_{it} + \mu_i + \lambda_i + \varepsilon_{it}$$

(5.4)

其中，$Cdfls_{it}$ 为国土空间格局优化度，i 为第 i 个地区，t 为年份，$Pfes_{it}$ 为生态服务价值；$Sfag_{it}$、Amd_{it}、Tid_{it}、$Infor_{it}$、$Tech_{it}$、$Mafr_{it}$ 为控制变量，表示可能对国土空间格局优化度产生影响的指标，分别是财政支农力度、农业机械化水平、交通便利化程度、信息化程度、技术创新水平、市场配置资源程度。控制变量的选择主要考虑如下：国土空间格局优化度的计算需要考虑国土空间的价值量和实物量指标，为避免共同方法偏差带来的估计偏误，控制变量选择上述六类指标表征。μ_i 为个体异质性，λ_i 为时间效应，ε_{it} 为随机误差项。对所有变量进行描述性统计以了解原始指标的基本特征，具体统计如表 5-15 所示。

表 5-15　　变量的描述性统计（2007—2018 年）

变量	变量（单位）	样本数	均值	标准差	最小值	最大值
$Cdfls$	国土空间格局优化度	3408	0.3264	0.6668	0.1825	0.8658
$Pfes$	生态服务价值（亿元）	3408	9.0793	19.057	0.0717	458.44
$Sfag$	财政支农力度（万元）	3408	319282.1	356397	11200	5760400
Amd	农业机械化水平（千瓦/公顷）	3408	7.0647	6.3208	0.2993	118.4907
Tid	交通便利化程度（千米/百平方千米）	3408	108.5649	88.4764	3.9455	1391.289
$Infor$	信息化程度（户）	3408	776427.3	1417274	236.53	51740000
$Tech$	技术创新水平（件）	3408	5585.68	16078.37	0	228608
$Mafr$	市场配置资源程度	3408	0.8180	0.9635	-0.4852	0.9563

注：根据原始数据整理并计算得到。

二 生态服务价值对国土空间格局优化的影响效应

(一) 基本实证结果

通过控制个体效应和时间效应并逐步加入控制变量考察实现生态服务价值对我国国土空间格局优化的影响。逐步放入控制变量的基准回归结果如表 5-16 所示:首先,实现生态服务价值对国土空间格局优化有十分显著的正向影响,即对生态服务付费越多,国土空间越朝着优化方向发展。通过逐步放入控制变量,可以发现核心解释变量的显著程度没有变化,始终保持在 1% 的水平上显著,该回归结果具有稳定性。其次,控制变量中市场配置资源程度显示出了对国土空间格局优化的正向促进作用,可见市场对资源的配置有利于提升资源的利用效率,减少浪费,有利于国土空间格局优化。

表 5-16　生态服务价值对我国国土空间格局优化的影响

变量	被解释变量:国土空间格局优化度 ($Cdfls_{it}$)						
	模型一	模型二	模型三	模型四	模型五	模型六	模型七
生态服务价值 ($Pfes_{it}$)	0.0004*** (9.04)	0.0004*** (9.18)	0.0004*** (9.55)	0.0004*** (9.67)	0.0004*** (9.79)	0.0004*** (2.31)	0.0004*** (9.84)
财政支农力度 ($Sfag_{it}$)		0.0030 (1.11)	0.0033 (1.22)	0.0032 (1.17)	0.0030 (1.14)	0.0027 (1.03)	0.0038 (1.39)
农业机械化水平 (Amd_{it})			0.0053 (1.38)	0.0049 (1.27)	0.0049 (1.28)	0.0049 (1.29)	0.0049 (1.30)
交通便利化程度 (Tid_{it})				0.0069 (0.69)	0.0066 (0.66)	0.0066 (0.66)	0.0075 (0.76)
信息化程度 ($Infor_{it}$)					0.0027 (1.29)	0.0027 (0.52)	0.0026 (1.28)
技术创新水平 ($Tech_{it}$)						0.0011 (1.29)	0.0012 (0.58)

续表

变量	被解释变量：国土空间格局优化度（$Cdfls_{it}$）						
	模型一	模型二	模型三	模型四	模型五	模型六	模型七
市场配置资源程度（$Mafr_{it}$）							0.0374** (2.12)
常数项	0.2939*** (147.51)	0.2610*** (8.66)	0.2493*** (8.05)	0.2213*** (5.26)	0.2176*** (5.06)	0.1903*** (3.75)	0.1422*** (2.68)
个体固定效应	控制	控制	控制	控制	控制	控制	控制
时间固定效应	控制	控制	控制	控制	控制	控制	控制
样本数	3408	3408	3408	3408	3408	3408	3408
R^2	0.3484	0.3487	0.3497	0.3503	0.3505	0.3513	0.3534
F	79.63***	74.40***	72.50***	68.28***	64.37***	60.85***	61.33***

注：*表示在10%的水平上显著，**表示在5%的水平上显著，***表示在1%的水平上显著，回归使用聚类稳健的标准误，括号内为 t 值。

虽然固定效应模型能够部分解决遗漏变量引起的内生性问题，但由于测量误差、双向因果形成的内生性问题会使结果产生偏误，因此需要考虑回归中存在的内生性问题，并给予恰当处理。为此本部分尝试采用工具变量方法进一步加强结论的可信度。考虑某地区环保机构工作人数越多，可以在一定程度上表明该地区对环境、生态工作的重视程度较高，与该地区节能环保支出相关度较高，鉴于此，本书使用环保机构年末实有工作人员数量指标作为工具变量进行回归，该数据来源于 EPS 数据库中的《中国环境数据库》，由于该数据库没有统计地级市数据，本部分内生性使用相同指标的省级数据进行检验。回归结果（见表 5-17）显示，在稳健标准误克服异方差的情况下，2SLS 和 GMM 结果相同，与基准回归结果相比，生态服务付费的系数变小，仍然在1%的水平上显著。

表 5-17　　　　　　　　内生性问题的检验结果

	被解释变量：国土空间格局优化度（$Cdfls_{it}$）	
	2SLS	GMM
生态服务价值（$Pfes_{it}$）	0.0002 *** (2.83)	0.0002 *** (2.83)
样本数	360	360
Partial-R^2	0.6232	0.8211
Wald	47.5354 ***	—
LM	—	16.044 ***

注：回归中控制变量不变，考虑时间和个体差异；* 表示在 10% 的水平上显著，** 表示在 5% 的水平上显著，*** 表示在 1% 的水平上显著，回归使用聚类稳健的标准误，括号内为 z 值。

（二）稳健性检验

为保证结果的稳健性，修改样本重新回归，考虑到部分省（区、市）由于环境污染严重，导致节能环保支出中污染治理支出比重过高，而体现保护和恢复生态环境的支出较少，这就夸大了一些省（区、市）为保护生态环境，提高资源储备的支出。因此，新的样本分别为剔除 2007—2018 年污染物排放量平均值超过 1.5 亿吨的城市样本和省级样本，其中污染物是指废水排放量和废气排放量（二氧化硫排放量和氮氧化物排放量）的总和。在稳健性检验中使用节能环保支出作为核心解释变量。模型一和模型二为城市数据检验结果，模型三和模型四为省级数据检验结果。如表 5-18 所示，稳健性检验结果与基准回归结果一致，表明基准回归得出的结论具有稳健性，即实现生态服务价值对国土空间格局优化具有显著的影响，且对生态服务付费覆盖范围越广，越有利于国土空间格局优化。另外，使用城市数据的回归结果还表明信息化程度和市场配置资源程度都对国土空间格局优化产生显著的正向影响，使用省级数据的回归结果显示提升技术创新水平有利于促进国土空间格局优化。该结果表明国土空间格局优化需要通过市场配置资源以实现创新，同时离不开政府政策和制度体系的支撑作用。

表5-18 生态服务价值对国土空间格局优化影响的稳健性检验结果

变量	被解释变量：国土空间格局优化度（$Cdfls_{it}$）			
	模型一	模型二	模型三	模型四
生态服务价值（$Pfes_{it}$）	0.0004*** (7.53)	0.0004*** (8.12)	0.0295** (2.29)	0.0167** (2.08)
财政支农力度（$Sfag_{it}$）		0.0037 (1.31)		0.0352 (1.64)
农业机械化水平（Amd_{it}）		0.0052 (1.40)		0.0201 (1.40)
交通便利化程度（Tid_{it}）		0.0050 (0.44)		-0.0385 (-0.90)
信息化程度（$Infor_{it}$）		0.0040* (1.82)		-0.0356** (-2.58)
技术创新水平（$Tech_{it}$）		0.0006 (0.28)		0.0111** (1.47)
市场配置资源程度（$Mafr_{it}$）		0.0413** (2.29)		0.0677 (0.85)
常数项	0.2930*** (134.04)	0.1367** (2.36)	0.2683*** (6.15)	0.3989 (1.48)
个体固定效应	控制	控制	控制	控制
时间固定效应	控制	控制	控制	控制
样本数	3084	3083	360	360
R^2	0.3313	0.3378	0.8755	0.8889
F	67.83***	52.26***	109.98***	86.69***

注：*表示在10%的水平上显著，**表示在5%的水平上显著，***表示在1%的水平上显著，回归使用聚类稳健的标准误，括号内为t值。

(三) 异质性检验

本部分的分析主要分为两个方面：首先，通过将总体样本数据按照国家统计局划分的四大板块重新归类，进行分样本回归，进行区域差异分析。其次，将样本城市按照沿海、沿边和内陆（黄河流域内陆、长江流域内陆）的划分方式重新归类，分别对相关区域的城市数据进行分样本回归。由于沿海地区经济开发、开放最早，程度最深，沿边地区具有独特的区位优势，内陆城市发展也具有其自身特点，特别是生态脆弱性更加明显，因此，本部分想要探索不同经济开发程度、生态环境特征的地区生态服务价值是否对其国土空间格局优化产生影响以及各区域之间是否存在差异。

我国四大板块生态服务价值对国土空间格局优化影响的检验结果如表5-19所示。首先，东部地区实现生态服务价值对国土空间格局优化有显著正向影响。改革开放以来，东部地区率先发展，经济以增速为目标，生态环境破坏严重，东部地区各城市政府节能环保支出更倾向于环境治理，其支出数额高，环境治理力度大，对于提升国土空间格局优化程度具有显著提升作用。其次，中部地区实现生态服务价值对其国土空间格局优化起到显著的正向影响。中部崛起战略不断推动城镇空间发展，中部地区同时作为我国重要粮食产区，农业空间中各要素发展良好，加强对生态服务付费，有利于提升生态空间发展程度，进而促进国土空间格局优化。再次，西部地区实现生态服务价值对其国土空间格局优化起到显著的正向影响。西部地区生态环境极其脆弱，加强对生态服务的付费，推动生态服务利用市场化，有利于保护环境和节约资源，有利于促进国土空间格局优化。最后，东北地区实现生态服务价值对其国土空间格局优化产生显著的正向影响。东北地区属于我国老工业基地，生态环境破坏严重，随着生态恢复、环境治理强度不断加大，有利于促进国土空间格局优化。

第五章 国土空间格局优化的支撑条件与优化路径

控制变量的回归结果与第二节中的回归结果相近。东部地区财政支农力度和市场配置资源的程度对国土空间格局优化有显著的正向影响。中部地区财政支农力度、农业机械化水平对国土空间格局优化起到显著的促进作用。西部地区技术创新水平的提高能够显著促进国土空间格局优化。提升东北地区财政支农力度有利于促进国土空间格局优化，同样地，东北地区农业机械化水平和技术创新水平对国土空间格局优化产生了显著的负向影响。以上控制变量的回归结果表明，政府的政策和制度设计与市场对资源的配置相结合将推动国土空间格局朝着更加优化的方向发展。

表5-19　我国四大板块生态服务价值对国土空间格局优化的影响

变量	被解释变量：国土空间格局优化度（$Cdfls_{it}$）			
	东部地区	中部地区	西部地区	东北地区
生态服务价值（$Pfes_{it}$）	0.0004 *** (11.92)	0.0002 ** (2.27)	0.0009 *** (4.27)	0.0010 ** (2.15)
财政支农力度（$Sfag_{it}$）	0.0058 * (1.70)	0.0236 *** (4.30)	0.0004 (0.10)	0.0289 *** (2.91)
农业机械化水平（Amd_{it}）	-0.0002 (-0.02)	0.0198 *** (3.68)	0.0076 (1.15)	-0.0053 *** (-3.60)
交通便利化程度（Tid_{it}）	0.0085 (1.04)	-0.1046 (-1.23)	-0.0005 (-0.04)	0.0015 *** (9.22)
信息化程度（$Infor_{it}$）	-0.0009 (-0.36)	-0.0036 (-0.91)	0.0004 (0.16)	0.0128 ** (2.49)
技术创新水平（$Tech_{it}$）	-0.0036 (-1.42)	0.0047 (1.46)	0.0080 ** (2.36)	-0.0151 *** (-3.55)
市场配置资源程度（$Mafr_{it}$）	0.0256 *** (2.93)	0.0824 (1.39)	0.0021 (0.09)	0.1328 (1.57)

续表

变量	被解释变量：国土空间格局优化度（$Cdfls_{it}$）			
	东部地区	中部地区	西部地区	东北地区
常数项	0.2015*** (2.76)	-0.0191 (-0.21)	0.2354*** (3.12)	0.5425*** (3.26)
个体固定效应	控制	控制	控制	控制
时间固定效应	控制	控制	控制	控制
样本数	1044	960	996	407
R^2	0.5006	0.5480	0.3652	0.3189
F	83.23***	24.25***	23.22***	104.53***

注：*表示在10%的水平上显著，**表示在5%的水平上显著，***表示在1%的水平上显著，回归使用聚类稳健的标准误，括号内为t值。

我国沿海、沿边、长江流域内陆和黄河流域内陆实现生态服务价值与国土空间格局优化之间关系检验的结果如表5-20所示：首先，沿海区域实现生态服务价值对国土空间格局优化具有显著的正向影响，即对生态服务的价值越能够实现，国土空间格局优化程度越高。沿海地区环境破坏严重，近年来加强生态环境恢复与治理，加大环境保护投入有利于快速提升生态空间质量，充分发挥生态空间主体功能。其次，沿边地区实现生态服务价值对国土空间格局优化具有显著的促进作用，沿边地区生态环境较好，其生态投入的边际效应较小，继续提升生态空间质量需要更多的价值实现，通过构建生态服务市场机制，能够有效实现生态服务价值，进而促进国土空间格局优化。最后，长江流域内陆和黄河流域内陆生态服务价值实现对国土空间格局优化具有促进作用，长江上游流域和黄河上游内陆区域生态环境极其脆弱，环境灾害频发，黄河下游内陆区域环境污染严重，资源开采程度大，流域内生态环境问题突出，较小的财政支付对生态环境的恢复和国土空间格局优化产生显著影响。从控制变量的回归结果来看，沿边和黄河内陆地区的信息化水平对国土空间格局优化有显著的促进作用,也就是说,政策支持对于沿边和黄河内陆的国土空间格局优化起着重要作用,而市场机制对于长江内陆的国土空间格局优化十分重要。

表5-20　我国四大区域生态服务价值对国土空间格局优化的影响

变量	被解释变量:国土空间格局优化度($Cdfls_{it}$)			
	沿海	沿边	长江内陆	黄河内陆
生态服务价值($Pfes_{it}$)	0.0004*** (8.29)	0.0297** (2.59)	0.0008*** (5.34)	0.0169* (1.68)
财政支农力度($Sfag_{it}$)	0.0037 (1.24)	-0.0244 (-0.34)	0.0044 (0.93)	-0.0113 (-0.98)
农业机械化水平(Amd_{it})	-0.0032 (-0.58)	0.0079 (0.88)	0.0374*** (4.70)	0.0230 (1.27)
交通便利化程度(Tid_{it})	0.0047 (0.60)	0.0263 (1.32)	0.0074 (0.94)	-0.0743 (-1.32)
信息化程度($Infor_{it}$)	-0.0023 (-0.95)	0.0101** (2.30)	0.0033 (0.72)	0.0183* (1.76)
技术创新水平($Tech_{it}$)	0.0035 (1.49)	0.0048 (1.38)	0.0012 (0.38)	0.0033 (0.32)
市场配置资源程度($Mafr_{it}$)	0.0148 (1.21)	0.0709 (1.45)	0.0157 (0.68)	-0.0635 (-1.02)
常数项	0.2271*** (3.85)	0.0316 (0.30)	0.0974 (1.19)	-1.1361*** (-3.97)
个体固定效应	控制	控制	控制	控制
时间固定效应	控制	控制	控制	控制
样本数	1379	756	864	612
R^2	0.4687	0.1456	0.4724	0.6289
F	42.68***	13.25***	23.52***	29.54***

注:*表示在10%的水平上显著,**表示在5%的水平上显著,***表示在1%的水平上显著,回归使用聚类稳健的标准误,括号内为t值。

第五节 国土空间格局的优化路径

提升城镇空间集聚效率、提高农地生产率、实现生态服务价值能够促进三类国土空间经济活动的良性互动，推进国土空间格局优化。但目前我国国土空间格局优化还面临诸多困难，良性互动程度不高。基于不断建设的基础设施，逐渐优化的制度环境，市场配置资源和政府更好调控的经济制度，推进国土空间格局优化将带来巨大的经济社会效益。因此，基于以上实证研究的结果，探索国土空间格局的优化路径具有重要的现实意义。根据本章的研究，将从基础设施网络、制度环境优化、农业生产技术、公平市场交易等方面探索促进我国国土空间格局的优化路径。

一　完善基础设施网络，形成国土空间经济联系的通道

研究表明，城镇空间边界与城市市场规模有紧密联系，在效率不变的情况下，扩大市场规模只能够通过扩展城市边界来实现，但在划定城镇空间边界的前提下，扩大市场规模的唯一途径即为提高城市经济活动的效率。根据本书实证检验的结果可知，提升城镇空间集聚效率能够促进国土空间格局优化。然而城镇空间集聚效率首先表现为对经济活动的集聚，微观主体的区位变化离不开基础设施网络的建设，特别是现代网络技术的飞速发展和消费者购物习惯的调整，网络的普及、邮政通信业务的便捷、交通网络的完善变得十分重要。城镇空间集聚经济还表现为生产要素向城镇空间流动，这种生产要素的空间流动属于国土空间的经济联系，加强国土空间经济联系更离不开农业空间、生态空间中基础设施网络的完善。降低国土空间上微观主体的流通成本，形成经济联系的通道，是提升城镇空间集聚效率，促进国土

空间格局优化的重要方面。

二 降低制度性交易成本，加快国土空间人口自由流动

研究表明，提升城镇空间集聚效率能够促进国土空间格局优化，然而提升城镇空间集聚效率的另一重要方面就是加快人口集聚。随着交通的完善，从表面上看，我国一直处于人口流动当中，但流动人口在户籍上的劣势，导致其在就业、教育、医疗等方面存在很多困境。这些保障问题没有解决，很多劳动力没有流动的动力，实际上我国的劳动力流动成本依然很高。特别是在城乡二元结构下，农村剩余劳动力不向城市流动，减慢了城市化进程。因此，在产业不断向城市集聚的过程中，就出现了人口集聚滞后于经济集聚的现象。[①] 城市居民收入上升，而剩余劳动力的收入不变甚至降低，收入差距将不断扩大。由此可见人口集聚对于国土空间格局优化的重要性。通过逐渐取消歧视性政策，建立全国范围内的养老统筹，实现教育机会的均等等手段，降低人口流动的制度性交易成本，也成为促进国土空间格局优化的重要方面。

三 严格管控国土空间开发边界，提高农业生产的技术水平

严格管控国土空间开发边界，首先，不得随意变更耕地用途，其他农业空间也禁止产业集中连片建设、采矿建设和城镇建设。也就是强调，农业空间不得被侵占，不可进行城镇化建设。这与上文提到的提升城镇空间集聚效率，不得随意扩张城镇空间边界是一致的。其次，严格管控国土空间开发边界也意味着农业生产生活不能随意扩展边界，乱占乱用，肆意开发，生态保护红线中已有的农业用地，要逐

---

① 陆铭：《空间的力量——地理、政治与城市发展》（第二版），格致出版社、上海人民出版社2017年版。

步退出，恢复生态用途。在有限的农业空间上保障粮食安全，离不开农业生产效率的提高。实证研究结果显示，提高农业生产效率和农业机械化水平有利于促进国土空间格局优化，生产效率和机械化水平的提升，应依靠农业生产技术。因此，在严格管控国土空间开发边界的基础上，提高农业生产技术水平，是促进国土空间格局优化的重要途径。

四 构建公平市场交易机制，弥补生态空间市场失灵

从供给角度看，生态空间能够为社会提供生态产品和服务，实施负面清单制度、退牧还草、禁止陡坡垦殖、恢复植被、保护水资源等措施，是为了提高生态产品和服务的供给能力。从需求角度看，生态产品是工农业生产的必要投入，生态服务为人居生活所必需。由于部分生态产品和生态服务没有形成公平的市场交易机制，导致"公地悲剧"频发，这是市场失灵的表现。研究发现，社会对生态服务的付费和市场配置资源能够促进国土空间格局优化。因此，通过构建生态产品和服务的市场交易机制，能够实现供给与需求的有序匹配，有利于同时推进国土空间开发中的公平与效率，促进国土空间格局优化。

第六节 本章小结

提升城镇空间集聚效率对国土空间格局优化有显著的正向影响，即城镇空间集聚效率越高，国土空间越朝着优化方向发展，该结果验证了理论模型推论，即城镇空间价值量提升一单位，会带动农业空间和生态空间价值量提升大于一单位；四大板块国土空间上提高城镇空间集聚效率均有利于其国土空间格局优化；长三角、京津冀、成渝和长江中游城市群城镇空间集聚效率对其国土空间格局优化具有显著的影响，并且随着城镇空间集聚效率越高，国土空间格局优化度越高。

提高农地生产率对国土空间格局优化有显著的正向影响，即农地生产能力越高，国土空间越朝着优化方向发展，该结果验证了理论模型推论；四大板块国土空间上农地生产率对国土空间格局优化产生显著的正向影响；从平原、山地、丘陵、盆地、高原不同地形划分的城市样本回归结果来看，提高农地生产率对国土空间格局优化产生显著的正向影响。

实现生态服务价值对国土空间格局优化具有显著的正向影响，即随着社会对生态服务支付的增加，国土空间格局优化程度越高；四大板块国土空间上实现生态服务价值均有利于国土空间格局的优化；沿海区域、沿边区域、长江流域内陆和黄河流域内陆实现生态服务价值对国土空间格局优化具有显著的影响，即生态服务价值实现程度越高，国土空间格局的优化程度越高。

完善的市场体系以及市场配置资源能够极大地推进东部和西部地区国土空间格局的优化，中部地区国土空间格局优化离不开市场机制的完善和政策制度的支持；政府政策和制度安排有利于促进东北地区国土空间格局优化，然而市场对资源的错误配置对国土空间格局产生不利影响；长三角城市群的农业生产和农民生活成为其国土空间格局进一步优化的障碍，应充分发挥市场机制的作用和政府政策的保障作用，推进农业高质量发展，提高农民生活。政府应继续完善基础设施建设，健全周边城市的市场机制，以推进京津冀城市群国土空间格局的优化。健全市场体系是成渝城市群和长江中游城市群国土空间格局优化的重点。

我国国土空间上经济活动的矛盾现状既反映出在人与自然界发生

联系的生产过程中生产关系的发展和变化，又反映出市场配置资源出现的种种市场失灵的现象。基于此，市场主体应提高农业生产的技术水平，形成公平的市场交易机制，同时更好地发挥政府在资源配置中的作用，完善基础设施，优化制度环境，通过有效市场和有为政府共同推动我国国土空间格局的优化。

第六章 结论与启示

随着我国经济由高速增长步入发展的新常态以及社会主要矛盾的改变,建设人与自然和谐共生的协调发展社会呼声越来越大,国土空间开发保护与区域协调发展的相关研究也越来越多,研究的广度不断拓展,深度不断加大。本书以正确处理政府与市场的关系为起点,以尊重微观主体经济活动的规律为基础,分析我国国土空间格局的优化。

第一节 主要结论

本书按照"是什么—为什么—怎么做—谁来做"的研究思路开展对国土空间格局优化的研究,得出以下研究结论:

第一,本书定义国土空间格局优化是国土空间在微观主体良性互动的基础上,不断提升各自水平,实现经济活动的协调。基于此,从政府与市场的关系角度探讨国土空间经济活动的现状和格局演变。

从市场失灵和政府失灵角度分析了国土空间上经济活动的矛盾现状,通过测算国土空间经济活动协调度,呈现了国土空间格局的演变特征。研究发现:(1)市场失灵导致负外部性,如资源短缺问题突出、传统的经济发展方式对生态环境造成严重破坏和环保技术创新不足等问题。市场信息不完全导致农产品市场供求不平衡，如在总量上，市场需求旺盛的部分农产品进口依存度高；在结构上，供给品种、供给结构和供给功能单一；在价格上，我国农产品生产成本高，价格高于国际市场；同时农业技术供给严重不足。(2) 政府直接代替市场配置土地资源，城市建设用地快速扩张，各土地利用类型均存在不同程度的城市化趋势，导致城镇空间挤占农业空间和生态空间；政府忽视市场失灵导致资源配置低效率，如生态产品和服务产权残缺导致投入与产权比严重失衡以及自然资源利用效率较低，忽视农产品市场信息不完全导致供求失衡。(3) 我国农业生产和农民生活水平呈现不断上升的趋势，发展水平最高的省（区、市）集中于长江以北的地区。城镇空间经济发展和居民生活水平呈现波动上升趋势，水平最高的省（区、市）集中于东部沿海地区。生态环境保护、修复和资源储备程度呈现下降趋势，指数较高的省（区、市）逐渐减少。我国国土空间经济活动呈现不协调发展现状。(4) 全国国土空间经济活动协调度较低，但总体上呈平稳上升趋势。随着时间推移，国土空间经济活动协调度的区域差异在逐渐缩小，但这种区域差异呈现发散状态。

第二，研究国土空间资源配置问题，首先要承认市场在资源配置中起决定性作用，政府则主要起保障性作用。因此国土空间格局如何优化的问题就需要在市场的一般均衡中寻找答案。

基于国土空间经济联系的交易成本，通过比较企业新建工厂的运输成本和固定成本的大小，同时考虑城镇空间不完全竞争的市场结构，企业具有规模报酬递增的生产函数，构建一个包含三地区、三部门、单要素的 D-S 扩展模型。研究发现：(1) 城镇空间的区位受到工业品消费份额的影响，即城镇空间范围受其自身市场规模的影响，农业空间和生态空间之间的区位关系受企业建厂的固定成本、运输成本和农民人口密度的影响。在效率不变的情况下，企业为寻求劳动力和消费者，扩大市场规模，将不断挤占周边的农业空间和生态空间，形成"摊大饼"式的城市发展模式。否则就要提升城市对人口和产业的集聚效率，高效利用城镇空间土地，同时保障农业空间和生态空间用地。农民人口密度越大，农业生产生活需要的空间越大，人多地少的矛盾越突出，可能挤占生态空间，因此，降低农业空间人口密度，通过引导人口向城镇空间集聚十分必要。(2) 城镇空间价值量与农业空间、生态空间价值量变动方向一致，且城镇空间价值量提升一单位将分别促进农业空间和生态空间价值量的提升大于一单位。提高城镇空间价值量即提高企业利润，结合城镇空间区位，企业会追逐更大的市场规模，要保证在合理的城镇空间范围内实现更多的企业利润和更大的地区价值，必须高效地开发有限的城镇空间，即提升城镇空间集聚效率有利于促进国土空间格局优化。(3) 提高农产品产出有利于提升农业空间价值量，同时促进城镇空间和生态空间价值量不同程度的提升。农业空间土地资源有限，提高农产品产出量不是随意扩张农业空间面积，而是在有限耕地面积上增加农产品产量，即提高农地生产率，因此，提高农地生产率有利于促进国土空间格局优化。(4) 提高社会对生态服务的付费有利于提升生态空间价值量，同时促进城镇空间和农业空间价值量不同程度的提升，确认并提升生态服务价值有利于促进国土空间格局优化。(5) 在长期，劳动力的空间流动由区际工资差异决定，当城镇空间劳动力份额较高时，人口将不再流动，国土空间上的经济活动实现长期均衡。也就是提高城镇空间集聚经济和人口的效率将有利于长期均衡地实现。同时，农业空间要提高农业生产效率，生态空间实现整体的经济价值，才能实现以较少的劳动力创造更高的经济价值。

第三，要想通过以上三种方式实现国土空间格局优化，还需要从市场和政府双方的配合中来推进。也就是优化方式从市场中来，优化路径则需要有效的市场和有为的政府共同实现。

本书通过市场和政府在资源配置中对经济的传导机制进行梳理,研究发现:(1) 在提升城镇空间集聚效率中,市场中劳动和知识的分工和专业化推动微观主体加强经济联系,并产生外部性和收益递增,由于该市场机制中体现着技术进步、资源配置和规模经济等因素,从而成为城镇空间经济、人口集聚的形成机制。而政府要通过政策设计和制度安排、提供公共基础设施和基本公共服务起保障和支撑作用。(2) 从提高农地生产率的市场机制来讲,市场主体要提高农业技术生产专业化程度,如加大中高端农业机械的研发与供给,研究具有高技术含量的种子,深化农业技术研发的分工与专业化。政府首先要为农产品生产提供社会规则服务,比如减征、免征相关税费,为农产品的运输提供绿色通道,鼓励农地经营权流转等。其次要将财政政策更加倾向于农产品生产,对农业生产经营进行补贴,对农民加大转移支付等,通过有为的政府推动建立有效的市场。(3) 对于产权清晰的生态产品可以由市场供给,具有有限竞争性或有限排他性的生态服务,可以培育相关市场,同时配合政府调控手段实现其价值,具有非竞争性和非排他性的生态服务,需要通过政府征税方式实现其价值。由于国土空间实行自由商品交易,生产要素可以自由流动,生态空间价值实现的方式可以是:受城镇空间高收入水平的吸引,劳动力由生态空间流入城镇空间,同时在生态空间实现生态服务的专业化生产,提供高质量的生态服务,吸引城镇空间居民为此支付更高的价格。

第二节 国土空间格局优化的启示

一 引导人口和产业向城镇空间集聚,集约利用土地要素

(一) 推动城镇空间土地集约利用

城镇空间发展过快,对土地的需求不断加大,实现土地集约利

用，必须通过严格的规划实施控制，划定适宜城市开发的边界，对产业、人口、基础设施进行全面合理布局，在边界内开发城镇空间，提升土地利用效率。增强全社会对城镇空间土地集约利用的认识十分关键，社会各界对于我国国土幅员辽阔的基本国情认知很深，但我国人口众多，一半以上的国土空间资源环境承载力较弱，人们对于土地集约利用的认识还不够，应加强相关知识的宣传，增强人们对土地集约利用的认识，在全社会中树立监督意识。在土地集约化利用的实践过程中，应采取不同的奖励措施和惩处政策，特别是地方政府应根据区域发展特点，有针对性地制定补充性激励政策，鼓励社会集约利用土地。同时，政府在土地审批方面要严格把关，创新审批模式，土地的使用要与用地的实际相结合，引导城镇空间科学合理地利用土地，促进土地集约利用的常态化。

(二) 加快城镇空间产业与人口集聚

提升城镇空间基础设施水平，为产业、人口集聚奠定良好的基础。全面提升城镇空间制造业、服务业发展水平，有效利用要素禀赋，提升城镇空间资源配置的有效性，合理安排产业布局，不断完善分工体系，提高产业链附加值，推动产业集聚向纵深发展。加大人口空间集聚的政策措施，有序推进农业空间人口和生态移民向城镇空间集中，减少户籍政策限制，促进人口自由流动，推进城镇空间集约紧凑发展，提高国土开发效率。

二 推进农业规模化经营与新技术应用，提高产出效率

(一) 建立完善的耕地保护制度

保障耕地质量和数量是提升农业综合生产力的前提。加强对耕地质量的监测，完善对耕地质量、土地评级评价机制，建立县级耕地质量数据库，定期公布国家耕地质量和数量信息，切实维护农户的合法

权益，确保耕地保有量。严格执行耕地占补平衡制度，对于占有耕地进行非农建设的项目，执行最严格的审批制度，并保证补充同质同量的耕地面积。建立耕地保护预警机制，坚决制止非法占用耕地行为以及少批多用、批而不用等乱占耕地行为，严格控制农地非农化，倡导节约用地，提高农地集约化利用水平，政府应定期监督并考核。综合利用生物、农艺技术开展退化耕地、修复、治理工作。我国北方地区耕地面临着盐渍化和沙化的威胁，南方地区耕地面临着酸化和贫瘠化的威胁，在人均耕地总量有限的背景下，任由这些耕地继续退化与保障粮食安全的国家战略相悖，由此，加快退化耕地治理对于保障耕地数量和质量十分关键。应推进农机、生物技术融合，探索耕地轮作休耕制度、农药化肥减料增效机制，建成高标准农田。

(二) 推动农地流转与农业规模化经营

以农地流转为契机，推进农业规模化经营是提升农业生产能力的重要途径。目前，我国农地确权流转改革还不够深入，土地"碎片化"使农业规模化经营受到较大阻碍。农地确权流转受到部门、行业、人口等多方面因素的影响，在制度设计层面还存在一些不足。在此背景下，应该细化农地确权工作，根据农业空间实际情况，对土地进行详细分类，制定确权的路线图与时间表，制定相关流程，并分类进行指导和监督，对于难以解决的问题，按照农户意愿进行民主协商。进一步地，激发农户土地流转的积极性，完善土地流转制度，按照利益共享的原则，实行农地入股分红，提高农户对土地流转的信任度和安全感，扩大农业生产规模，降低农产品生产成本。同时，培育农业规模化生产主体能够有效降低农业规模化生产的风险，提高农产品竞争力，技术改造能力，最终提高农业生产能力。

(三) 加强农业技术研发与推广

增强农业生产能力离不开农业技术的应用与推广。首先要加大农业技术的研发投入，将财政资金投入到农业关键技术和共性技术的研发上，最大限度地提高财政资金的利用效率。政府通过购买服务等方式，推动市场主体参与农业生产活动，逐步培育农业技术研发的市场环境。通过优惠政策以及降低进入标准，鼓励社会资本进入农业技术研发领域。以政府、市场、社会相结合的方式，逐步构建多元化的农业技术研发格局。提高农业技术使用率，必须围绕市场需求开展技术研发，到农业生产一线搜集资料，将农业生产需求作为技术研发的依据，以解决农业生产实际问题为导向，使农业技术具有针对性。其次农业技术的研发不是目的，将最新技术应用于农业生产实践才是最终目的。对于农户来讲，已经形成一套完整的种植思想，应注重创新农业技术推广方式，将农业技术推广落实到各家各户。在农业技术推广过程中，加强农户的农业教育与技术培训尤为重要，应全面提升农户的种植素养，让农业技术真正为农户所用，为提升农业生产能力奠定基础。

三 培育和建设自然资源市场体系，实现生态产品（服务）价值

（一）健全生态产品（服务）价值实现的制度基础

自然资源产权制度建设是确保生态产品（服务）价值实现的基础。应在生态文明试验区尽快建立自然资源登记平台，对区域内自然资源进行统一确权登记，在国家、集体所有以及国家、集体、个人行使所有权等方面明确各类自然资源的产权主体权利，健全自然资源有偿出让制度，并将合理的实验方案在全国推广。

构建生态产品（服务）价值评价体系是确保生态产品（服务）价值实现的关键。我国生态产品（服务）十分丰富，这些产品（服务）价值的评估困境成为市场化的主要障碍，构建一套科学、完善的价值评价体系十分迫切。我国各省份生态产品（服务）各具特色，应

根据不同类型地区的特点，深入开展水域、森林、湿地、草原等各类生态产品（服务）的价值评价研究，确立一套可行的评价标准，以产出能力为基础，完善评估方法，同时积极培育专业化评估机构。

健全生态产品（服务）有偿使用制度。目前我国的生态产品（服务）价格整体上低于发达国家，使用后付费极少，甚至大部分生态产品（服务）被免费使用，长期低价、无偿地使用造成资源稀缺以及对自然资源损害的无视，这对于国土空间格局优化和生态文明建设是破坏性的。必须坚持"使用生态产品（服务）必须付费"的原则，推进生态产品（服务）有偿使用制度改革，将所有者权益和生态环境损坏纳入价格形成机制。

（二）拓展生态产品（服务）价值实现的途径

健全生态补偿机制。生态产品（服务）集经济效益、社会效益、生态效益于一体，对于无法完全分清受益者的生态产品（服务），政府应代表社会对这部分生态产品（服务）的使用进行付费，通过建立生态补偿机制，利用财政转移支付购买生态产品（服务）。生态补偿机制在我国早已建立并实施，但实践过程中仍然存在不少矛盾和问题，例如，仅对森林资源、重点流域和重点生态保护区进行生态补偿，补偿范围狭窄，忽视了对湿地、土地、海洋等自然资源的补偿，补偿标准普遍偏低等问题也很突出。针对生态补偿机制存在问题，应尽快覆盖其他类型的自然资源，补偿资金要形成稳步提升机制，拓宽补偿资金来源，拓展市场化补偿方式。

培育生态保护与环境治理市场。在生态文明战略地位不断提升，社会各界认识不断加深的背景下，我国生态环境监管更加严格。随着各地环保任务越来越重，政府仅依靠自身的力量已经显得捉襟见肘，此时需要充分发挥市场驱动的作用，推行政府和市场主体相结合的生态保护与环境治理模式。此外，随着环保越来越受到重视，环保产业逐渐发展起来,新业态迎来了发展的良机。在生态保护与环境治理中更好地发挥市场配置资源的决定性作用,就要培育生态保护与环境治理市场,更多地使用市场化手段,促进环境污染第三方治理、各类合同能源、资源管理、环境管理综合服务等新业态加快发展,将生态保护与环境治理引入企业信用体系中,不断挖掘和实现生态产品(服务)的市场价值。

对生态环境破坏进行赔偿。我国企业和个人对生态环境破坏的支付偏低,与环境恢复与治理的成本之间存在巨大差距,这就无法顺利实现生态产品(服务)的价值。制定生态环境破坏赔偿的标准、实施机制并以法律形式确定下来,提高破坏生态环境的成本,是生态产品(服务)价值的体现。

第三节 研究展望

本书的研究仅是站在政府与市场的关系角度对如何优化国土空间格局问题作出的理论上的、宏观层面的回答,还存在拓展空间,进一步的细化或者深入研究可以从以下几方面展开:

研究主线的拓展。国土空间优化体现在很多方面,其中依托行政单元为研究对象的区域协调发展是社会各界早已关注的问题,本书的研究依托国土空间管制分区展开,未来的研究可以在国土空间格局优化与区域协调发展之间的关系、互动机制、影响程度等方面进行延伸。

研究层面的细化。考虑一般规律是否存在的问题,本书对我国国土空间的研究从全国层面开展,使用城市数据进行研究。然而更加细化的研究局限于数据的可得性,未来的研究可以选择县、乡(镇)进行实地调研,使用调研数据评价我国城镇空间、农业空间、生态空间之间经济活动的契合度和协调发展现状，使研究更具有说服力。

研究方法的融合。本书的研究在政治经济学的框架之下，同时借鉴空间经济学方法展开，但国土空间格局优化本身是交叉学科的研究，特别是地理学，人口、资源与环境经济学等学科都在本学科的理论指导下开展了丰富的研究，未来的研究可以融合各学科的研究方法，对国土空间格局优化进行全面的分析。例如，本书对城镇空间、农业空间、生态空间区位关系的研究中，考虑了国土空间的经济联系与厂商交易成本，未来可以与资源环境承载力和国土空间开发适宜性相结合，为划定"三区三线"提供更全面的理论支撑。

研究内容的丰富。本书的研究价值在于从理论经济学的视角提出国土空间格局优化的一般规律。随着相关研究的日益成熟和国土空间格局优化的成功实践，可以进一步分别研究城镇空间高效开发、增强农业生产能力和实现生态服务价值产生的经济效应以及相应经济效应产生的具体机制，既可以丰富国土空间格局优化的研究，也为国土空间格局优化实践提供具体的理论指导。

参考文献

经典文献

《马克思恩格斯全集》第26卷，人民出版社1972年版。

《马克思恩格斯文集》第1卷，人民出版社2009年版。

《马克思恩格斯选集》第3卷，人民出版社2012年版。

《习近平谈治国理政》第二卷，外文出版社2017年版。

《资本论》第一卷，人民出版社2018年版。

中文著作

安虎森主编：《空间经济学原理》，经济科学出版社2005年版。

国家粮食和物资储备局主编：《2020中国粮食和物资储备发展报告》，经济管理出版社2020年版。

梁琦：《分工、集聚与增长》，商务印书馆2009年版。

陆铭：《空间的力量——地理、政治与城市发展》（第二版），格致出版社、上海人民出版社2017年版。

沈满洪主编、高登奎副主编：《生态经济学》，中国环境科学出版社2008年版。

王力国：《生态和谐的山地城市空间格局规划研究——以重庆主城区为例》，人民日报出版社2019年版。

王小鲁、樊纲、胡李鹏：《中国分省份市场化指数报告（2018）》，社会科学文献出版社 2019 年版。

吴次芳、叶艳妹、吴宇哲、岳文泽：《国土空间规划》，地质出版社 2019 年版。

朱邦耀：《吉林省中部城市群经济空间格局演化研究》，经济管理出版社 2018 年版。

期刊论文

常新、张杨、宋家宁：《从自然资源部的组建看国土空间规划新时代》，《中国土地》2018 年第 5 期。

陈航英：《中国的农业转型——基于农村四十年发展历程的思考》，《南京农业大学学报》（社会科学版）2020 年第 3 期。

陈红霞、李国平、张丹：《京津冀区域空间格局及其优化整合分析》，《城市发展研究》2011 年第 11 期。

陈钊、陆铭：《从分割到融合：城乡经济增长与社会和谐的政治经济学》，《经济研究》2008 年第 1 期。

崔晓黎：《新世纪我国大农业空间格局调整是当务之急》，《中国农村经济》2001 年第 1 期。

达良俊、田志慧、陈晓双：《生态城市发展与建设模式》，《现代城市研究》2009 年第 7 期。

邓文英、邓玲：《生态文明建设背景下优化国土空间开发研究——基于空间均衡模型》，《经济问题探索》2015 年第 10 期。

董祚继：《自然资源资产管理与国土空间规划》，《景观设计学》2019 年第 1 期。

段学慧：《城镇化进程中的"农村病"——一个值得重视的研究课题》，《经济学动态》2015 年第 9 期。

冯冬、李健:《我国三大城市群城镇化水平对碳排放的影响》,《长江流域资源与环境》2018年第10期。

冯俊华、张路路、唐萌:《农业经济—生态—社会复合系统耦合协调发展研究——以陕西省为例》,《系统科学学报》2021年第3期。

冯玉强:《城乡生态一体化的思考》,《党政干部论坛》2014年第6期。

符海月、王昭雅:《区域产业结构调整与土地利用效率关系——基于城镇化水平视阈的考察》,《中国土地科学》2020年第10期。

高延雷、王志刚:《城镇化是否带来了耕地压力的增加?——来自中国的经验证据》,《中国农村经济》2020年第9期。

高志刚:《新疆区域经济协调发展若干问题探讨》,《经济师》2003年第2期。

顾钰民:《习近平对社会主义市场经济的理论贡献》,《思想理论教育导刊》2020年第5期。

管青春、郝晋珉、石雪洁、高阳、王宏亮、李牧:《中国生态用地及生态系统服务价值变化研究》,《自然资源学报》2018年第2期。

郭冠清:《新中国70年政府与市场关系演进的政治经济学分析》,《扬州大学学报》(人文社会科学版)2020年第3期。

郭腾云、徐勇、马国霞、王志强:《区域经济空间结构理论与方法的回顾》,《地理科学进展》2009年第1期。

韩保江:《打赢我国财政经济发展保卫战需"更好发挥政府作用"》,《中国财政》2020年第10期。

韩国明、张恒铭:《我国新型城镇化与农业现代化协调发展空间分布差异研究》,《吉林大学社会科学学报》2015年第5期。

郝孚逸:《论"五个统筹"的整体性哲学内涵》,《江汉论坛》2006年第1期。

洪大用、马芳馨：《二元社会结构的再生产——中国农村面源污染的社会学分析》，《社会学研究》2004年第4期。

胡存智：《城镇化中的土地管理问题》，《行政管理改革》2012年第11期。

黄金川、方创琳：《城市化与生态环境交互耦合机制与规律性分析》，《地理研究》2003年第2期。

黄金川、林浩曦、漆潇潇：《面向国土空间优化的三生空间研究进展》，《地理科学进展》2017年第3期。

黄砺、姚钰洁：《新时代农村集体建设用地入市模式研究：基于交易费用视角》，《南京农业大学学报》（社会科学版）2021年第1期。

黄渊基、匡立波：《城乡一体化与生态文明建设的若干思考》，《湖南科技大学学报》（社会科学版）2017年第5期。

黄征学、蒋仁开、吴九兴：《国土空间用途管制的演进历程、发展趋势与政策创新》，《中国土地科学》2019年第6期。

黄征学、滕飞、凌鸿程：《积极推进划定城镇开发边界》，《宏观经济管理》2019年第2期。

黄征学、王丽：《国土空间治理体系和治理能力现代化的内涵及重点》，《中国土地》2020年第8期。

贾良清、欧阳志云、赵同谦、王效科、肖燚、肖荣波、郑华：《安徽省生态功能区划研究》，《生态学报》2005年第2期。

贾士靖、刘银仓、邢明军：《基于耦合模型的区域农业生态环境与经济协调发展研究》，《农业现代化研究》2008年第5期。

蒋清海：《论区域经济协调发展》，《开发研究》1993年第1期。

蒋清海：《区域经济协调发展的若干理论问题》，《财经问题研究》1995年第6期。

蒋永穆、周宇晗：《改革开放40年城乡一体化发展：历史变迁与逻辑主线》,《贵州财经大学学报》2018年第5期。

李江涛、熊柴、蔡继明:《开启城乡土地产权同权化和资源配置市场化改革新里程》,《管理世界》2020年第6期。

李双江、罗晓、胡亚妮:《快速城市化进程中石家庄城市生态系统健康评价》,《水土保持研究》2012年第3期。

李天健:《中国城市经济发展70年:历史轨迹与特征化事实》,《经济学家》2019年第10期。

李延军:《内蒙古地区农业机械化发展的问题与供给侧改革措施》,《农业工程技术》2020年第23期。

李义平、王梅梅:《新形势下如何更好处理政府和市场的关系》,《中国党政干部论坛》2020年第6期。

李智、张小林、陈媛、李红波:《基于城乡相互作用的中国乡村复兴研究》,《经济地理》2017年第6期。

梁琦、黄利春:《马克思的地域分工理论、产业集聚与城乡协调发展战略》,《经济前沿》2009年第10期。

林坚、刘乌兰:《论划定城市开发边界》,《北京规划建设》2014年第6期。

林坚、武婷、张叶笑、赵晔:《统一国土空间用途管制制度的思考》,《自然资源学报》2019年第10期。

刘秉镰、刘玉海:《交通基础设施建设与中国制造业企业库存成本降低》,《中国工业经济》2011年第5期。

刘冬荣、麻战洪:《"三区三线"关系及其空间管控》,《中国土地》2019年第7期。

刘晶晶、王静、戴建旺、翟天林、李泽慧:《黄河流域县域尺度生态系统服务供给和需求核算及时空变异》,《自然资源学报》2021年第1期。

刘儒、郭荔：《社会主义市场经济条件下政府和市场的互补关系及特征》，《东南学术》2021年第1期。

刘晓峰、陈钊、陆铭：《社会融合与经济增长：城市化和城市发展的内生政策变迁》，《世界经济》2010年第6期。

刘耀彬、陈斐：《中国城市化进程中的资源消耗"尾效"分析》，《中国工业经济》2007年第11期。

刘耀彬、李仁东、宋学锋：《城市化与城市生态环境关系研究综述与评价》，《中国人口·资源与环境》2005年第3期。

刘忠宇、热孜燕·瓦卡斯：《中国农业高质量发展的地区差异及分布动态演进》，《数量经济技术经济研究》2021年第6期。

卢良恕：《现代农业发展与社会主义新农村建设——（三）现代农业的内涵、特点与发展趋势》，《安徽农学通报》2006年第8期。

陆大道：《关于"点—轴"空间结构系统的形成机理分析》，《地理科学》2002年第1期。

陆大道：《我国的城镇化进程与空间扩张》，《中国城市经济》2007年第10期。

路明：《我国农村环境污染现状与防治对策》，《农业环境与发展》2008年第3期。

罗万纯：《中国粮食安全治理：发展趋势、挑战及改进》，《中国农村经济》2020年第12期。

马骏、孙茂洋、关一凡：《江苏省经济与环境协调发展实证分析》，《生态经济》2016年第2期。

冒佩华、王朝科：《"使市场在资源配置中起决定性作用和更好发挥政府作用"的内在逻辑》，《毛泽东邓小平理论研究》2014年第2期。

逄锦聚：《破解政府和市场关系的世界性难题》，《红旗文稿》2019年第18期。

裴凤松、黎夏、刘小平、夏庚瑞：《城市扩张驱动下植被净第一性生产力动态模拟研究——以广东省为例》，《地球信息科学学报》2015年第4期。

裴文娟、樊凯、张建生、曾维军、王猛、余建新：《城市开发边界的内涵》，《城市问题》2017年第9期。

彭冲、陈乐一、韩峰：《新型城镇化与土地集约利用的时空演变及关系》，《地理研究》2014年第11期。

彭俞超、张雷声：《正确认识和处理政府与市场关系的创新与发展》，《山东社会科学》2014年第1期。

乔标、方创琳：《城市化与生态环境协调发展的动态耦合模型及其在干旱区的应用》，《生态学报》2005年第11期。

邱海平：《使市场在资源配置中起决定性作用和更好发挥政府作用——中国特色社会主义经济学的新发展》，《理论学刊》2015年第9期。

邱海平：《新发展理念的重大理论和实践价值——习近平新时代中国特色社会主义经济思想研究》，《政治经济学评论》2019年第6期。

任保平：《建设高质量的社会主义市场经济体制》，《政治经济学评论》2020年第1期。

沈悦、刘天科、周璞：《自然生态空间用途管制理论分析及管制策略研究》，《中国土地科学》2017年第12期。

沈悦、孟旭光：《城乡资源流动视角下的国土空间规划思考》，《中国国土资源经济》2020年第3期。

孙翔、朱晓东、李杨帆：《港湾快速城市化地区景观生态安全评价——以厦门市为例》，《生态学报》2008年第8期。

孙泽祥、刘志锋、何春阳、邬建国：《中国北方干燥地城市扩展过程对生态系统服务的影响——以呼和浩特—包头—鄂尔多斯城市群地区为例》，《自然资源学报》2017年第10期。

孙志燕、侯永志：《对我国区域不平衡发展的多视角观察和政策应对》，《管理世界》2019年第8期。

覃成林、张华、毛超：《区域经济协调发展：概念辨析、判断标准与评价方法》，《经济体制改革》2011年第4期。

田双清、陈磊、姜海：《从土地用途管制到国土空间用途管制：演进历程、轨迹特征与政策启示》，《经济体制改革》2020年第4期。

汪佳群：《农产品供给侧结构性改革的支持路径创新研究》，《西部经济管理论坛》2018年第6期。

王刚、宋锴业：《治理理论的本质及其实现逻辑》，《求实》2017年第3期。

王开泳、陈田：《行政区划研究的地理学支撑与展望》，《地理学报》2018年第4期。

王萍：《市场在资源配置中起决定性作用的逻辑内涵与实现条件》，《齐鲁学刊》2015年第4期。

王亚菲：《城市化对资源消耗和污染排放的影响分析》，《城市发展研究》2011年第3期。

王艳飞、刘彦随、严镔、李裕瑞：《中国城乡协调发展格局特征及影响因素》，《地理科学》2016年第1期。

王颖、孙平军、李诚固、刘航、周嘉：《2003年以来东北地区城乡协调发展的时空演化》，《经济地理》2018年第7期。

卫兴华、闫盼：《论宏观资源配置与微观资源配置的不同性质——兼论市场"决定性作用"的含义和范围》，《政治经济学评论》2014年第4期。

温明振：《浅析生态污染及治理技术的创新》，《中国资源综合利用》2019年第2期。

吴永娇、马海州、董锁成、仝彩蓉:《城市化进程中生态环境响应模型研究——以西安为例》,《地理科学》2009年第1期。

肖金成、欧阳慧:《优化国土空间开发格局研究》,《经济学动态》2012年第5期。

肖卫东:《农业空间布局研究的多维视角及引申》,《理论学刊》2015年第8期。

谢玲红、吕开宇:《"十四五"时期农村劳动力转移就业的五大问题》,《经济学家》2020年第10期。

徐德琳、邹长新、徐梦佳、游广永、吴丹:《基于生态保护红线的生态安全格局构建》,《生物多样性》2015年第6期。

徐丽杰:《中国经济新常态下推动城乡一体化发展的新策略》,《税务与经济》2016年第1期。

徐娜:《康德关于空间、时间的先验观念性证明》,《郑州航空工业管理学院学报》(社会科学版)2010年第2期。

许尔琪、张红旗:《中国核心生态空间的现状、变化及其保护研究》,《资源科学》2015年第7期。

薛建春、吴彤:《基于三阶段SBM-DEA的内蒙古城市土地利用效率评价》,《生态经济》2020年第10期。

杨福霞、聂华林、杨冕:《中国经济发展的环境效应分析——基于广义脉冲响应函数的实证检验》,《财经研究》2010年第5期。

杨开忠:《我国区域经济协调发展的总体部署》,《管理世界》1993年第1期。

叶得明、杨婕妤:《石羊河流域农业经济和生态环境协调发展研究》,《干旱区地理》2013年第1期。

叶军、李健、周慧:《基于生态城市建设的天津市生态农业空间布局》,《乡镇经济》2007年第4期。

叶琪、李建平:《人与自然和谐共生的社会主义现代化的理论探究》,《政治经济学评论》2019年第1期。

叶鑫、邹长新、刘国华、林乃峰、徐梦佳:《生态安全格局研究的主要内容与进展》,《生态学报》2018年第10期。

于莉、李贝、崔海宁、周智、张蓬涛:《区域关键性生态用地空间划定研究——以河北省青龙满族自治县为例》,《江苏农业科学》2017年第23期。

余亮亮、蔡银莺:《国土空间规划对重点开发区域的经济增长效应研究——武汉城市圈规划的经验证据》,《中国人口·资源与环境》2016年第9期。

曾濰嘉:《新型城镇化与土地集约利用的时空演变及关系》,《中国农业资源与区划》2020年第10期。

张浩、汤晓敏、王寿兵、郭林、雍怡、王祥荣:《珠江三角洲快速城市化地区生态安全研究——以佛山市为例》,《自然资源学报》2006年第4期。

张合林、王亚晨、刘颖:《城乡融合发展与土地资源利用效率》,《财经科学》2020年第10期。

张红梅:《生态文明下的城乡一体化发展的思考——基于苏州市吴中区》,《苏州教育学院学报》2012年第4期。

张开:《更好发挥政府作用的两层含义》,《经济研究参考》2014年第37期。

张贤明:《制度建设协同化:国家治理现代化的有效路径》,《行政论坛》2020年第5期。

张晓玲、吕晓:《国土空间用途管制的改革逻辑及其规划响应路径》,《自然资源学报》2020年第6期。

张衍毓、张晓玲、邓红蒂:《新时代国土空间治理科技创新体系研究》,《中国土地科学》2021年第4期。

张占仓:《中国新型城镇化的理论困惑与创新方向》,《管理学刊》2014年第1期。

张祚、周敏、金贵、刘艳中、罗翔:《湖北"两圈两带"格局下的新型城镇化与土地集约利用协调度分析》,《世界地理研究》2018年第2期。

赵丹丹、周宏、高富雄:《农户分化、技术约束与耕地保护技术选择差异——基于不同约束条件下的农户技术采纳理论分析框架》,《自然资源学报》2020年第12期。

周文:《新时代高质量区域协调发展的政治经济学研究》,《政治经济学评论》2020年第3期。

周祥胜、汤燕良、李禅、江玉麟、史雅娟:《广东省级城镇开发边界的划定思路与方法》,《规划师》2019年第11期。

朱巧玲、邵蕾:《新时代"五位一体"人的全面发展综合评价研究》,《改革与战略》2021年第8期。

庄少勤:《新时代的空间规划逻辑》,《中国土地》2019年第1期。

中文译著

[美] 保罗·萨缪尔森、威廉·诺德豪斯:《微观经济学》(第19版),萧琛主译,人民邮电出版社2012年版。

[美] 米尔顿·弗里德曼:《资本主义与自由》,张瑞玉译,商务印书馆2009年版。

[以] 约拉姆·巴泽尔:《产权的经济分析》(第二版),费方域、段毅才、钱敏译,格致出版社、上海三联书店、上海人民出版社2017年版。

[英] 弗里德里希·奥古斯特·哈耶克:《自由宪章》,杨玉生、冯兴

元、陈茅等译，杨玉生、陆衡、伊虹统校，中国社会科学出版社2012年版。

［英］亚当·斯密：《国富论》，郭大力、王亚南译，译林出版社2011年版。

［英］约翰·梅纳德·凯恩斯：《就业、利息和货币通论》（重译本），高鸿业译，商务印书馆1999年版。

外文文献

Brookfield H., *Interdependent Development*, London: University of Pittsburgh Press, 1975.

Grossman G. M., Krueger A. B., "Economic Growth and the Environment", *QuarterlyJoumal of Economics*, Vol. 110, No. 2, May 1995.

Halliday F. E., *Iran: Dictatorship and Development*, New York: Penguin Books, 1979.

Hasse J. E., Lathrop R. G., "Land Resource Impact Indicators of Urban Sprawl", *Applied Geography*, Vol. 23, No. 2, August 2003.

Tan M., Li X., Xie H., Lu C., "Urban Land Expansion and Arable Land Loss in China-a Case Study of Beijing-tianjin-hebei Region", *Land Use Policy*, Vol. 22, No. 3, May 2005.

Wakode H. B., Baier K., Jha R., et al., "Impact of Urbanization on Groundwater Recharge and Urban Water Balance for the City of Hyderabad, India", *International Soil Water Conservation Research*, Vol. 6, No. 1, March 2018.

Wu F L., "China's Changing Urban Governance in the Transition Towards a More Market-oriented Economy", *Urban Studies*, Vol. 39, No. 7, June 2002.

Östlund L., Hörnberg G., DeLuca T. H., et al., "IntensiveLand Use in the Swedish Mountains between AD 800 and 1200 led to Deforestation and Ecosystem Transformation with Long-lasting Effects", *Ambio*, Vol. 44, No. 6, February 2015.

附　　录

附表1　2007—2012年我国省（区、市）级国土空间经济活动协调指数

省（区、市）	2007年	2008年	2009年	2010年	2011年	2012年
北京	0.377322	0.391456	0.403731	0.408427	0.431441	0.453714
天津	0.372555	0.393102	0.408488	0.432875	0.452128	0.465175
河北	0.439745	0.453411	0.464443	0.480094	0.484644	0.489643
山西	0.299937	0.318573	0.327165	0.341622	0.353071	0.376652
内蒙古	0.331968	0.349550	0.362783	0.380460	0.405400	0.419071
辽宁	0.407014	0.435979	0.447424	0.480669	0.491702	0.528356
吉林	0.373856	0.388389	0.376749	0.403914	0.406382	0.449385
黑龙江	0.345149	0.368569	0.383856	0.406904	0.420814	0.456691
上海	0.384558	0.400755	0.416135	0.427039	0.441428	0.460224
江苏	0.483666	0.501837	0.509317	0.532328	0.552707	0.574559
浙江	0.430256	0.447000	0.451394	0.471535	0.481033	0.504878
安徽	0.394886	0.409085	0.416999	0.438910	0.453084	0.473296
福建	0.374338	0.402928	0.408681	0.425970	0.431557	0.454865
江西	0.374319	0.390258	0.399831	0.424636	0.430328	0.454023
山东	0.456933	0.470827	0.479818	0.496771	0.512780	0.528078
河南	0.424181	0.442355	0.456729	0.478603	0.489194	0.507703

续表

省（区、市）	2007 年	2008 年	2009 年	2010 年	2011 年	2012 年
湖北	0.386211	0.402895	0.420685	0.441569	0.449993	0.470702
湖南	0.395105	0.413733	0.430505	0.448911	0.453436	0.483318
广东	0.477186	0.496760	0.506354	0.555051	0.533458	0.534835
广西	0.341462	0.361591	0.368967	0.386287	0.398928	0.415415
海南	0.294117	0.314225	0.328450	0.339760	0.346688	0.330375
重庆	0.335466	0.358793	0.377917	0.398367	0.436226	0.453988
四川	0.400384	0.429893	0.443739	0.467584	0.487291	0.513354
贵州	0.315427	0.329753	0.339790	0.351966	0.351159	0.377058
云南	0.324697	0.345921	0.346959	0.373371	0.381643	0.405320
陕西	0.299081	0.329291	0.345270	0.368601	0.390712	0.404578
甘肃	0.243233	0.247468	0.259290	0.279082	0.297733	0.315852
青海	0.356121	0.367678	0.395852	0.384654	0.424995	0.407928
宁夏	0.249573	0.263257	0.279282	0.292509	0.300145	0.313769
新疆	0.280229	0.293759	0.306782	0.334255	0.348021	0.368634

注：根据 EPS DATA、Wind DATA、各省（区、市）统计年鉴数据计算得来。

附表 2　2013—2018 年我国省（区、市）级国土空间经济活动协调指数

省（区、市）	2013 年	2014 年	2015 年	2016 年	2017 年	2018 年
北京	0.500392	0.531059	0.558782	0.591132	0.628375	0.642462
天津	0.509075	0.544472	0.560306	0.597924	0.545306	0.541039
河北	0.481194	0.489804	0.496729	0.513199	0.532742	0.556609
山西	0.395087	0.403818	0.398894	0.414686	0.394232	0.402103
内蒙古	0.455146	0.460081	0.471212	0.485803	0.482457	0.484979
辽宁	0.530382	0.516172	0.466455	0.480746	0.488189	0.470034
吉林	0.475826	0.440888	0.456991	0.510738	0.459844	0.439059
黑龙江	0.487308	0.490325	0.486634	0.501277	0.510218	0.484419
上海	0.476780	0.499235	0.544991	0.569696	0.574590	0.601959

续表

省（区、市）	2013 年	2014 年	2015 年	2016 年	2017 年	2018 年
江苏	0.597499	0.605289	0.621085	0.623403	0.626886	0.633046
浙江	0.530317	0.565824	0.594921	0.620340	0.621380	0.598750
安徽	0.498648	0.507189	0.523374	0.535572	0.546562	0.553068
福建	0.468929	0.484271	0.500531	0.523702	0.514141	0.461939
江西	0.458867	0.472549	0.495173	0.510468	0.520377	0.482842
山东	0.550977	0.559521	0.578099	0.587297	0.607215	0.628499
河南	0.520991	0.530916	0.539760	0.564302	0.584117	0.605821
湖北	0.490952	0.507342	0.515187	0.537822	0.558764	0.557786
湖南	0.495790	0.511486	0.539497	0.544548	0.551323	0.522237
广东	0.565179	0.577072	0.602944	0.614908	0.605181	0.605534
广西	0.435032	0.428991	0.455549	0.466747	0.482188	0.442199
海南	0.374085	0.381774	0.396328	0.418406	0.409711	0.381669
重庆	0.465997	0.482452	0.492060	0.504150	0.501216	0.482195
四川	0.531404	0.534194	0.497894	0.512702	0.636516	0.499449
贵州	0.391664	0.420570	0.433980	0.448662	0.462655	0.448147
云南	0.425441	0.432655	0.450324	0.456077	0.467809	0.440385
陕西	0.426554	0.443151	0.451873	0.475958	0.475049	0.467306
甘肃	0.338519	0.347197	0.359110	0.375786	0.377704	0.399801
青海	0.364899	0.390787	0.407302	0.432646	0.460946	0.421568
宁夏	0.336024	0.352910	0.364587	0.375985	0.383566	0.413795
新疆	0.395799	0.404624	0.421373	0.438297	0.447248	0.439941

注：根据 EPS DATA、Wind DATA、各省（区、市）统计年鉴数据计算得来。

附表 3　2007—2012 年我国部分城市国土空间经济活动协调指数

城市	2007 年	2008 年	2009 年	2010 年	2011 年	2012 年
北京	0.303925	0.324252	0.327595	0.334608	0.345711	0.364808
天津	0.308000	0.339943	0.364965	0.460162	0.422296	0.448904

续表

城市	2007年	2008年	2009年	2010年	2011年	2012年
石家庄	0.347984	0.352602	0.355853	0.423545	0.395398	0.402844
唐山	0.324571	0.334488	0.337426	0.353239	0.364946	0.375953
邯郸	0.331262	0.341064	0.347999	0.363299	0.370501	0.380273
张家口	0.274779	0.291933	0.293044	0.309676	0.315363	0.326172
保定	0.333924	0.344184	0.349665	0.360059	0.368625	0.375405
沧州	0.313771	0.328728	0.334274	0.335863	0.357180	0.361348
秦皇岛	0.257991	0.261055	0.262636	0.272710	0.267485	0.294123
邢台	0.306315	0.310628	0.314176	0.338000	0.333536	0.359233
廊坊	0.294065	0.300234	0.303404	0.318107	0.314579	0.322830
承德	0.224463	0.232462	0.251634	0.264343	0.269469	0.277152
衡水	0.281724	0.288860	0.296006	0.309577	0.309896	0.311833
太原	0.226791	0.232850	0.236809	0.234375	0.254717	0.258382
大同	0.221067	0.227802	0.230756	0.228138	0.229938	0.235658
阳泉	0.199192	0.213875	0.225126	0.239456	0.241379	0.248542
长治	0.231076	0.231680	0.250879	0.259751	0.257812	0.260329
晋城	0.258719	0.265493	0.264680	0.267448	0.274040	0.275552
朔州	0.251269	0.252219	0.261763	0.265269	0.264450	0.266275
忻州	0.193094	0.209753	0.226182	0.253457	0.220917	0.233034
晋中	0.189005	0.196392	0.232909	0.245990	0.253961	0.260032
吕梁	0.209568	0.212011	0.220887	0.208613	0.232263	0.235293
临汾	0.223288	0.223623	0.233435	0.250150	0.271706	0.274691
运城	0.257340	0.272116	0.294483	0.310998	0.323849	0.331782
呼伦贝尔	0.436327	0.520085	0.534025	0.529823	0.559947	0.573512
通辽	0.347481	0.360919	0.372071	0.386074	0.399403	0.417631
乌兰察布	0.238262	0.245262	0.240399	0.248237	0.254933	0.267631
鄂尔多斯	0.289064	0.283178	0.289526	0.293357	0.297418	0.308924
巴彦淖尔	0.375589	0.383911	0.373797	0.382327	0.391019	0.376841
呼和浩特	0.246438	0.255547	0.273089	0.289529	0.290911	0.289589

续表

城市	2007年	2008年	2009年	2010年	2011年	2012年
包头	0.252740	0.257264	0.257141	0.263192	0.264170	0.270810
乌海	0.197829	0.209136	0.213827	0.232174	0.228973	0.236948
赤峰	0.341569	0.353410	0.344172	0.371894	0.396095	0.407170
沈阳	0.323662	0.340608	0.338884	0.338813	0.352946	0.366021
大连	0.293608	0.322568	0.336758	0.388776	0.379976	0.395075
鞍山	0.236244	0.251317	0.258708	0.280020	0.289119	0.308730
抚顺	0.242442	0.249676	0.252077	0.266523	0.256265	0.282925
本溪	0.282506	0.281409	0.250953	0.282386	0.284257	0.310953
丹东	0.251465	0.253383	0.256230	0.267123	0.317619	0.348551
锦州	0.259371	0.272161	0.275409	0.279641	0.296778	0.311378
营口	0.223102	0.228044	0.237309	0.254664	0.251186	0.273872
阜新	0.243985	0.253067	0.254419	0.285958	0.299759	0.299607
辽阳	0.249701	0.249239	0.256380	0.254200	0.266985	0.282790
铁岭	0.289531	0.299839	0.297100	0.303677	0.317901	0.338517
朝阳	0.298256	0.306202	0.290921	0.335154	0.373318	0.397288
盘锦	0.226268	0.241353	0.250719	0.256576	0.284323	0.293952
葫芦岛	0.239593	0.265629	0.229763	0.236138	0.242060	0.297784
长春	0.308390	0.323509	0.332332	0.340054	0.346636	0.362701
吉林	0.280803	0.306969	0.352044	0.356986	0.327224	0.336654
四平	0.287846	0.301502	0.300864	0.340681	0.334972	0.343289
辽源	0.210205	0.219630	0.270816	0.291823	0.259239	0.272724
通化	0.265783	0.266095	0.344176	0.344762	0.296205	0.323314
白山	0.404174	0.338843	0.517137	0.508153	0.387032	0.426851
白城	0.239322	0.251261	0.270550	0.279069	0.299200	0.323469
松原	0.300776	0.353707	0.355057	0.374776	0.389939	0.418648
哈尔滨	0.371785	0.373712	0.388918	0.400024	0.410391	0.420971
齐齐哈尔	0.415246	0.416932	0.402259	0.410008	0.426065	0.431567
牡丹江	0.458713	0.428945	0.372290	0.365711	0.364473	0.412529

附 录

续表

城市	2007 年	2008 年	2009 年	2010 年	2011 年	2012 年
佳木斯	0.604868	0.564100	0.402148	0.369822	0.402084	0.487398
鸡西	0.349870	0.315171	0.293506	0.288918	0.273813	0.319706
鹤岗	0.368420	0.329518	0.353194	0.336113	0.303664	0.341356
双鸭山	0.443821	0.381877	0.315177	0.317007	0.305899	0.368434
七台河	0.390521	0.336255	0.233236	0.209105	0.272378	0.314548
黑河	0.434453	0.396331	0.480411	0.446210	0.410983	0.491510
伊春	0.556726	0.492187	0.561395	0.461743	0.449516	0.541924
大庆	0.608810	0.545635	0.351958	0.321884	0.364820	0.447782
绥化	0.409372	0.415672	0.404423	0.405977	0.424139	0.457015
上海	0.368914	0.404236	0.411647	0.421841	0.444586	0.480821
南京	0.256531	0.279200	0.270961	0.281225	0.297775	0.310425
无锡	0.262534	0.276051	0.280404	0.280943	0.294459	0.300512
徐州	0.315157	0.316690	0.320709	0.325890	0.343047	0.355410
常州	0.251442	0.267710	0.275595	0.279371	0.292936	0.300292
苏州	0.291069	0.298615	0.295449	0.286649	0.297466	0.317525
南通	0.293697	0.303599	0.303894	0.309049	0.318638	0.320928
连云港	0.270186	0.281899	0.269707	0.278395	0.277626	0.295029
淮安	0.310316	0.304986	0.295980	0.297217	0.309906	0.323620
盐城	0.350021	0.356739	0.358001	0.446796	0.371393	0.374538
扬州	0.258138	0.275277	0.273853	0.282269	0.297970	0.299327
镇江	0.229196	0.252810	0.259926	0.260781	0.265784	0.273801
泰州	0.257594	0.271700	0.265808	0.269171	0.283686	0.287882
宿迁	0.284247	0.299693	0.289488	0.293638	0.302394	0.312625
杭州	0.302385	0.323441	0.330781	0.347684	0.345358	0.367613
嘉兴	0.291629	0.313070	0.316477	0.322728	0.320892	0.335217
湖州	0.269939	0.287124	0.288376	0.291302	0.285868	0.307546
舟山	0.228346	0.217747	0.241821	0.234506	0.232522	0.256091
金华	0.269575	0.278589	0.272111	0.317025	0.289490	0.322463

续表

城市	2007 年	2008 年	2009 年	2010 年	2011 年	2012 年
绍兴	0.281937	0.283359	0.289912	0.301444	0.300349	0.322731
温州	0.259094	0.255337	0.271401	0.292796	0.270668	0.303508
台州	0.274113	0.271863	0.281907	0.307511	0.286916	0.312667
丽水	0.415094	0.370384	0.409397	0.545158	0.355092	0.501316
衢州	0.284388	0.317309	0.313947	0.400536	0.320272	0.389865
宁波	0.288886	0.293827	0.297047	0.305166	0.305277	0.328625
宣城	0.284425	0.302376	0.326497	0.367806	0.339663	0.347255
宿州	0.328515	0.327627	0.338639	0.359677	0.360057	0.363896
滁州	0.393760	0.413366	0.439820	0.448029	0.456782	0.440999
池州	0.311209	0.327747	0.323889	0.422129	0.355889	0.392251
阜阳	0.400211	0.416148	0.427330	0.438228	0.386456	0.390191
六安	0.332860	0.343238	0.353488	0.378727	0.330127	0.334716
合肥	0.289500	0.282589	0.289341	0.303403	0.340685	0.333649
蚌埠	0.264044	0.269948	0.279557	0.288969	0.298759	0.299179
淮南	0.202252	0.207282	0.218983	0.249839	0.243449	0.255592
铜陵	0.252664	0.255778	0.264283	0.259497	0.261341	0.267802
马鞍山	0.248806	0.257228	0.260267	0.269053	0.276086	0.274283
淮北	0.254754	0.238599	0.237760	0.247259	0.251088	0.255401
芜湖	0.246595	0.253435	0.262773	0.266110	0.276080	0.285874
安庆	0.288049	0.293149	0.301446	0.335500	0.310908	0.331686
黄山	0.351595	0.445396	0.411737	0.535822	0.440582	0.485287
亳州	0.294306	0.308613	0.310455	0.320462	0.322064	0.329985
福州	0.282558	0.277252	0.275161	0.300132	0.286756	0.298323
三明	0.408063	0.363281	0.349491	0.546622	0.357575	0.508461
南平	0.391758	0.395158	0.377904	0.603862	0.372743	0.568479
宁德	0.287352	0.294669	0.302358	0.385363	0.324315	0.378329
莆田	0.242169	0.244030	0.245195	0.270277	0.258512	0.267297
泉州	0.274763	0.241958	0.262808	0.281616	0.272062	0.283811

续表

城市	2007 年	2008 年	2009 年	2010 年	2011 年	2012 年
漳州	0.297292	0.276622	0.255339	0.306308	0.291218	0.310152
龙岩	0.385148	0.373385	0.338010	0.444721	0.363040	0.429814
厦门	0.278160	0.298141	0.278544	0.287748	0.279757	0.283400
南昌	0.345528	0.361023	0.373680	0.395795	0.400906	0.337385
景德镇	0.285298	0.337875	0.393042	0.434436	0.388138	0.340018
萍乡	0.323430	0.342359	0.366209	0.390099	0.378178	0.298740
九江	0.317260	0.348651	0.381855	0.418404	0.384302	0.352872
新余	0.234578	0.286901	0.314179	0.336943	0.284683	0.338479
鹰潭	0.302975	0.287495	0.356075	0.392407	0.311157	0.390580
赣州	0.296791	0.297581	0.373358	0.351139	0.296275	0.350564
宜春	0.315506	0.348312	0.390006	0.396726	0.353677	0.449534
上饶	0.302268	0.333538	0.370852	0.397395	0.341441	0.374804
吉安	0.329517	0.337477	0.433661	0.435375	0.338386	0.393091
抚州	0.324269	0.354082	0.405382	0.453162	0.329128	0.438696
青岛	0.306235	0.312416	0.312537	0.323661	0.336131	0.337539
济南	0.267052	0.276880	0.288090	0.304513	0.311579	0.314460
淄博	0.253348	0.255868	0.264999	0.273008	0.276757	0.281676
枣庄	0.249657	0.265532	0.266915	0.273886	0.272955	0.278569
烟台	0.297855	0.302279	0.302733	0.314131	0.323207	0.326526
潍坊	0.334298	0.340919	0.351314	0.352803	0.360572	0.367522
济宁	0.315890	0.327807	0.333121	0.344480	0.342252	0.346806
临沂	0.344044	0.351321	0.355892	0.360680	0.367989	0.371695
泰安	0.279598	0.279089	0.285111	0.296370	0.300887	0.304538
聊城	0.338603	0.349438	0.359468	0.370541	0.378721	0.380849
菏泽	0.447326	0.448175	0.456558	0.461444	0.463850	0.459513
德州	0.349233	0.361085	0.386301	0.387114	0.396592	0.391490
滨州	0.263766	0.281136	0.297328	0.309102	0.320879	0.325459
东营	0.244662	0.235202	0.251754	0.258264	0.265590	0.269274

续表

城市	2007 年	2008 年	2009 年	2010 年	2011 年	2012 年
威海	0.269848	0.262407	0.263520	0.269288	0.280083	0.282988
日照	0.247351	0.245608	0.239699	0.257003	0.262736	0.268457
莱芜	0.246407	0.237839	0.249594	0.249423	0.249247	0.254857
郑州	0.269080	0.285129	0.290105	0.320298	0.337707	0.350234
开封	0.233836	0.285183	0.299625	0.301166	0.306414	0.314641
洛阳	0.264073	0.292464	0.295330	0.302742	0.308266	0.317946
平顶山	0.242105	0.264924	0.273714	0.285261	0.282709	0.283308
安阳	0.245122	0.280488	0.289942	0.293515	0.298432	0.307283
濮阳	0.253868	0.276988	0.284187	0.288011	0.292915	0.297868
新乡	0.264519	0.294564	0.297391	0.301283	0.306313	0.308255
焦作	0.230710	0.245893	0.256209	0.265646	0.269942	0.274807
鹤壁	0.193676	0.227507	0.212396	0.241111	0.239839	0.242888
许昌	0.277661	0.287130	0.299231	0.304679	0.308703	0.311968
漯河	0.217693	0.226740	0.233489	0.266161	0.267964	0.270143
三门峡	0.264123	0.259165	0.270588	0.263637	0.269425	0.273303
南阳	0.313458	0.379014	0.381784	0.394006	0.393803	0.397895
商丘	0.295534	0.347420	0.352586	0.355381	0.359431	0.360096
信阳	0.316330	0.380902	0.376862	0.384047	0.369373	0.368606
周口	0.306092	0.363775	0.367270	0.371227	0.379744	0.389767
驻马店	0.328186	0.371754	0.372044	0.375033	0.377778	0.381356
武汉	0.282862	0.288957	0.297671	0.312554	0.313041	0.330200
黄石	0.258022	0.267383	0.276754	0.285843	0.273373	0.295683
十堰	0.273679	0.279755	0.287320	0.323688	0.316828	0.306552
荆州	0.336217	0.338019	0.343184	0.358965	0.342857	0.353955
宜昌	0.333839	0.356296	0.335469	0.352630	0.336599	0.345659
襄阳	0.343012	0.345969	0.341945	0.342170	0.354545	0.364070
鄂州	0.193766	0.219495	0.219365	0.264233	0.261686	0.266518
荆门	0.333933	0.335324	0.320588	0.337233	0.340965	0.349491

续表

城市	2007 年	2008 年	2009 年	2010 年	2011 年	2012 年
孝感	0.249574	0.259744	0.259662	0.290166	0.268805	0.303953
黄冈	0.300131	0.307676	0.307209	0.320854	0.336025	0.312046
咸宁	0.230252	0.252409	0.269386	0.347361	0.306600	0.363827
随州	0.277825	0.274773	0.264535	0.289528	0.269613	0.276125
长沙	0.309042	0.302404	0.311569	0.330680	0.323370	0.344585
株洲	0.285414	0.294685	0.280880	0.325432	0.295651	0.328903
湘潭	0.260545	0.277151	0.268106	0.272874	0.257101	0.288215
衡阳	0.267400	0.273082	0.274666	0.305774	0.302879	0.324735
邵阳	0.276846	0.277648	0.288111	0.298169	0.294808	0.310902
岳阳	0.264747	0.299557	0.306894	0.333156	0.316043	0.340568
常德	0.309667	0.324207	0.334386	0.357638	0.342957	0.369998
张家界	0.396064	0.397820	0.320786	0.380183	0.322796	0.377040
益阳	0.293638	0.297003	0.299675	0.321557	0.302126	0.338777
永州	0.304618	0.330231	0.323476	0.350381	0.333103	0.368985
郴州	0.288263	0.295849	0.281151	0.322830	0.308495	0.347874
娄底	0.243750	0.234707	0.251831	0.267629	0.246352	0.290917
怀化	0.295534	0.302985	0.303083	0.343464	0.315597	0.370936
广州	0.300931	0.311090	0.309537	0.320590	0.326026	0.333675
深圳	0.310409	0.325638	0.322655	0.328440	0.331852	0.345554
珠海	0.268436	0.302172	0.283341	0.289064	0.282491	0.296254
汕头	0.222439	0.229962	0.239785	0.255457	0.256834	0.254552
佛山	0.243953	0.270190	0.265396	0.274536	0.285928	0.293321
韶关	0.387190	0.415534	0.362002	0.407199	0.388426	0.425516
河源	0.346408	0.355185	0.311945	0.361882	0.333822	0.357798
梅州	0.311381	0.328458	0.319759	0.337875	0.338113	0.350265
惠州	0.319221	0.346163	0.314527	0.327126	0.321713	0.346704
汕尾	0.217370	0.241607	0.246847	0.257735	0.262819	0.284545
东莞	0.275689	0.290851	0.275261	0.296925	0.289497	0.305335

续表

城市	2007 年	2008 年	2009 年	2010 年	2011 年	2012 年
中山	0.260688	0.281363	0.276991	0.276508	0.270144	0.283573
江门	0.271814	0.314765	0.320736	0.332759	0.308277	0.341740
阳江	0.267451	0.342386	0.330300	0.339537	0.302552	0.362002
湛江	0.315350	0.329267	0.328758	0.343089	0.358892	0.367899
茂名	0.268665	0.310250	0.288924	0.310202	0.328292	0.344104
肇庆	0.316306	0.318992	0.296012	0.332594	0.325043	0.350658
清远	0.307001	0.356464	0.331395	0.389309	0.351109	0.405095
潮州	0.237074	0.246667	0.228071	0.243379	0.270100	0.275997
揭阳	0.274869	0.283638	0.272343	0.280665	0.275783	0.291058
云浮	0.308938	0.302128	0.277976	0.293713	0.267834	0.292953
南宁	0.311083	0.344164	0.321761	0.356714	0.372481	0.380339
柳州	0.346891	0.424082	0.338261	0.342676	0.337287	0.374139
桂林	0.369496	0.407982	0.371262	0.406828	0.379096	0.438506
梧州	0.239897	0.305263	0.308924	0.369728	0.317284	0.330962
北海	0.240474	0.317593	0.249912	0.261013	0.321283	0.326601
防城港	0.405718	0.521937	0.375261	0.428124	0.432611	0.530914
钦州	0.272917	0.323625	0.287957	0.294305	0.327156	0.332996
贵港	0.228282	0.244188	0.226524	0.288373	0.258187	0.285983
玉林	0.221495	0.272286	0.259283	0.314285	0.313150	0.337094
贺州	0.332810	0.411795	0.339831	0.418216	0.344575	0.401368
百色	0.340663	0.390923	0.303376	0.375225	0.358804	0.419415
河池	0.410420	0.404715	0.343946	0.448377	0.352537	0.442580
来宾	0.381610	0.376624	0.327296	0.393480	0.403972	0.434282
崇左	0.437597	0.493663	0.271906	0.460862	0.483691	0.510741
海口	0.272662	0.278905	0.270335	0.288460	0.278634	0.288596
三亚	0.334897	0.319792	0.330871	0.313454	0.324910	0.314912
重庆	0.449596	0.447944	0.456528	0.472770	0.500027	0.521697
成都	0.306926	0.323509	0.326433	0.353729	0.375308	0.402795

附　录

续表

城市	2007 年	2008 年	2009 年	2010 年	2011 年	2012 年
自贡	0.242055	0.245349	0.246915	0.251038	0.261202	0.275657
攀枝花	0.310023	0.311460	0.313653	0.324819	0.278927	0.282856
泸州	0.252614	0.228645	0.234001	0.264140	0.242915	0.268998
德阳	0.233968	0.248482	0.254505	0.275190	0.280887	0.287208
绵阳	0.275780	0.287343	0.296755	0.305113	0.321990	0.320207
广元	0.326424	0.307475	0.340605	0.357058	0.365331	0.339566
遂宁	0.224222	0.241123	0.259118	0.259938	0.261290	0.276793
内江	0.205797	0.220699	0.229902	0.252176	0.257506	0.274639
乐山	0.282172	0.302213	0.284943	0.303400	0.294807	0.349705
南充	0.243931	0.277273	0.290158	0.290175	0.297168	0.316771
宜宾	0.231943	0.244788	0.243089	0.256809	0.286641	0.333851
广安	0.227513	0.230462	0.252211	0.272730	0.286971	0.314349
达州	0.294223	0.283614	0.268171	0.284565	0.304020	0.307058
资阳	0.311951	0.322457	0.369504	0.337539	0.326882	0.326914
眉山	0.247686	0.250249	0.262283	0.287225	0.283060	0.326085
巴中	0.250879	0.237582	0.227021	0.302360	0.329919	0.306486
雅安	0.485709	0.489519	0.347116	0.514555	0.419144	0.518205
贵阳	0.237765	0.237567	0.235008	0.228940	0.262798	0.277233
六盘水	0.232267	0.255049	0.227653	0.251533	0.246652	0.264063
遵义	0.314662	0.310515	0.316520	0.330113	0.329154	0.352666
安顺	0.299084	0.308321	0.275660	0.283023	0.278250	0.299328
毕节	0.310451	0.316657	0.311077	0.315119	0.305604	0.333366
铜仁	0.309882	0.311682	0.294911	0.309483	0.284186	0.349407
昆明	0.255058	0.275986	0.264593	0.271050	0.275878	0.284014
昭通	0.297390	0.318409	0.286494	0.303942	0.278019	0.311468
曲靖	0.293636	0.303851	0.315050	0.311820	0.328941	0.346750
玉溪	0.308709	0.270230	0.263957	0.274052	0.249824	0.252315
普洱	0.671708	0.636516	0.499872	0.543064	0.517685	0.506190

续表

城市	2007 年	2008 年	2009 年	2010 年	2011 年	2012 年
保山	0.429230	0.398209	0.337385	0.394326	0.373312	0.381434
丽江	0.462488	0.432291	0.410926	0.426596	0.349603	0.352001
临沧	0.405301	0.385951	0.365598	0.370052	0.378309	0.386009
西安	0.242785	0.253140	0.261295	0.277060	0.288115	0.303880
铜川	0.185403	0.182470	0.194042	0.230149	0.245502	0.239769
宝鸡	0.265312	0.262456	0.271297	0.279241	0.289459	0.285697
咸阳	0.237835	0.243543	0.250827	0.270153	0.276978	0.289697
渭南	0.216501	0.253637	0.254336	0.268097	0.273191	0.278724
汉中	0.321757	0.296916	0.312548	0.340308	0.391339	0.343045
安康	0.314393	0.305176	0.326011	0.319180	0.357491	0.312042
商洛	0.299379	0.271476	0.296747	0.318476	0.320057	0.276406
延安	0.219725	0.214068	0.253750	0.259597	0.262907	0.251730
榆林	0.239802	0.236502	0.227431	0.281387	0.272466	0.274488
兰州	0.211501	0.212348	0.228498	0.228001	0.234106	0.242252
白银	0.204615	0.204992	0.206480	0.222131	0.225827	0.234853
天水	0.234821	0.250005	0.241571	0.263525	0.266254	0.281292
酒泉	0.353178	0.326287	0.271532	0.296401	0.304173	0.315512
张掖	0.361781	0.338384	0.348601	0.319390	0.319720	0.329915
武威	0.313270	0.301889	0.302707	0.309112	0.294838	0.303733
定西	0.233266	0.243629	0.238903	0.245489	0.226896	0.247945
陇南	0.267408	0.254001	0.272333	0.272620	0.283724	0.281048
平凉	0.225480	0.224532	0.262158	0.271007	0.236654	0.247176
庆阳	0.264306	0.265887	0.274615	0.235469	0.241616	0.278445
西宁	0.237833	0.244997	0.249089	0.245492	0.254006	0.256359
银川	0.245850	0.253194	0.258540	0.260965	0.262510	0.257411
石嘴山	0.248126	0.248448	0.259058	0.256036	0.254352	0.251983
吴忠	0.239634	0.258868	0.238918	0.264116	0.238227	0.247604
中卫	0.264352	0.223455	0.254384	0.253199	0.272771	0.275600

续表

城市	2007年	2008年	2009年	2010年	2011年	2012年
乌鲁木齐	0.224579	0.204594	0.210722	0.214020	0.231736	0.237007
克拉玛依	0.270776	0.258719	0.257266	0.258055	0.248946	0.246766

注：根据 EPS DATA、Wind DATA、各省（区、市）统计年鉴数据计算得来。

附表4　2013—2018年我国部分城市国土空间经济活动协调指数

城市	2013年	2014年	2015年	2016年	2017年	2018年
北京	0.372901	0.383672	0.436799	0.439894	0.590164	0.501986
天津	0.471554	0.498219	0.529808	0.643661	0.404452	0.339523
石家庄	0.410143	0.367213	0.375612	0.375456	0.345835	0.352211
唐山	0.380794	0.378662	0.377916	0.381175	0.348102	0.353866
邯郸	0.382790	0.386386	0.385490	0.388082	0.359691	0.362046
张家口	0.339357	0.338766	0.344270	0.357393	0.334953	0.334866
保定	0.378598	0.382010	0.385644	0.390132	0.363435	0.365915
沧州	0.365176	0.363140	0.364254	0.362280	0.347545	0.347240
秦皇岛	0.276028	0.286316	0.273218	0.284167	0.276732	0.284097
邢台	0.323767	0.326693	0.330259	0.333277	0.340967	0.367088
廊坊	0.326618	0.329916	0.331879	0.332394	0.329451	0.335695
承德	0.284920	0.287483	0.289679	0.297533	0.294042	0.306511
衡水	0.330890	0.326381	0.322757	0.327317	0.334612	0.333492
太原	0.261147	0.264625	0.267081	0.264299	0.259341	0.259894
大同	0.239272	0.245876	0.239369	0.246625	0.253194	0.254877
阳泉	0.243125	0.241446	0.244021	0.247181	0.243993	0.250507
长治	0.265665	0.267862	0.267694	0.266993	0.269661	0.276923
晋城	0.276372	0.277499	0.278802	0.282908	0.285607	0.288037
朔州	0.270733	0.271979	0.271209	0.274730	0.275619	0.273798
忻州	0.251548	0.267053	0.264671	0.276480	0.276868	0.277790
晋中	0.266189	0.273989	0.271770	0.279588	0.280616	0.281500

续表

城市	2013 年	2014 年	2015 年	2016 年	2017 年	2018 年
吕梁	0.245828	0.254002	0.248871	0.254384	0.257210	0.261144
临汾	0.282744	0.291223	0.288698	0.295060	0.296650	0.299287
运城	0.343356	0.349949	0.348587	0.348588	0.351857	0.351173
呼伦贝尔	0.865838	0.630584	0.629261	0.532333	0.609461	0.606560
通辽	0.403235	0.415417	0.419877	0.421840	0.440151	0.443946
乌兰察布	0.279045	0.275958	0.280552	0.283571	0.290031	0.284560
鄂尔多斯	0.285910	0.295763	0.295048	0.323560	0.316155	0.320936
巴彦淖尔	0.390243	0.397813	0.427246	0.437348	0.483650	0.487876
呼和浩特	0.285766	0.283225	0.288781	0.295866	0.294227	0.292973
包头	0.273877	0.277915	0.269809	0.273853	0.275131	0.273680
乌海	0.237099	0.239769	0.241667	0.243815	0.245318	0.247533
赤峰	0.405951	0.405334	0.405232	0.408561	0.422008	0.416145
沈阳	0.368718	0.335351	0.329806	0.324283	0.324950	0.330204
大连	0.405908	0.404860	0.314144	0.330597	0.319724	0.320849
鞍山	0.302988	0.290182	0.286899	0.286127	0.282707	0.289386
抚顺	0.304679	0.268522	0.269142	0.280089	0.260820	0.260328
本溪	0.313704	0.261997	0.278574	0.297375	0.267534	0.295896
丹东	0.353810	0.275377	0.285623	0.302864	0.278384	0.319725
锦州	0.308670	0.297510	0.311665	0.315300	0.307553	0.313665
营口	0.270004	0.273062	0.269308	0.260710	0.259269	0.264687
阜新	0.297924	0.298987	0.293781	0.298218	0.300355	0.304442
辽阳	0.283731	0.269563	0.276378	0.281231	0.273371	0.277169
铁岭	0.346494	0.327613	0.324854	0.334161	0.311841	0.309059
朝阳	0.410541	0.399301	0.410923	0.380850	0.355892	0.360085
盘锦	0.290368	0.282347	0.282044	0.271942	0.263155	0.266720
葫芦岛	0.281774	0.268118	0.273768	0.282299	0.281674	0.284368
长春	0.373277	0.371602	0.370249	0.395188	0.352804	0.352866
吉林	0.337534	0.346199	0.333345	0.343481	0.330833	0.339386

续表

城市	2013 年	2014 年	2015 年	2016 年	2017 年	2018 年
四平	0.352112	0.349163	0.347518	0.355597	0.342201	0.347087
辽源	0.283351	0.273018	0.268134	0.288191	0.279727	0.274219
通化	0.326351	0.284820	0.304079	0.310043	0.303603	0.320220
白山	0.431295	0.334721	0.369106	0.443427	0.400568	0.470222
白城	0.333794	0.338750	0.346239	0.348622	0.326190	0.356684
松原	0.420980	0.430348	0.421236	0.428927	0.414092	0.402100
哈尔滨	0.429253	0.433867	0.435455	0.442180	0.430612	0.452856
齐齐哈尔	0.413247	0.417112	0.405224	0.407681	0.400733	0.464823
牡丹江	0.378346	0.429640	0.371931	0.425275	0.393939	0.477864
佳木斯	0.391830	0.496574	0.387976	0.466059	0.424620	0.654846
鸡西	0.328992	0.339949	0.301687	0.318732	0.296132	0.368813
鹤岗	0.366645	0.351290	0.319661	0.369382	0.355340	0.366114
双鸭山	0.380875	0.374774	0.338658	0.351012	0.339252	0.448755
七台河	0.276626	0.319433	0.242201	0.310401	0.294873	0.394754
黑河	0.590187	0.477662	0.436331	0.444756	0.446159	0.431985
伊春	0.578578	0.536586	0.433883	0.503912	0.456275	0.437570
大庆	0.342932	0.448969	0.332007	0.367991	0.365430	0.570502
绥化	0.437622	0.453813	0.430336	0.429767	0.429993	0.479144
上海	0.504111	0.522728	0.527968	0.526248	0.509927	0.516219
南京	0.315408	0.308814	0.316902	0.325897	0.330146	0.339065
无锡	0.298115	0.301235	0.307466	0.316599	0.314399	0.319203
徐州	0.367992	0.382547	0.396284	0.405759	0.416552	0.426148
常州	0.310225	0.302849	0.302595	0.313523	0.300436	0.304934
苏州	0.321725	0.323977	0.321599	0.320199	0.309756	0.315818
南通	0.327697	0.336643	0.346515	0.351411	0.347975	0.352855
连云港	0.301121	0.304122	0.312858	0.319666	0.326580	0.328545
淮安	0.325136	0.331671	0.340117	0.341048	0.345067	0.351445
盐城	0.380424	0.380567	0.393944	0.393556	0.390927	0.395098

续表

城市	2013 年	2014 年	2015 年	2016 年	2017 年	2018 年
扬州	0.302991	0.301036	0.308444	0.316572	0.308807	0.315127
镇江	0.281218	0.272810	0.286489	0.296436	0.288575	0.287533
泰州	0.292023	0.296877	0.305198	0.318588	0.318713	0.322851
宿迁	0.313517	0.319300	0.323688	0.330384	0.335832	0.340337
杭州	0.360776	0.368750	0.391499	0.390853	0.374634	0.379668
嘉兴	0.335694	0.333990	0.341870	0.343982	0.335459	0.343056
湖州	0.291210	0.298763	0.316265	0.335040	0.305122	0.319176
舟山	0.243344	0.251423	0.263152	0.271261	0.277390	0.276067
金华	0.299493	0.313963	0.326528	0.322564	0.311987	0.307977
绍兴	0.312953	0.315867	0.333512	0.328417	0.324233	0.327373
温州	0.298610	0.308646	0.311657	0.320752	0.307640	0.316887
台州	0.306652	0.312312	0.314299	0.317359	0.310480	0.318099
丽水	0.421872	0.454748	0.472553	0.465932	0.398414	0.368476
衢州	0.312559	0.357691	0.397390	0.362610	0.342214	0.331378
宁波	0.322936	0.333653	0.348723	0.349102	0.340551	0.344914
宣城	0.327986	0.348301	0.377954	0.423291	0.345267	0.346364
宿州	0.378715	0.388088	0.389853	0.386829	0.394658	0.389047
滁州	0.444155	0.452129	0.464084	0.378879	0.375600	0.385437
池州	0.353367	0.379523	0.428569	0.459225	0.408227	0.377146
阜阳	0.398481	0.407353	0.416137	0.418601	0.427069	0.401167
六安	0.337498	0.351563	0.338618	0.358681	0.333890	0.364125
合肥	0.340436	0.349903	0.358207	0.364428	0.364418	0.360079
蚌埠	0.303477	0.314589	0.321138	0.324550	0.328618	0.324949
淮南	0.260797	0.269895	0.306216	0.311359	0.317583	0.325491
铜陵	0.263481	0.271683	0.280013	0.297736	0.277499	0.270018
马鞍山	0.276896	0.285271	0.291661	0.309896	0.294136	0.287571
淮北	0.257216	0.261794	0.260800	0.264533	0.268336	0.271018
芜湖	0.287229	0.294709	0.302107	0.320582	0.306697	0.304073

续表

城市	2013 年	2014 年	2015 年	2016 年	2017 年	2018 年
安庆	0.328724	0.340039	0.332557	0.368369	0.333431	0.331401
黄山	0.423613	0.459586	0.524745	0.536927	0.432235	0.431960
亳州	0.333725	0.343183	0.344038	0.349660	0.353823	0.355180
福州	0.298525	0.301339	0.304547	0.327461	0.299678	0.308134
三明	0.501461	0.446517	0.476912	0.563282	0.414676	0.385962
南平	0.566359	0.513614	0.500704	0.588730	0.442609	0.378737
宁德	0.375872	0.369232	0.367649	0.399654	0.331750	0.340300
莆田	0.270156	0.268234	0.273513	0.297697	0.272687	0.275878
泉州	0.288013	0.286216	0.291571	0.319749	0.285228	0.290319
漳州	0.309595	0.316816	0.326245	0.362687	0.324635	0.318295
龙岩	0.429612	0.389511	0.413344	0.519604	0.388643	0.337884
厦门	0.288584	0.285600	0.292746	0.305445	0.298945	0.292559
南昌	0.325851	0.330721	0.324355	0.324740	0.335235	0.332600
景德镇	0.308068	0.315563	0.353381	0.341690	0.322957	0.324586
萍乡	0.279063	0.298167	0.296325	0.313808	0.308935	0.286091
九江	0.321375	0.324513	0.343530	0.355162	0.359262	0.317673
新余	0.301099	0.322233	0.324510	0.325144	0.316070	0.296119
鹰潭	0.338715	0.340275	0.358351	0.354006	0.337255	0.309460
赣州	0.322075	0.325430	0.356722	0.412350	0.354834	0.346652
宜春	0.372350	0.384699	0.378246	0.378892	0.387857	0.365012
上饶	0.356033	0.368043	0.388876	0.380842	0.370628	0.357289
吉安	0.367557	0.393632	0.413740	0.428407	0.387341	0.363080
抚州	0.378165	0.402940	0.419394	0.428043	0.381939	0.357030
青岛	0.350939	0.354630	0.359809	0.361446	0.373789	0.364571
济南	0.322543	0.322981	0.323676	0.325311	0.319427	0.335618
淄博	0.286198	0.283383	0.281627	0.287081	0.286364	0.293445
枣庄	0.288019	0.284165	0.284757	0.288718	0.290427	0.290390
烟台	0.335098	0.332424	0.323978	0.333534	0.335781	0.342102

续表

城市	2013 年	2014 年	2015 年	2016 年	2017 年	2018 年
潍坊	0.379855	0.373281	0.377727	0.380945	0.369929	0.377720
济宁	0.357168	0.359053	0.361542	0.366757	0.356763	0.363278
临沂	0.375753	0.370033	0.373237	0.375637	0.370550	0.373351
泰安	0.310953	0.309276	0.310674	0.313351	0.311064	0.320021
聊城	0.387530	0.385460	0.394181	0.398762	0.379418	0.380007
菏泽	0.461931	0.464485	0.469410	0.469871	0.500524	0.487326
德州	0.394826	0.397058	0.406012	0.406829	0.413595	0.414124
滨州	0.325133	0.320026	0.327433	0.329045	0.327921	0.334114
东营	0.276748	0.263906	0.269032	0.268945	0.270884	0.290030
威海	0.280029	0.280755	0.276062	0.278256	0.279347	0.280091
日照	0.270642	0.265020	0.266114	0.267476	0.268452	0.277763
莱芜	0.256746	0.242762	0.249424	0.259207	0.257998	0.263294
郑州	0.344870	0.352076	0.335769	0.345027	0.344501	0.349390
开封	0.330854	0.334127	0.345664	0.350084	0.352906	0.355702
洛阳	0.315471	0.317458	0.321022	0.323678	0.327269	0.333332
平顶山	0.288890	0.290836	0.294633	0.300531	0.302284	0.305415
安阳	0.322101	0.327898	0.330252	0.334910	0.335663	0.334807
濮阳	0.322232	0.326716	0.329571	0.330359	0.331698	0.336095
新乡	0.316911	0.321953	0.324329	0.325694	0.329176	0.355073
焦作	0.287099	0.286912	0.289646	0.292009	0.295211	0.295939
鹤壁	0.248547	0.245954	0.257187	0.260006	0.264824	0.268709
许昌	0.320668	0.320656	0.321569	0.295087	0.300134	0.302994
漯河	0.284713	0.288896	0.291036	0.291133	0.292426	0.297007
三门峡	0.276858	0.284951	0.279771	0.282859	0.287780	0.288828
南阳	0.413029	0.421340	0.429563	0.432559	0.438547	0.446265
商丘	0.380879	0.390369	0.390940	0.391198	0.392296	0.397180
信阳	0.381816	0.398162	0.402411	0.399078	0.398101	0.406373
周口	0.408517	0.408359	0.411470	0.412372	0.417701	0.420256

续表

城市	2013 年	2014 年	2015 年	2016 年	2017 年	2018 年
驻马店	0.393145	0.402209	0.404435	0.408965	0.410951	0.415429
武汉	0.346474	0.370414	0.389004	0.395733	0.406792	0.420604
黄石	0.285392	0.307289	0.307957	0.323964	0.338734	0.329658
十堰	0.303252	0.328831	0.313442	0.319719	0.353754	0.312002
荆州	0.344968	0.356747	0.371127	0.377864	0.367990	0.370690
宜昌	0.353554	0.353121	0.356424	0.390401	0.386127	0.370640
襄阳	0.363161	0.362948	0.368279	0.371168	0.380723	0.370505
鄂州	0.261533	0.262205	0.268156	0.292500	0.269020	0.264391
荆门	0.358016	0.354828	0.366297	0.390711	0.373312	0.364925
孝感	0.306310	0.305764	0.316646	0.328977	0.318070	0.316719
黄冈	0.315639	0.338471	0.339491	0.363352	0.330941	0.332168
咸宁	0.336445	0.361983	0.371758	0.380042	0.388055	0.347245
随州	0.277692	0.295473	0.300021	0.317862	0.315361	0.292356
长沙	0.345774	0.360103	0.368861	0.379721	0.375053	0.372755
株洲	0.306205	0.331016	0.334670	0.341013	0.335470	0.321544
湘潭	0.285752	0.296801	0.299326	0.310779	0.307534	0.296512
衡阳	0.324590	0.335343	0.343352	0.351674	0.332511	0.325565
邵阳	0.319918	0.327426	0.338150	0.341890	0.337186	0.328232
岳阳	0.328788	0.340772	0.345003	0.348577	0.350407	0.328341
常德	0.371606	0.376315	0.378033	0.388763	0.379594	0.368649
张家界	0.354653	0.377024	0.382586	0.425465	0.386151	0.386142
益阳	0.328181	0.338247	0.339899	0.353599	0.348053	0.335431
永州	0.380172	0.371575	0.398500	0.392624	0.372518	0.367774
郴州	0.351398	0.340072	0.363199	0.381084	0.349805	0.337139
娄底	0.276553	0.281812	0.281425	0.306860	0.299781	0.286565
怀化	0.353338	0.387449	0.372659	0.394003	0.382824	0.337587
广州	0.350683	0.356035	0.355544	0.365255	0.368442	0.377121
深圳	0.356707	0.358698	0.369133	0.377807	0.387125	0.401261

续表

城市	2013 年	2014 年	2015 年	2016 年	2017 年	2018 年
珠海	0.309963	0.296439	0.296728	0.311596	0.308421	0.312103
汕头	0.270962	0.269690	0.273429	0.280779	0.280944	0.283441
佛山	0.300635	0.299413	0.303950	0.299095	0.298265	0.304692
韶关	0.405073	0.391852	0.421652	0.446663	0.384367	0.387747
河源	0.355184	0.326213	0.343145	0.382782	0.324239	0.324883
梅州	0.381087	0.369434	0.382735	0.411621	0.365614	0.365147
惠州	0.368430	0.357394	0.361416	0.389686	0.359889	0.382485
汕尾	0.300215	0.290006	0.291222	0.305203	0.292022	0.296924
东莞	0.323835	0.321015	0.337049	0.330698	0.322932	0.325043
中山	0.287053	0.282546	0.282569	0.297576	0.289245	0.295469
江门	0.346182	0.323749	0.335042	0.350952	0.341883	0.360628
阳江	0.368135	0.322647	0.339498	0.355549	0.353505	0.364013
湛江	0.382150	0.384002	0.385537	0.396565	0.389110	0.399844
茂名	0.349732	0.350628	0.350503	0.364405	0.367772	0.370334
肇庆	0.355073	0.349245	0.359235	0.378046	0.369236	0.369769
清远	0.426060	0.402945	0.429340	0.440581	0.386177	0.397601
潮州	0.278313	0.265930	0.270526	0.286798	0.266611	0.266252
揭阳	0.255613	0.256450	0.260539	0.289110	0.286599	0.287268
云浮	0.299502	0.294596	0.298634	0.311997	0.309472	0.309780
南宁	0.382451	0.388871	0.393223	0.374975	0.398924	0.404549
柳州	0.362785	0.369627	0.414724	0.373292	0.388495	0.360703
桂林	0.451233	0.435258	0.511976	0.474024	0.480329	0.441403
梧州	0.336505	0.330902	0.355090	0.350706	0.347802	0.323148
北海	0.327719	0.303284	0.317095	0.317490	0.322335	0.309567
防城港	0.542645	0.483214	0.454036	0.427414	0.459465	0.454950
钦州	0.364267	0.345633	0.342875	0.359306	0.365603	0.343779
贵港	0.299030	0.294528	0.302115	0.303863	0.312110	0.316031
玉林	0.346034	0.328770	0.335041	0.337139	0.342521	0.332296

续表

城市	2013 年	2014 年	2015 年	2016 年	2017 年	2018 年
贺州	0.413758	0.390734	0.440357	0.455792	0.382954	0.358956
百色	0.382697	0.444104	0.428263	0.382457	0.451650	0.452587
河池	0.400262	0.432690	0.497830	0.484273	0.531979	0.443975
来宾	0.443354	0.432196	0.456398	0.436225	0.447148	0.420784
崇左	0.511487	0.530279	0.505860	0.473006	0.516049	0.519263
海口	0.280795	0.288019	0.280777	0.287873	0.279935	0.288371
三亚	0.326221	0.314956	0.327871	0.316372	0.326574	0.306766
重庆	0.532246	0.540830	0.555957	0.563048	0.550859	0.565784
成都	0.432161	0.403620	0.404385	0.418541	0.419338	0.431011
自贡	0.275582	0.275942	0.278565	0.282784	0.267808	0.285526
攀枝花	0.306776	0.284715	0.300333	0.317357	0.319698	0.326924
泸州	0.271930	0.283217	0.294302	0.311292	0.310774	0.318082
德阳	0.303863	0.296270	0.305965	0.295475	0.302626	0.333405
绵阳	0.349306	0.327697	0.329602	0.335942	0.343203	0.370211
广元	0.372842	0.337410	0.339948	0.328764	0.353204	0.365261
遂宁	0.276408	0.276906	0.286517	0.283801	0.283680	0.288236
内江	0.277928	0.284459	0.290814	0.295013	0.298982	0.305282
乐山	0.332704	0.340383	0.326213	0.347363	0.340257	0.375025
南充	0.314973	0.320200	0.329454	0.330867	0.350258	0.349706
宜宾	0.320827	0.320418	0.320516	0.326662	0.329869	0.343092
广安	0.285962	0.303519	0.299876	0.299660	0.303499	0.297460
达州	0.346621	0.343078	0.340171	0.353479	0.381141	0.367569
资阳	0.328955	0.343495	0.353280	0.322350	0.323423	0.343185
眉山	0.296724	0.293619	0.288796	0.297393	0.302832	0.344638
巴中	0.287924	0.321769	0.304885	0.268544	0.322182	0.306155
雅安	0.504280	0.489559	0.419705	0.255548	0.483287	0.559235
贵阳	0.272128	0.288923	0.284043	0.279748	0.290556	0.295865
六盘水	0.255142	0.287214	0.287357	0.268941	0.291492	0.284811

续表

城市	2013 年	2014 年	2015 年	2016 年	2017 年	2018 年
遵义	0.350965	0.391269	0.366675	0.374810	0.363179	0.373306
安顺	0.258681	0.308709	0.322555	0.300754	0.305986	0.317551
毕节	0.335007	0.361190	0.346063	0.350658	0.354039	0.363481
铜仁	0.304783	0.361413	0.351945	0.382787	0.370889	0.344874
昆明	0.290912	0.295360	0.304064	0.302577	0.311844	0.307489
昭通	0.319904	0.333323	0.341161	0.349133	0.342564	0.344906
曲靖	0.350282	0.375236	0.382207	0.374455	0.375376	0.369121
玉溪	0.277520	0.287186	0.305719	0.309417	0.311531	0.316028
普洱	0.512610	0.518198	0.555026	0.547119	0.554445	0.569094
保山	0.369476	0.383170	0.382585	0.401112	0.406771	0.407244
丽江	0.388033	0.364953	0.368522	0.384619	0.374065	0.377349
临沧	0.429454	0.420655	0.422486	0.452661	0.436966	0.445376
西安	0.315174	0.325779	0.324394	0.336339	0.353622	0.358252
铜川	0.241606	0.243508	0.243878	0.244581	0.249355	0.250896
宝鸡	0.286269	0.286482	0.284703	0.282322	0.297577	0.351006
咸阳	0.298238	0.304940	0.308896	0.311754	0.305437	0.303807
渭南	0.283541	0.293948	0.295816	0.297356	0.302724	0.310767
汉中	0.343589	0.340387	0.331661	0.317342	0.354703	0.350888
安康	0.311934	0.331587	0.345777	0.330615	0.332161	0.332717
商洛	0.272676	0.285464	0.280897	0.273016	0.275166	0.285130
延安	0.276439	0.270009	0.265788	0.268004	0.274652	0.272514
榆林	0.280091	0.273156	0.280832	0.288985	0.290240	0.313385
兰州	0.239247	0.242713	0.251227	0.262977	0.257583	0.262045
白银	0.244569	0.253619	0.255809	0.260746	0.283297	0.273378
天水	0.269444	0.268886	0.285404	0.288327	0.285816	0.289713
酒泉	0.312038	0.300164	0.316434	0.331720	0.345824	0.324483
张掖	0.337953	0.346188	0.360602	0.364097	0.335687	0.340271
武威	0.303033	0.325814	0.328588	0.333082	0.332083	0.341612

续表

城市	2013 年	2014 年	2015 年	2016 年	2017 年	2018 年
定西	0.251506	0.277097	0.287069	0.284258	0.322848	0.292483
陇南	0.290405	0.271369	0.284690	0.285282	0.244438	0.311168
平凉	0.261756	0.263775	0.290497	0.298189	0.246922	0.290821
庆阳	0.286128	0.268588	0.269465	0.280519	0.258436	0.277762
西宁	0.253345	0.256444	0.257267	0.260268	0.266940	0.269441
银川	0.268446	0.263492	0.270230	0.272620	0.269949	0.272211
石嘴山	0.269290	0.267319	0.266905	0.265681	0.268132	0.273982
吴忠	0.248433	0.258754	0.282666	0.273257	0.277708	0.283173
中卫	0.283176	0.283096	0.284449	0.283520	0.278016	0.280849
乌鲁木齐	0.239286	0.238692	0.247392	0.251025	0.251728	0.260157
克拉玛依	0.246646	0.243771	0.246693	0.247209	0.247157	0.247349

注：根据 EPS DATA、Wind DATA、各省（区、市）统计年鉴数据计算得来。

后　　记

习近平总书记在党的十九大报告中指出，要加快建立国土空间开发保护制度，强化制度约束作用。构建国土空间开发保护制度已上升到国家决策层面，而国土空间开发格局优化是构建国土空间开发保护制度中重要的一环，是建立城镇空间—农业空间—生态空间共生系统的关键课题。国土空间开发格局优化不是一个纯粹学科领域下的话题，而是一个复杂的多学科交叉性问题，需要不同领域的学者展开深入研究。

本书是由我的博士毕业论文修改而来。我之所以选择国土空间开发格局优化作为重要研究方向，原因有三方面：一是国土空间开发格局是一个前沿、热点问题，在国土管理部门转型为综合性的自然资源管理部门，城市规划、土地规划和主体功能区规划统一为国土空间规划后，国土空间开发格局的研究显得愈发重要。二是在读书期间参与梁双陆老师云南省地理国情监测课题研究，其间开展了大量调研工作，我个人深刻体会到国土空间开发格局对于地方发展的重要性，以及实现国土空间可持续发展的困难性，期望我的研究能够对过往的学术思考和实践经验进行总结，也希望能够为复杂多变的国土空间开发保护工作提供一些启示。三是一次偶然的机会，参与了洪名勇老师关于在国土空间规划下促进集体建设用地入市研究、梁双陆老师关于国

后　记

土空间规划的政治经济学研究两项重大课题申报，积累了大量的文献资料。当时正值毕业论文开题前期，由此产生了这个选题。

本人长期致力于制度经济学和空间经济学的研究，在阅读国家理论、城市区位选择等方面的著作时，察觉关于政府与市场两种资源配置方式的讨论始终作为学者研究某一问题的前提，发现在理论上探讨国土空间上的经济活动必然不能忽视政府与市场是如何对资源进行配置的。在研究过程中，为了理顺政府与市场的边界，我在对现有成果研究的基础上，将宏观把握与微观探究深度结合，尝试从以市场选择为主、政府调节为辅的视角入手，融合问题意识和理论意识，以人与自然和谐共生为出发点和立足点，以人的全面自由发展为终结点和逻辑结论，把《资本论》《马克思恩格斯全集》和《空间经济学》等作为核心文本，以城镇空间、农业空间、生态空间上生产者和消费者之间的层层互动关系作为论述对象，以期获得进一步优化国土空间格局的理论启示。

在研究过程中，我得到很多人的帮助。在经济学院师从洪名勇教授的求学经历，使我终身受益。洪老师作为农业经济研究领域的著名专家，治学态度严谨，学术造诣深厚，同时平易近人又风趣幽默，可以说没有洪名勇教授的接纳和指导，我今天走的路可能就大不一样。特别感谢一路指引我的梁双陆研究员。由于洪老师长期以来不在云大，梁老师实际上承担了对我的大部分指导工作，我遇到困境，都会及时向梁老师请教，每次梁老师都会给我重要启发，促使我能够顺利完成本书。研究过程中得到的帮助很多，需要感谢的人也很多，这里就不再一一列出，希望以后的日子里我们每个人都能够收获更多。

在本书的写作过程中，我查阅了几百种中外文献，凡直接引用思想、观点和数据的文献均在文中注明并列入了参考文献，在此对这些学者深表感谢，如有疏漏，敬请谅解。中国社会科学出版社为本书的出版做了大量的工作，提出了许多中肯的意见，在此表示衷心的感谢。优化国土空间开发格局是一个需要不断探索的问题，随着经济社会的发展，相关研究内容将更加深入，表述会更加准确，由于时间、能力所限，本书的研究缺憾只能留待今后进一步研究，不足之处在所难免，恳请读者批评指正。

  本书的形成过程交代如上，专为记录这段值得铭记的学习时光，是为后记。

郑丽楠
2023 年秋于云南大学